니다. 하지만 가슴 안에 사랑이 간직되어져 있지 않는 자가 어찌 남에게 베풀고 싶어질 수가 있을 것인가. 가슴 안에 사랑이 간직되어져 있는 자라야만이 아름다울 수가 있는 것이며 사랑을 받을 수가 있는 것입니다.

　사랑. 그것은 절대적인 것이므로 전지전능하며 모든 빛과 어둠의 근원이 됩니다. 하지만 사랑은 사랑으로써만 생성 되어지는 것입니다.

　여기 묶어놓은 글들은 우리로 하여금 사랑이 무엇인가를 더욱 분명히 알게 하고 우리가 스스로 아름다움을 간직하는 사람이 되게 한 것입니다. 그리하여 마침내 우리를 사랑받게도 만들고 사랑하게도 만들 것입니다.

　나는 되도록이면 많은 독자들이 여기 묶어놓은 글들을 읽고 이 세상에 존재하는 더러움과 추함을 모두 용서하며 가슴 안에 고여 있는 사랑의 묘약으로 온 세상 애정결핍증 환자들을 치유할 수 있는 능력의 소유자가 되기를 빕니다.

- 9
- 25
- 67
- 129
- 181

I
사랑의 四季

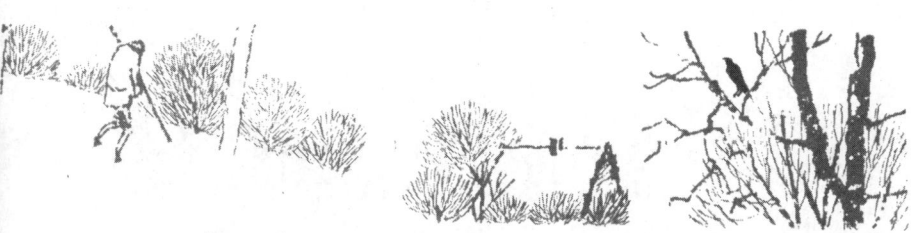

• 사랑의 생애 — 봄

 오시오, 내 사랑하는 이여. 조그만 언덕을 지납시다. 눈이 녹아 생명은 잠을 깨고 언덕과 골짜기를 따라 방황하고 있읍니다.
 어서 오시오, 저 아른거리는 들판에서 봄의 발자국을 따라 갑시다. 우리는 동산에 올라 아래에 펼쳐진 평원의 춤추는 듯한 짙푸름을 보게 될 것입니다.
 움트는 봄이 겨울밤에 감추어진 의상을 펼치고, 복숭아와 사과나무가 그 옷을 드리웠군요. 밤의 힘을 빌어 신부로 꾸몄나 봅니다. 포도나무가 깨어나고 덩굴손들이 연인들처럼 서로 휘감았읍니다. 시냇물은 기쁨의 노래를 부르며 내달리다 바위 틈으로 솟아 오르고 꽃들은 파도의 분말처럼 대지 위에 활짝 피어 났읍니다.
 오시오, 나의 애인이여. 수선화의 꽃송이에서 마지막 비의 눈물을 마시고 우리의 영혼이 새들의 기쁜 노래로 충만하도록 합시다.
 우리 미풍의 향내를 마시며 오랑캐꽃이 숨어 있는 저 바위에 나란히 앉아 사랑의 입맞춤을 나눕시다. —칼릴 지브란

• 사랑의 싹

 인간의 가지가지 욕망의 잡초 사이에 거의 눈에 띄지 않은 어린 싹이 자라고 있읍니다. 처음에는 남들에게나 자기 자신에게도 이 싹은— 나중에 새들이 둥우리를 틀 거목으로 자랄 것임에도 불구하고—다른 모든 싹과 꼭 같은 것으로 보입니다. 아니, 그뿐만 아니라, 처음 한동안은 사람들은 무럭무럭 자라나는 잡초의 싹을 더 좋아합니다. 그리하여 참된 생명의 싹은 저지당하고 왕왕 말라 죽습니다. 그러나 대부분의 경우, 그것보다도 더욱 나쁜 일이 일어납니다. 즉, 사람들은 이러한 싹 속에 사랑이라고 일컫는 참된 생명의 싹이 있다는 말을 들으면 그것을 짓밟아 버리고 그 대신에 다른 잡초의 싹을 사랑이라고 부르며

기르기 시작하는 것입니다. 이보다 더욱 나쁜 일도 일어납니다. 즉, 사람들은 이 싹을 그들의 거친 손으로 움켜잡고

「이것이다, 이것이야! 자, 발견했어. 이제 알게 되었으니 이것을 키우는 거야. 사랑, 사랑이다! 이것이 최고의 감정이지. 이것이다, 이것이야!」

하고 소리칩니다. 그리고 그들은 그것을 옮겨 심고 교정(矯正)을 꾀하기도 하며, 마구 손으로 움켜잡고 발로 짓밟습니다. 그리하여 그 때문에 싹은 꽃을 피우지 못하고 말라 죽습니다. 그러면 당자나 다른 사람들은

「이게 뭐야, 바보같은 짓이야. 이것은 헛된 감상에 지나지 않아.」

하고 말합니다. 사랑의 싹은, 막 나타났을 때에는 연하여 살짝 닿기만 해도 움츠러들기 쉽습니다. 충분히 성장했을 때에 비로소 강해집니다. 사람이 하는 짓은 모두 이것을 상하게 할 뿐입니다. 필요한 것은 단 한 가지입니다. 다름이 아니라, 이성의 태양을 이것에서 덮어 가리는 일이 없도록 하는 일입니다. 그렇습니다. 이성만이 싹을 성장시킬 수 있읍니다.―톨스토이

• 첫 만남

그것은 삶의 자각에서 분리되는 삶에 대한 희열의 순간이며 영혼의 광활한 들판을 비추는 최초의 빛입니다.

그 최초의 황홀함은 마음에 간직한 가야금의 첫 줄을 울리게 됩니다. 그 순간 지나간 나날들의 이야기가 영혼의 귀에 들리게 되며, 흘러가 버린 매일 밤의 일을 드러나게 하고, 이 세상의 기쁨과 슬픔으로 장식된 이해 깊은 행위와 미래에 있어서의 비밀스런 불멸을 보여주는 것입니다. 그것은 풍작과 생식의 女神 아스타티가 하늘에서 가져온 씨앗입니다. 그것은 마음의 들판에서 눈들에 의해 씨뿌려지고 사랑에 의해

키워지며, 영혼에 이를 열매로 키워내는 것입니다.―칼릴 지브란

● 첫 입맞춤

그것은 사랑의 맑은 못으로부터 神들이 가득 채운 한잔의 물을 처음으로 마시는 것과 같습니다. 또한 마음을 기쁘게 하는 확신과 슬픔의 의심 사이를 구분하는 경계선이기도 한 것입니다.

하늘나라에서는 詩의 첫 행이며, 영혼에 있어서는 인간 이야기의 첫 장입니다. 그것은 과거에의 경이와 미래의 찬란함을 잇는 고리이며, 감동의 침묵 그 노래의 맺음입니다. 네개의 입술들이 말한 유일한 언어에 의해 마음은 왕좌를 이루고 사랑은 군주로 화하며, 충만한 왕관이 되어집니다.

장미꽃을 스치는 미풍의 간지럼처럼 한번의 부드러운 맞댐은 기쁨의 한숨과 감미로운 신음을 가져오는 것이지요.

혼란과 전율의 시각은 사랑의 세계로부터 연인들을 떼어 영감과 꿈의 영역으로 옮겨 놓습니다. 그리고 최초의 만남이 사랑의 여신에 의해 인간의 마음속에 뿌려진 씨앗이라면 처음 입맞춤은 삶의 첫 나무가지에 핀 최초의 꽃입니다.―칼릴 지브란

● 일치

사랑은 삶의 산문으로 詩를 만들고, 존재의 신비로부터 세월에 의해 노래 불려지는 삽화들을 창조하는 데서 시작하는 것입니다.

이와같이 그리움은 지나간 세월의 불가사의로부터 비밀을 벗겨내고 가장 사소한 즐거움의 행복으로부터 형식(形式)을 제거하는 것입니다. 그 행복이란 영혼이 영혼의 神을 포옹할 때 그 영혼의 기쁨에 의해서만 초월됩니다.

일치는 이 땅 위에 제삼의 천사를 창조하기 위한 두 천사들의 결합

입니다. 그 둘의 결합은 사랑으로 강해지며, 분리는 미움 속에 약해지는 것입니다.

그것은 불일치의 두 영혼에 의해 난파되어 있던 것이 결합으로 완전히 이루어진 그들의 단일성입니다.

사슬을 이룬 황금의 고리는 그 최초에는 한번의 만남이지만 그의 최후는 영원인 것입니다.

신성한 대지에 떨어지는 상쾌한 하늘의 빗방울을 보십시오. 그 축복받은 들판에서 힘이 스며 나오지 않습니까? 그리고 사랑받는 이의 눈을 보십시오. 그 눈으로부터 최초의 응시는 마음의 들에서 사랑에 의해 뿌려진 씨앗과 같은 것이 아니겠읍니까? 사랑받는 이의 첫 키스는 인생의 나무 위에 핀 최초의 꽃과 같지 않습니까?

이 모든 것이 사랑받는 이의 일치이며 그 씨뿌림의 첫 열매인 것입니다. ―칼릴 지브란

● 꽃,햇빛 그리고 법

불쌍한 인간의 마음이여! 인생의 봄을 맞기도 전에 너는 벌써 꽃잎을 꺾이우고 날개의 깃털을 뽑혔구나! 인생의 새벽 노을이 마음속에 감춰진 꽃받침을 열면 그 안에 있는 모든 것은 사랑의 향기를 풍깁니다. 우리는 따로 서는 것을 배우고 걸음마를 배우고 말하는 것을 배우고 글읽기를 배웁니다. 그러나 아무도 우리에게 사랑을 가르쳐 주지는 않습니다. 사랑은 우리에겐 삶과도 같은 것이어서 사람들은 그것이 우리 인간의 가장 깊은 바탕이라고 말합니다. 천체가 서로 당기고 이끌리어 영원한 인력의 법칙에 의해 서로 결합되듯이 하늘의 영혼인 인간은 역시 서로 당기고 끌려서 영원한 사랑의, 법칙에 의해 서로 결합되는 것입니다.

햇빛이 없이는 한 떨기의 꽃도 피어 날 수가 없는 것이며, 사랑이 없

From CONSTABLE WIVENHOE PARK, ESSEX.

이는 한 사람의 인간도 살아갈 수가 없는 것입니다. 낯선 세상의 차가운 비바람이 처음으로 어린 아이의 마음에 불어닥쳤을 때 어머니와 아버지의 눈으로부터 따뜻한 사랑의 햇빛이 비치지 않는다면, 그 어린 아이의 마음이 어떻게 두려움을 견디어 내겠읍니까? 그 사랑의 햇빛은 하느님의 빛과 하느님의 사랑이 부드럽게 반영된 것이 아닐런지. 어린 아이의 마음 속에서 눈뜨는 그리움은 가장 순수하고 가장 깊은 사랑입니다. 그것은 온 세상을 감싸는 사랑입니다. 그것은 두 개의 맑은 눈동자가 아이를 향해 빛날 때 불타오르는 사랑이며, 아이가 사랑의 목소리를 들을 때 환호하는 사랑입니다. 그것은 옛부터 측량할 수 없는 사랑이며, 어떤 측정기로도 그 깊이를 잴 수 없는 깊은 샘이며, 아무리 퍼내어도 마르지 않는 부(富)의 원천인 것입니다. 사랑을 아는 사람이라면 사랑에는 척도가 없다는 것과 많고 적음도 없으며, 사랑을 하는 사람이라면 온 몸과 마음을 바쳐서, 온 힘과 정성을 바쳐서만 사랑할 수 있다는 것을 알고 있읍니다.

그러나 어찌하여 그런 사랑은 우리의 인생이 절반을 채 지나기 전에 없어져 버리고 마는 것입니까? 어린 아이가 남이라는 것이 존재한다는 것을 알게 되면 이미 그 아이는 아이가 아닌 것입니다. 사랑의 샘물에는 뚜껑이 덮히고 세월이 흐름에 따라 완전히 파묻혀 버리고 마는 것입니다. 우리의 눈은 빛을 잃어버리고 우리는 소란스러운 거리에서 음울하고 피곤한 표정을 지으며 서로 지나쳐 버리는 것입니다. 우리는 거의 인사를 나누지 않습니다. 인사를 했다가 거절 당하면 몹시 마음이 상한다는 것을 알기 때문이며, 또 우리가 일단 인사를 나누고 악수를 한 사람들과 헤어질 때마다 우리의 마음이 아프다는 것을 알고 있기 때문입니다. 영혼의 날개는 그 깃털을 잃어버리고, 꽃잎은 모두 꺾여서 시들어 버립니다. 그리고 마르지 않은 사랑의 샘에는 몇 방울의 물이 남아 있을 뿐인데, 우리는 그것으로 혀를 적셔서 완전히 말라 죽

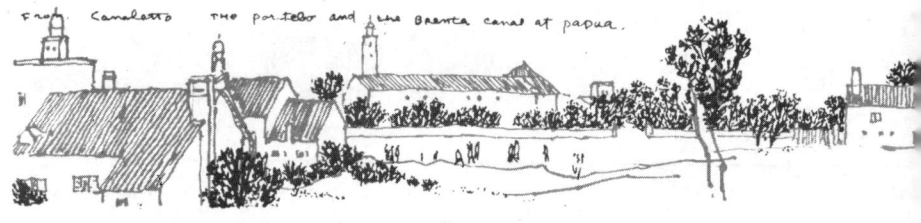

는 것을 모면할 수 있을 뿐입니다. 그 몇 방울의 물을 우리는 아직도 사랑이라 부르고 있지만 그것은 이미 순수하고 충만하며 환희에 찬 어린 아이의 사랑은 아닌 것입니다. 그것은 두려움과 괴로움을 수반한 사랑이며, 작열하는 불꽃이며, 불타오르는 정열이며, 뜨거운 사막 위의 빗방울처럼 저절로 말라 버리는 사랑이며, 요구하는 사랑이지 내주는 사랑은 아니며, 그대는 내 것이 되겠느냐고 묻는 사랑이지, 내가 그대의 것이 되겠다고 대답하는 사랑은 아닌 것입니다! 그것은 이기적인 사랑, 절망적인 사랑일 뿐입니다. 시인들이 노래부르고 젊은 청년들과 처녀들이 믿고 있는 사랑은 바로 그런 사랑인 것입니다. 그것은 한번 불타올랐다가 꺼져 버릴 뿐 따뜻하게 해 주지도 못하여 연기와 재밖에는 아무 것도 남기지 못하는 불꽃인 것입니다. 우리 모두는 한때 그런 불꽃을 영원한 사랑의 햇살이라고 믿었던 적이 있읍니다. 그러나 그 빛이 밝으면 밝을수록 그 뒤에 따르는 어두움은 더욱 더 짙기만 했던 것입니다.

그리하여 주위가 모두 어두워질 때, 우리가 몹시 고독하다고 느낄 때, 모든 사람들이 우리 곁을 스쳐 지나가면서도 우리를 알아보지 못할 때, 우리의 마음 속에서는 가끔 우리가 잊혀졌다는 느낌이 떠오르나, 우리는 그 느낌이 무엇인지를 알지 못합니다. 그것은 사랑도 아니고 우정도 아니기 때문에, 우리는 누구나 「당신 나 모르겠소?」하고 낯설고 냉담한 표정으로 우리 곁을 지나가는 사람들에게 이런 말을 건네 보고 싶을 것입니다. 그런 때는 사람과 사람 사이의 관계가 형제 사이보다도, 아버지와 아들 사이보다도, 친구와 친구 사이보다도 더 가깝게 느껴지는 때인 것입니다. 그리고 남이 우리의 가장 가까운 이웃이라는 옛 말처럼 우리의 영혼을 울리는 것입니다. 그런데도 왜 우리는 아무 말도 하지 않고 그들 곁을 지나쳐야만 하는 것일까요? 우리는 그 것을 알지 못하며 다만 주어진 대로 따라야 할 뿐입니다. 두 개의 기차

가 철로 위를 서로 엇갈리며 지나갈 때 저쪽 기차 속에서 인사를 보내려고 하는, 아는 사람의 눈을 보게 되면, 이쪽에서 손을 뻗쳐서 질주하며 지나가는 그 친구의 손을 잡아보도록 해볼 일입니다. 그렇게 해보면 당신은 어째서 사람들이 이 세상에서 아무 말도 하지 않고 다른 사람들의 곁을 스쳐 지나가는지 알게 될 것입니다.

옛날에 어떤 현자가 이런 말을 했읍니다.「나는 난파된 작은 배의 조각들이 바다 위를 떠다니는 것을 본 적이 있었소. 그것들 가운데 몇 조각은 서로 만나서 잠시 함께 붙어 돌아다녔소. 그러나 얼마 후에 다시 폭풍이 몰아쳐서 그것들을 동쪽으로, 서쪽으로 몰아붙였고, 그것들은 결코 다시 만나지 못했소. 인간의 운명도 마찬가지요. 다만 그처럼 커다란 파선을 본 적이 없을 뿐이오.」—막스 밀러

• 봄의 행복감

나는 이제 몇 번이나 더 봄을 맞이할 수 있을까. 낙천적인 기질의 사람은 열 번이나 스무 번이라고 할 것입니다. 나는 겸손히 대여섯 번쯤 기대해 봅니다. 그것만 해도 퍽 많은 셈입니다. 대여섯 번이라고 하더라도 봄철을 즐겁게 맞이하여, 미나리아제비의 첫순이 돋아날 때부터 장미꽃이 봉오리질 때까지 정답게 바라볼 수 있다면, 그 혜택이 부족하다고 누가 감히 말하겠읍니까. 대지가 옷을 갈아입는 기적, 인간의 입으로는 표현할 수 없는 화려하고 아름다운 광경이 앞으로 다섯 번이나 여섯 번 내 눈 앞에 나타나는 것입니다. 그것을 생각하면 내가 너무 욕심을 부리는 것이나 아닐까 하고 두려워지기 까지 합니다. —깃싱

• 사랑의 생애 — 여름

내 사랑이여, 일어나 들판으로 나오시오. 수확의 계절이 오고 거두어 들일 시기가 가까와 옵니다.

    곡식들은 자연에의 따스한 사랑 속에 익어가고 우리 노동의 결실을 새들도 향유하며 개미들은 우리의 대지 품에 파고 드는군요.
    우리 마음의 깊은 곳에 뿌린 충만의 씨앗으로 하여 영혼이 축복의 곡식을 거둘 적에 대지의 소출을 저장하도록 하십시다. 그리고 생명이 우리 영혼을 거두어 들이는 것처럼 대지의 은혜로 우리의 창고를 가득 채웁시다.
    자! 나의 친구여, 우리의 안식처에 풀을 깔고 천국의 이불로 덮읍시다. 부드러운 건초베개에 머리를 누이고 낮 동안의 수고에서 휴식을 찾읍시다. 그리고 골짜기 시냇가의 속살거리는 음악에 귀를 기울입시다. —칼릴 지브란

● 소유와 시간

    나는 꽃같은 현재의 순간을, 육체적이건 정신적이건 어떤 일에 희생시킬 이유가 없었던 때가 간혹 있었읍니다. 나는 나의 생활에 넓고 여백이 있는 것을 사랑합니다. 여름날 아침엔 나의 버릇이 된 목욕을 한 다음, 해돋이에서 정오 때까지 햇볕 쬐는 문 입구에 앉아 소나무 떡갈나무 옻나무 사이의, 방해받지 않는 고독과 정적 속에서 공상에 잠기는 수가 줄곧 있었읍니다. 그때 새들은 주위에서 울며 집안을 소리없이 날아다니기도 했읍니다. 그러다가 마침내 서쪽 창문에 비쳐드는 석양 또는 먼 행길을 달리는 어떤 나그네의 마차 소리에 나는 시간이 흘러간 것을 깨닫기도 했읍니다.
    이런 시절엔 나도 밤 사이의 옥수수처럼 무럭무럭 자랐읍니다. 그리고 이런 일이, 손으로 무슨 일을 하는 것보다 내게는 훨씬 귀중한 것이었읍니다. 그것은 내 인생에서 감해진 시간이 아니었고 오히려 평소의 시간보다 그만큼 많아진 시간이었읍니다. 나는 동양인들이 명상과 일을 포기하는 것이 무엇을 의미하는가를 깨달았읍니다. 대체로 나는 시

간 가는 것을 개의치 않았읍니다. 하루는 마치 나의 일을 약간 덜어주는 것처럼 지나갔읍니다. 아침인가 하면 벌써 저녁입니다. 그런데 기억할 만한 일은 아무것도 이루지 못합니다. 새처럼 노래하는 대신 나는 소리 없이 나의 끊임없는 행운에 미소 짓습니다. 참새가 나의 문 앞 호도나무 위에 앉아서 짹짹 울듯이 나도 빙긋빙긋 웃거나 소리 없는 노래를 불렀읍니다. 나의 노래소리는 아마 내 집에서 새에게 들렸을 것입니다.

나의 나날은 이교도의 어느 신 이름을 지닌 주일의 어느 요일이 아니었으며, 혹은 24시간으로 나누어 시계의 똑딱거리는 소리에 먹혀가는 그런 것도 아니었읍니다. 나는 퓨리 인디언처럼 살았읍니다. 듣건대 그들은 「어제·오늘·내일을 표현하는데 한가지 말밖에 없으며 어제는 뒤를, 내일은 앞을, 오늘은 거리 뒤를 가리킴으로써 다양성 있는 의미로 나타낸다」는 것이었읍니다. 나의 이러한 생활은 나의 마을 사람들에게는 의심할 바 없이 그야말로 게으른 생활이었읍니다. 그러나 만일 새나 꽃이 그들의 표준으로 나를 시험했다고 할 것 같으면 나는 실격자로 보이지는 않았을 것입니다. 인간은 자기 자신에게 동기를 찾아야 한다는 것은 사실입니다. 자연 그대로의 하루는 아주 고요하며 인간의 게으름은 거의 비난하지도 않을 것입니다. ― 소로우

● 넓은 바다에

아름다운 조개. 아름다운 이미지. 그것은 내 마음에 여러가지 상념을 떠오르게 합니다. 이 조개는 인간관계가 또다른 단계로 발전하게 하는 상징이 아닐까? 우리, 마침내 굴껍데기를 박차고 나온 중년의 아고노타들은 껍질을 버리고 넓게 열려진 바다로 떠난 새끼 앵무조개의 자유를 지향할 수는 없을까? 그러나 넓은 바다, 거기엔 무엇이 우리를 기다리고 있을까? 우리는 인생의 후반기가 「좋은 날씨와 순풍」을 약속

하리라고는 자신할 수 없읍니다. 어떤 황금의 양털이 중년을 위해 거기 기다리고 있을 것인가? ─린드버그

• 조그마한 방에서 조그마한 방으로

착한 아이들처럼 조그마한 방에서 같이 잠을 자던 우리는 깊은 잠을 깹니다. 카사리나 나무숲을 스치는 실바람 소리와 해변에 부서지는 부드러운 숨소리같은 파도가 우리의 잠을 깨운 것입니다. 우리는 맨발로 바닷가를 달려나갑니다. 거기 부드럽고 평평하고 그리고 간밤의 밀물이 남기고 간 촉촉히 젖은 조개들로 반짝거립니다.

우리는 씻을 건덕지가 별로 없는 그릇들을 대충대충 씻읍니다. 일을 하느라 왔다갔다 하면서도 서로 쾅하고 부딪치는 일이 없이 모든 것을 손쉽게, 그리고 즉각적으로 함께 해치웁니다. 쓸고 말리고 내버리고 하는 일을 하면서도 우리는 쉴새없이 어떤 사람이나 시편(詩篇)이나 추억을 화제로 이야기합니다. 성가신 일보다도 주고 받는 이야기가 더 중요하게 여겨지므로 일은 어느새 끝나고 맙니다.

그리고는 우리는 어느 쪽도 방해하는 일이 없이 제가끔 자기 방으로 가서 문을 닫고 자기 일을 합니다. 자기 자신을 잊고, 동반자도 잊고, 지금 어디 있다는 사실도 잊고, 다음에 할 일이 무엇인지조차 잊은 채 ─깊은 잠에 빠지거나 바닷물 속에 잠기듯이─쓰는 일에 함몰해 버리는 것은 얼마나 큰 해방감인가. 연필과 흡묵지와 휘갈긴 글씨로 퍼렇게 된 쭈굴쭈굴한 원고지가 책상 위에 쌓입니다. 그리고나면 배가 고파져서 우리는 늦어진 점심을 짓기 위해 몽롱한 정신으로 자리를 일어섭니다. 격렬하게 일에 골똘한 뒤의 얼떨떨함으로 점심을 장만하는 자질구레한 일을 하다 보면 마치 그것이 현실 세계와 연결되는 생명선같이 느껴져서 위안이 됩니다. 마치 정신적 작업의 바다에 빠질 뻔했다가 육체적 활동의 단단한 대지에 우리 발로 올라서게 된 것같은 안도감

말입니다.

　발밑에 밟히는 해초처럼 몸이 무겁고 나른해질 때 우리는 땅거미와 함께 따뜻하고 아늑한 우리의 오두막으로 돌아옵니다. 우리는 화톳불 앞에 앉아 이야기를 하면서 저녁식사를 하기 시작합니다. 밤은 이야기를 주고 받기에 아주 좋은 시간입니다. 학창시절의 습성을 벗어나지 못한 나에게 아침나절은 꼭 정신 노동의 시간이라는 느낌을 줍니다. 오후 시간은 육체적인 일, 집밖에 나가 하는 일을 하는 느낌이고. 그러나 밤은 전적으로 내게 배당된, 의사소통을 위한 시간인 것입니다. 서로가 상대방으로부터 해방되는 것은 밝음으로 구분되는 낮에 뒤이은 밤의 무한히 펼쳐진 어둠의 장막일까? 아니면 그 무한한 공간과 무한한 어둠이 우리를 작게 보이게 만들고 오싹 움츠리게 하여 조그마한 인간의 불꽃을 찾도록 유도하는 것일까?

　그리고나서 우리는 마침내 별과 별 사이의 무한한 공간으로부터 바닷가라는 현실로 돌아옵니다. 우리는 나무숲의 검은 그림자 사이로 빤하게 불빛이 깜빡이는 우리의 오두막을 향해 걸어갑니다. 조그마하고 안도감을 주며 따뜻하게 우리를 환영해 주는 우리의 보금자리, 그것은 어둠의 거대한 혼동에 저항하는 조그마한 인간의 불빛입니다. 다시 착한 어린아이의 잠으로 돌아갑시다. — 린드버그

● 사랑의 생애 — 가을

　포도원으로 갑시다. 내 사랑이여. 영혼이 연륜의 지혜를 쌓듯 싱그런 포도주를 빚어 모읍시다. 과일을 거두어 들이고 향그러운 꽃향을 모읍시다.

　그리하여 집으로 돌아갑시다. 나뭇잎들이 노랗게 물들고 지난 여름 비탄 속에 죽어간 꽃들을 위해, 바람은 주검의 수의를 짓듯 낙엽을 흩뿌리는군요.

　오시오, 새들은 나래 위에 과원(果園)의 그윽한 기쁨을 얻은채 해안으로 날아가버렸고, 쟈스민의 향에도 상록수의 푸르름에도 황량만 남았읍니다. 그리고 그 마지막 눈물이 잔디 위에 뿌려졌군요.
　자! 우리 떠납시다. 기쁨의 눈물이 말라 시냇물은 이제 흐르지 않고 샘도 솟지 않습니다. 구름들조차 그 빛나는 푸르름을 벗어 던졌읍니다.
　오! 사랑하는 이여. 대지는 잠 속에 젖어들며 깨어있음을 향해 애처로운 선율로 안녕을 고하는 군요.—칼릴 지브란

● 비약

　우리는 한 번이라도 수면에서 고개를 쳐들고, 우리가 어떤 물결 속에 깊이 가라 앉아 있는가 확인하기만 해도 벌써 충분합니다. 짧은 한 순간을 수면에 떠올라 눈을 뜬다는 것, 그것마저도 역시 우리 힘만으로는 해내지 못합니다. 우리를 들어올려 주는 것이 있어야 하는 것입니다. 그러면 우리를 들어올려 주는 것은 과연 누구일까?
　그것은 진실한 사람들입니다. 이미 동물이 아닌 자들, 철학자, 예술가, 그리고 성인(聖人)들입니다. 그들이 출현할 때만, 그리고 그 출현에 의해서만, 결코 비약하는 일 없는 자연은 그 유일한 비약을 시도합니다. 더우기 그것은 환희의 비약입니다. 왜냐하면, 자연은 처음으로 목표에 도달했다는 것을 느끼는 것이며 거기서야말로 자연은 목표를 지향하고 있다는 것을 잊어야 한다는 것을. 그리고 삶과 생성의 도박에 너무나 많은 것을 걸고 있었다는 것을 깨닫기 때문입니다. — 니이체

● 사랑의 병애 — 겨울

　곁으로 오시오, 내 영혼의 친구여. 차가운 입김이 우리를 가르지 않

도록. 불은 겨울의 열매이니 우리 난롯가에 앉아 세월이 지난 것들을 얘기합시다. 나의 귀는 바람의 한숨에 지치고 폭풍의 비탄에 피곤합니다.

창문을 닫아주어요. 대지의 찌푸린 얼굴은 나의 영혼을 슬프게 하고, 저 눈 사이로 보이는 창밖의 도시는 가족을 여위고 홀로 앉아 있는 어머니처럼 나의 피를 말리는군요.

벌써 희미해진 불빛, 등잔에 기름을 채워 당신 곁에 놓아주십시오. 당신의 얼굴 위, 수많은 밤들이 수놓은 것들을 읽을 수 있도록, 그리하여 술잔을 나누며 우리 어두웠던 세월을 기억합시다.

더 가까이 오시오. 내 혼의 여인이여. 불마저 사그라져 타고 남은 재가 빛을 가리웁니다.

나를 껴안아 주시오. 어둠이 등잔불을 삼키고 우리의 눈은 세월의 취기로 무겁기만 합니다. 당신의 감기 어린 눈으로 나를 바라보시오. 잠들기 전 나를 안아주시오, 우리 모두를. 부디 입술을. 모든 것은 눈에 덮이고 당신의 입맞춤만 남았습니다.

아! 내 사랑하는 이여. 잠의 바다는 너무도 깊고 이 아스라한 밤여울, 아침은 끝없이 멀기만 합니다. ─칼린 지브란

• 길을 잃고 나서야 비로소

어느 때이고 숲속에서 길을 잃는다는 것은 귀중한 경험인 동시에 놀랍고도 기억할 만한 경험입니다. 대낮에도, 눈바람치는 날씨에도, 낯익은 길에 나왔어도 어느 길이 마을로 통하는 길인지를 알지 못하는 경우가 있습니다. 그 사람은 그 길을 천번이나 지나간 것을 알고 있으면서도 그 길의 특징 하나도 알아보지 못하여 마치 시베리아의 길인 양 그에겐 낯선 것입니다. 물론 밤이면 그 당황함이란 말할 수 없이 더 심합니다. 우리의 사소한 걸음에서도 우리는 무의식적이기는 하나 늘

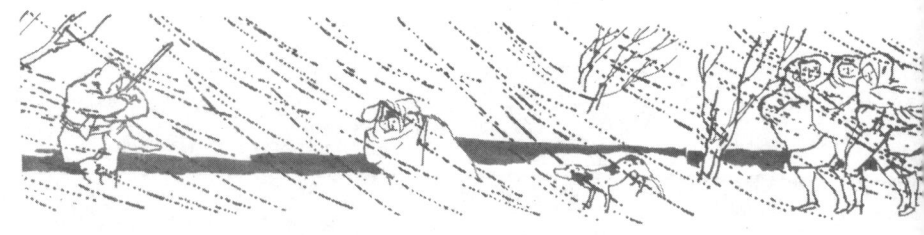

항해사처럼 어떤 잘 알고 있는 등대나 곶을 표적으로 삼아 키를 잡고 있는 것이며, 보통의 진로를 벗어나는 경우에도 우리는 역시 근처의 어느 곳의 위치를 마음 속에 두고 있는 것입니다.

그리고 우리가 완전히 길을 잃어버리거나 한 바퀴 빙 돌고 나서야 비로소 ― 인간이 이 세상에서 길을 잃으려면 눈을 감고 한 바퀴 빙 돌려지기만 하면 되니까 ― 우리는 대자연의 광대성과 불가지성(不可知性)을 올바르게 인식하는 것입니다. 누워서 잠에서 깨어나건 혹은 방심에서 깨어나건 그때마다 나침반의 방위를 다시금 보아야 할 것입니다. 우리가 길을 잃고 나서야 비로소, 다시 말하면 우리가 세계를 잃고 나서야 비로소 우리는 우리 자신을 발견하게 되며 우리의 위치와 우리의 무한한 범위의 관계를 인식하게 되는 것입니다. ― 소로우

● 혼자만의 세계

나의 개척지엔 저 온순한 새들인 한 마리의 종달새도 꾀꼬리도 날아오지 않았습니다. 마당에는 시간을 알리는 수탉도 꼬꼬 우는 암탉도 없었습니다. 마당도 없다! 아니 담 없는 자연이 바로 문턱까지 닿아 있읍니다. 어린 나무들이 창 밑에서 자라고 있으며, 야생의 옻나무·먹딸기 덩굴이 지하실까지 뚫고 있었읍니다. 건장한 소나무들이 빈 터가 없어서 지붕 판자에 삐그닥거리며 그 뿌리를 집 밑까지 뻗고 있었읍니다. 강풍에 불려 날아갈 덧문도 밭도 없고, 그 대신 소나무들이 집 뒤에서 가지가 끊기거나 통째 뽑혀져 땔감이 됩니다. 큰 눈이 내릴 때 앞마당 대문에 이르는 길이 막히고―문도 없고 마당도 없고―그리하여 문명세계에 이르는 길도 없읍니다. ―소로우

II
우리들 아름다운 시간에

암스테르담

● 낙원같은 추억

  나는 나의 사랑을 간직하고 있읍니다. 그것은 사람의 주된 인상을 여러 모로 관찰함으로써 얻는 것과 마찬가지로 내가 아직도 지나간 그녀의 육체를 그리워할 때면, 나의 상상력은 그당시 그녀의 쌀쌀한 거절에 이르러 움츠러들고 맙니다. 내 사랑, 불쌍한 내 사랑이여! 그렇게 딱딱하게 굳은 것은 내 잘못이 아닙니다. 얼마나 여러번 그녀의 부드러운 손을 잡아보고 싶어했으며, 그녀와 더불어 이야기하고 싶어했으며, 오랫동안 그녀의 눈을 바라보고 싶어했던가! 이러한 생각과 욕망 속에서 그 당시의 아름다웠던 알 수 없는 일들이 반사되어 뇌리에 들어옵니다. 잠시라도 아무 의심없이 있노라면 나는 나의 사랑에서 천사가 노래하는 소리를 듣습니다. 내 영혼의 문 앞에서 낙원같은 추억이 문을 두드리는 소리를 듣습니다. 그리고 내 영혼 자체는 가슴을 넓게 펴고자 하는 온갖 지친 사념들 사이에서 쓴 웃음을 지우며, 고통을 받고 있읍니다. 내 영혼은 어두운 면사포 아래에서 잠을 자고 있으며, 그 세계의 문 앞에서 내 삶의 의식이 최고조에 이른 순간에도 여전히 답답한 채 서 있는 그 세계의 가장 깊은 비밀에 대해서 아마도 잠을 자며 꿈을 꾸고 있는지 모릅니다.

내 영혼은 낯선, 그러나 좋은 목소리로 어떤 행복한 고향에 대한 이야기를 내게 들려줍니다. 그 고향은 우리 둘, 그리고 잘못 길러진 아이들과 얼빠진 주민들이 사는 곳입니다. 달콤한 향기가 뿌리는 이화감(異和感), 한번도 들어보지 못했는데도 꿈을 꾸는듯한 멜로디의 박자, 한번도 행해지지 않았으면서도 푸근한 느낌을 주는 질문에 대한 응답.

오, 이 영혼, 아름다우면서도 어둡고, 고향을 생각케 하는 위험한 이 바다여! 오색 영롱한 수면을 피곤한 줄 모르고 감상하면서 애무하면서 질문을 던지면서 윽박지르노라면 그 바다는 언제나 마치 비웃기라도 하듯이 끝없이 깊은 바닥에서부터 그 낯선 빛깔을 내 눈앞에서 씻어 버리곤 하는 것입니다. 조개들은 헤아릴 수 없이 넓은 공간에서 태고적 보석 조각처럼 하나하나 반짝이고 있읍니다. 이미 침몰해 버린 옛날을 희미한 대로 비춰주고 있는 것 같습니다.

거기에 아마도 나의 예술이 있는 것 같습니다. 거기에 아마도 나의 노래가 잠을 자고 있는 모양입니다. 황량한 들판에서 힘과 젊음을 보내 버리고 있을 때의 그 뜨겁고 거만한, 미친듯이 광란하던 박자의 노래. 오호, 봄날의 밤이 그렇듯 풍성하던 그때 그 분위기를 다시 찾을 수 있다면! 그 열병 앓듯이 무절제했던 가슴의 고통, 그 환상에 젖었던 포만의 자기 상실, 그리고 그 피의 홍분된 떪음이여!—헤르만 헷세

● 황혼의 잠언

나의 내면의 세계와 외면의 세계는 강물처럼 흐르고 있읍니다. 그러니 이 시각, 이 곳에 내가 선 이 시점의 상황을 최대로 선용케 허용하소서. 세계와 세계에 대한 사상가는 모두 불꽃처럼 사그라지는 것. 그런고로 나는 허영으로부터 눈을 돌리겠읍니다. 허영을 포기하겠읍니다. 모든 애욕과 애정을 다같이 사퇴하겠읍니다.

인간들의 사랑을 받으려거든 그들의 영혼 깊숙이 파고들어 그네들이 그네들 자신에게 관련된 일에서조차 훌륭한 판단자인가 아닌가를 살펴보십시오. 죽은 후에까지 인간의 찬양을 받고 싶거든, 네가 죽은 이후 이 지상에 올 인간들, 너의 위대한 이름으로 해서 네가 더불어 살게 될 후손들도 지금 네가 더불어 살기 역겨운 인간들과 다름없는 인간이라고 생각해 버리십시오. 진실로 사후의 명성에 연연하는 사람은, 자신의 기억을 간직해 주었으면 싶은 그 후손들도 제각기 얼마 안 있

어 이 세상을 하직하는 것이며, 기억 그 자체도 잠시 동안 바람처럼 인간의 뇌리를 스쳐 여행하다가 결국 불티처럼 사그라진다는 것을 알지 못하는 사람들입니다. 영원히 대면할 수 없는 인간들을 그리 대수롭게 여길 이유가 정녕 있는 것입니까? 그것은 당신보다 먼저 지상에 왔던 사람들이 당신에 대해 칭송의 말을 교환하기를 바라는 것과 다름없지 않습니까.

참다운 생활철학으로 지혜를 날카롭게 닦은 사람에게는 인구에 회자되는 저 호머의 싯귀 하나가 번거롭고 속된 세상의 후회와 공포를 막아 주는 방파제 역할을 충분히 할 것입니다.

사람, 인류라는 것, 나뭇잎과 같은 것,
가을의 소슬한 바람
대지를 낙엽으로 수놓으면
봄은 다시금 새로운 선물로
숲을 장식하도다.

나뭇잎, 조그만 나뭇잎! 이들도 당신들의 자식이요, 아첨자요, 적이라오! 당신을 나락으로 떨어뜨리려는 자, 현세에서 당신을 비웃고 비방한 자나 사후에 위대한 이름을 남긴 자까지도 바람 속에 휘날려가는 나뭇잎일 뿐, 그들은 다 호머의 말대로 봄철에 태어난 피조물, 이윽고 바람이 일어 이리저리 흩어지고 말 것입니다. 그리고 나면 숲은 새로 돋아나는 나뭇잎의 새로운 세대로 자신을 충만시킵니다. 다만 그들 모두에게 공통된 것은 그들의 수명이 한 뼘을 넘지 못한다는 것입니다. 그런데도 당신은 이것들이 영원히 지속되는 것이나 되듯이 사랑하고 미워하겠읍니까? 얼마 안 가서 당신의 눈은 감겨 남의 어깨 위의 짐이 되어 무덤으로 갈 것이며 당신을 짊어졌던 사람 역시 또 다른 사람의 짐이 되어 무덤으로 갈 것입니다.

현재에 존재하는 것이든 심지어 미래에 존재할 것들도 모두 순식간에 당신을 스쳐 사라진다는 것을 명심하십시오. 그것들의 본질은 강물의 영원한 흐름에 불과합니다. 영원히 지속되는 것이란 하나도 존재하지 않는 법, 바닥을 알 수 없는 시간의 심연이 당신의 가까이에 있음을 상기하십시오. 아, 어리석고 어리석도다. 이 유한한 사물과 상황으로

인하여 우쭐대고, 애통해 하고, 초조해 하다니! 영원한 실체를 생각하고 당신의 역할을 생각하십시오. 영원한 실체 속에서 당신은 얼마나 작은 미립자인가를 생각하십시오. 영원한 시간 속에서 당신이 점령하는 미세한 시간의 폭을 생각 하십시오. 운명 앞에서의 당신의 무기력을·생각하십시오. 운명의 직녀 클로토의 베틀에 순순히 몸을 맡겨 운명의 여신이 당신을 실 삼아 어떤 모시를 짜내든 그대로 감수하십시오.

손에 들었던 공을 던지듯 자연은 모든 인간을 공 삼아 겨냥하는 법, 단지 과녁으로서 뿐 아니라 처음 손을 떠나는 동작과 공이 그리는 궤도 역시 중요합니다. 공이 하늘로 오르면서 그리는 궤도만이 가치있는 것이며 그것이 낙하를 시작하여 내려오는 포물선은 아무 가치가 없단 말입니까? 물거품이 부풀때만 중요하고 허공에서 터지는 현상은 아무 것도 아니란 말입니까? 잠시 타다 꺼지는 등잔 심지에 당겨진 불꽃은?

이미 미래로 접어드는 현재라는 시간 속에서 삼라만상을 정렬시키는 대자연은 당신이 지금 목전에서 보고 있는 것의 본질을 약간 변화시켜 어떤 다른 사물로 빚어냈다가 다시 그것을 또 다른 것으로 변화시키고 있음은 이 세상의 노쇠를 막기 위함일 것입니다. 우리 인간을 구성하는 본질은 꿈을 이루는 본질과 같아서 한 꿈이 다른 꿈을 방해하듯 본질이 본질을 침범하는 것입니다. 그러나 당신의 꿈을 깨십시오! 과거에 꾼 듯한 당신의 꿈과 현재 꾼 대로의 꿈을 비교하여 그 현재의 꿈을 있는 그대로 직시하십시오!

모든 것이 얼마나 빨리 사라지는가를 생각하십시오. 사물과 인간의 물질적 육체적 구조란 우주를 형성하는 공통원소로 환원되는 것 그것들에 대한 기억 역시 과거의 사념이란 거대한 소용돌이와 심연으로 자취를 감춰 버리는 것. 아! 이 지구라는 협소한 장소에서 평생이란 시간 속을 기어다니는 우리! 시체를 무덤으로 운반하는 난장이 나라의 영혼들이여!

죽음을 염두에 두고 당신의 육체와 영혼을 생각해 보십시오. 육체란 것, 만물 가운데 한 톨의 원자를 분배받은 것. 영혼이란 것, 우주 정신의 미세한 한 톨의 분자. 당신의 몸을 둘러보고 그것이 과연 무엇이며, 노쇠와 육욕과 병약이 당신의 육체를 어떻게 요리하나 생각해 보십시오. 육체의 본질적이며 시원(始源)적 특질, 환언하면 그 육체의 원형에 이르러, 사고(事故) 같은 우연을 완전히 배제하고 그 원형으로서의 육체를 생각하십시오. 그런 다음 다시 물체로서의 육체가 그 물체의 본질을 기껏해야 얼마나 지속할 수 있는가를 측정하십시오. 아니, 만물의 원칙과 만물의 으뜸되는 구성요소 중에서 다름아닌 부패가 그 주요 요소입니다. 만물은 먼지이며 수액이며 악취이며 골편이 아닌가! 당신의 대리석은 흙의 경결(硬結)이며, 금과 은은 흙의 잔재이며, 비단옷은 단지 벌레의 보금자리이며, 당신의 자주빛 도포도 불결한 생선의 피에 불과하다는 것을 명심하십시오. 당신의 생명의 숨결도 이와 다를 바 없읍니다. 이러한 물체로부터 나와 다시 이러한 물체로 환원되는 것입니다.

만일 당신의 마음을 괴롭히는 것이 있을 경우라도 당신은 그것을 마음에서 떨어 버릴 수 있는 것입니다. 왜냐하면 그것은 모두 당신이 생각하기 나름이기 때문입니다. 죽음의 경우도 그렇습니다. 죽음이 무엇인가를 생각하십시오. 죽음이란 것에 따라다니는 여러 가지 외형과 개념을 삭제하고 죽음 그 자체를 직시한다면, 죽음이란 자연의 한법칙이라고 여겨질 수밖에 없으며 사람은 그 법칙 앞에 겁을 먹는 어린애에 지나지 않는다는 것을 알 것입니다. 아니, 자연의 역할이며 법칙일 뿐 아니라, 죽음은 자연에 이로운 한 형상입니다. —월터 페이트

● 눈물 그리고 미소

나는 내 가슴 속의 비애를 군중들의 기쁨과 바꾸지 않으렵니다. 또한 내 몸의 구석구석에서 흐르는 슬픔이 웃음으로 변하는 것이라면 그런 슬픔의 눈물도 흘리지 않겠읍니다.

다만 나의 인생이 눈물과 미소, 그 자체로 남기를 바라렵니다.

눈물은 내 마음을 순화시키고 생의 불가사의(不可思議)와 비밀을 이해하게 합니다. 그리고 내 종족의 후손들과 가깝게 하고 신에 대한 찬미의 상징으로 존재합니다.

눈물은 나를 비탄에 빠진 사람들과 뭉치게 하고, 미소는 현존하는 내 기쁨의 표지입니다.

나는 지치고 절망하면서 살기보다는 차라리 그리움과 열망 속에 죽으렵니다. 내 영혼의 심연 속에 자리해야 할 사랑과 아름다움을 위해서는 차라리 굶주림을 원하겠읍니다. 나는 가장 가엾은 사람들이 만족해하는 것을 보았고, 끝없이 열망하는 사람들의 한숨이 세상의 그 어

느 감미로운 음악보다 더 달콤한 선율임을 들었기 때문입니다.
 밤이 오면 좋은 바램을 안은채 잠이 듭니다. 그리고는 다시 아침이 오면 태양의 입맞춤을 맞기 위해 꽃잎을 열지요. 꽃의 생애는 갈망과 충만이며 바로 눈물과 미소인 것입니다.
 바닷물은 증기가 되어 올라가 구름을 이룹니다. 그리고는 언덕과 골짜기를 흐르며 부드러운 미풍과 만납니다. 그리하여 들판 위에 떨어지는 울음이 되고, 시내와 강물을 만나 고향인 바다로 되돌아 오는 것이지요.
 구름의 생애는 헤어짐과 만남이며 눈물과 미소입니다.
 그의 영혼은 세상만사를 움직이는 더욱 위대한 영혼으로부터 떨어져 나옵니다. 그래서 죽음의 미풍과 만나기 위해 슬픔의 산과 기쁨의 초원을 지나는 구름이 되고, 그가 왔던 곳으로 되돌아 갑니다.
 사랑과 아름다움의 바다인 神에게로 되돌아 가는 것입니다. ―칼릴 지브란

● 푸른 들판의 추억

 어린 시절에는 그 나름대로 신비와 경이를 지니는 법입니다. 그러나 그 누가 그것들을 이야기할 수 있으며, 그것들을 설명할 수 있겠읍니까? 우리는 모두 그 신비한 경이의 숲을 두루 거치며 지나왔읍니다. 우리 모두는 언젠가 그 행복한 무감각 속에서 눈을 떴으며, 그러자 아름다운 生의 현실이 우리의 영혼에 흘러넘쳤읍니다. 그때 우리는 우리가 있는 곳이 어디며 우리가 누구인지도 알지 못했읍니다. 그때는 온 세상이 우리의 것이었고, 우리 또한 온 세상의 것이었읍니다. 그것은 정지도 고통도 없는―그리고 시작과 끝도 없는―영원한 삶이었읍니다. 마음 속은 봄날의 하늘처럼 밝았고 오랑캐꽃 향기처럼 신선했읍니다. 그리고 일요일 아침처럼 조용하고 거룩했읍니다.
 그런데 무엇이 이 어린 아이의 신성한 평화를 깨뜨렸을까요? 어떻게 해서 이 천진난만하고 순진무구한 상태가 종말을 고하게 되는 것일까요? 무엇이 이 완전한 조화와 보편성이 지닌 행복으로부터 우리를 내몰아 갑자기 어두운 생의 고독과 적막 속으로 우리를 몰아 넣는 것일까요?
 엄숙한 표정을 짓고, 그건 죄악이다!라고 말하지 마십시오. 어린 아

이가 어떻게 죄를 지을 수 있겠읍니까? 차라리 우리는 아무것도 알지 못하며 주어진 대로 받아들여야만 한다고 말하십시오.

꽃봉오리가 꽃이 되고, 꽃이 열매가 되고, 열매가 티끌로 되는 것이 죄악이겠읍니까?

아이는 어른이 되고, 어른은 노인이 되고, 노인이 티끌로 되는 것이 죄악이겠읍니까? 그리고 티끌이란 무엇일까요?

차라리 우리는 아무것도 알지 못하며 주어진 대로 받아들여야만 한다고 말하십시오.

그러나 인생의 봄을 돌이켜 보며 그 내부를 다시 들여다 보는 것—회상한다는 것—은 참으로 아름다운 것입니다. 그렇습니다. 인생을 살아가면서 무더운 여름날에도, 적적한 가을날에도, 차가운 겨울날에도 역시 가끔 하루씩 봄날은 있는 것입니다. 그럴 때면 마음은 이렇게 말합니다. 「꼭 봄날 같은 기분이구나!」 오늘이 바로 그런 날입니다. 그래서 나는 향기로운 숲에서 보드라운 풀위에 누워 무거운 사지를 쭉 펴고, 초록색 나뭇잎 사이로 끝없는 창공을 바라봅니다. 그리고는 생각합니다. 어린 시절은 과연 어떠했을까?

모든 것이 망각 속에 묻힌 듯합니다. 그리고 기억의 첫페이지는 집안에 있는 낡은 성경책과도 같습니다. 첫페이지는 완전히 색이 바랬고 또 여기저기 좀이 먹어서 글자를 완전히 알아보지 못합니다. 처음 몇 페이지를 넘겨서 아담과 이브가 낙원에서 추방되었다는 귀절에 이르러서야 모든 글자가 뚜렷해지고 읽을 만하게 됩니다. 그리고 어떻게든 그 책을 인쇄한 곳과 인쇄한 연대를 알아 낼 수만 있다면! 그러나 그런 것은 완전히 없어졌고 그 대신에 한장의 깨끗한 사본을 낼 수 있을 뿐입니다. 그것은 우리들의 세례증서입니다. 그리고 과거에는 우리가 언제 태어났으며, 우리들의 양친과 대부(代父)의 이름이 무엇인가를 적혀 있어서, 장소와 연대가 없는 간행물이 아니란 점을 밝힐 수 있읍니다.

그렇다면 그 시초는—그 시초라는 것이 아주 없다면 좋겠읍니다. 그 시초 때문에 모든 생각과 추억이 모두 사라져 버리니까. 우리가 그처럼 어린 시절로, 어린 시절에서 무한 속으로 꿈을 더듬어가면 그 심술궂은 시초는 점점 더 멀리 앞으로 도망가는 것 같아서 추억이 그 뒤를 따라 아무리 쫓아가도 결코 그것을 따라잡지 못합니다. 그것은 마치

33

윙

어린 아이가, 푸른 하늘과 땅이 맞닿는 곳을 찾아서 아무리 뛰어가 보아도 하늘은 자꾸만 앞으로 달아나서 여전히 땅에 맞닿아 있는 것과도 같습니다. 그러나 아이는 지치게 되고 결코 그곳까지 가지는 못합니다.

그러나 우리가, 그것에—언젠가 우리의 존재가 시작되었던 때—간다고 해도 이 경우에, 우리는 거기서 무엇을 알 수 있을 것인가요? 그렇습니다. 기억이란 물결에 휩쓸렸다가 빠져나와서 눈에 물이 흐르는 삽살강아지의 눈에 비치는 경지처럼—강아지에게는 세상이 어릿어릿하게 보일 뿐입니다—흔들리는 것입니다.

그러나 내가 아직도 기억할 수 있는 것은, 처음으로 별을 보았던 때라고 믿습니다. 그 전에도 별들을 자주 보아왔을 터이지만 어느 날 저녁 어머니의 품에 안겨 있으면서도 추운 것처럼 느꼈던 적이 있었읍니다. 몸이 떨리고 추웠던 게 무서웠던 것인지도 모르겠읍니다. 내 마음 속에 있는 무언가가 보통 때와는 달리 조그만 나라는 존재로 하여금 자신에 대해서 좀더 주의를 돌리도록 재촉하는 것이었읍니다. 그때 어머니는 내게 반짝이는 별들을 손으로 가리켰는데 나는 신비스러운 느낌이 들어 그 별들은 틀림없이 어머니가 저토록 예쁘게 잠든 것이라고 생각했읍니다. 그 다음에 나는 다시 따뜻함을 느꼈고 아마 곧 잠이 들었던 듯 싶습니다.
 다음으로 내게 기억나는 일은 언젠가 잔디밭에 누워 있을 때의 일인데, 주위의 모든 것들이 흔들거리며 꺼떡거리고 윙윙거리고 휙휙거렸읍니다. 그런데 그때 조그맣고 발이 여럿 달리고 날개가 달린 한 떼의 생물들이 내게로 와서 이마며 눈 위에 앉아 내게 인사를 했읍니다. 그러나 그 순간 나는 눈이 아파서 어머니를 불렀읍니다. 그러자 어머니는 「가엾어라, 어쩌다 모기에게 물렸담!」하고 말씀하셨읍니다. 그때 나는 눈을 뜰 수가 없어서 더 이상 푸른 하늘을 바라볼 수도 없었읍니다. 그러나 어머니는 그때 손에 싱싱한 제비꽃 한다발을 들고 계셨는데 그 검푸른 듯한 느낌이 드는 신선한 뿌리의 향기가 내 머릿속까지 스며드는 것 같았읍니다. 그래서 나는 지금도 봄이 되어 처음 피어난 제비꽃을 보게 되면 그때의 일이 생각나고 그럴 때면 눈을 감고 그때의 검푸른 하늘을 다시 마음 속에 떠올리지 않을 수 없읍니다.
 그리고 그 다음에는 또다시 새로운 세계가 열렸던 것이 기억나는데, 그 세계는 별들의 세계나 제비꽃 향기보다도 더 아름다웠읍니다. 부활절날 아침이었읍니다. 그날 어머니는 나를 일찍 깨웠는데 눈을 뜨자 창문 너머로 오래된 교회가 보였읍니다. 그 교회는 아름답지는 않았지만 높다란 지붕 꼭대기에는 높은 탑이 서 있었고 탑 위에는 금빛의 십자가가 달려 있었는데 다른 집들보다는 한층 더 오래되고 한층 더 회색빛으로 보였읍니다. 나는 언젠가 그 집 안에 누가 살고 있나 알아보고 싶어서 쇠창살문을 통해 안을 들여다 본 적이 있었읍니다. 그랬더니 그 집 안은 온통 비어 있었고 썰렁했으며 서글프게도 집 안에는 한 사람도 있지 않았읍니다. 그래서 그 이후로는 그 교회의 문 곁을 지나가려면 늘 소름이 끼쳤읍니다. 그런데 부활절 아침에는 새벽부터 비가 오더니 곧이어 태양이 아주 화려하게 떠오르고 그 교회는 회색빛의 슬레이트 지붕이나 높다란 창문들이나 금빛의 십자가가 달린 탑이나 할 것 없이 찬란한 빛에 반사되어 번쩍이고 있었읍니다. 그때 갑자기 높다란 창문에 비치던 빛이 물결치면서 생동하기 시작했읍니다. 그러나 그 빛은 너무나 밝아서 바라볼 수도 없을 지경이었읍니다. 그래서 내가 눈을 감자, 그 빛은 내 영혼 속까지 파고 들어와 모든 것들을 비추고 향기롭게 하고 노래 부르게 하고 울리게 하는 것 같았읍니다. 그때 나는 나의 내부에 새로운 생명이 시작되는 것처럼, 아니 내가 다른 사람으로 되는 것처럼 느꼈읍니다. 그리고 내가 어머니에게 저것이 뭐냐고 물어 보았더니 어머니는 그것이 교회에서 부르는 부활절 노래라고 대답했읍니다. 그때 내 영혼 속으로 파고 들었던 그 밝고 성스러운 노래가 무슨 노래였는지는 지금껏 알 수가 없읍니다. 그것은 아마 때때로, 루터의 굳어진 마음까지도 풀어 주었을 오래된 성가였을 것입니다. 나는 그 노래를 두번 다시 듣지 못했읍니다. 그러나 지금도 베에토벤의 아다지오나 마르첼로의 찬송가나 헨델의 합창곡을 들을 때면, 그리고 흔히 있는 일이긴 하지만, 스코틀랜드의 고지(高地)에서나 티롤 지방에서 소박한 민요를 들을 때면, 그 높은 교회의 창문이 다시 빛을 발하는 것 같고 오르간 소리가 영혼 속으로 파고들어 새로운 세계가 열리는 것만 같습니다. 별이 총총한 밤하늘이나 제비꽃 향기보다도 더 아름다운 세계가.

이것들이 내 어린 시절에 처음으로 기억나는 것들입니다. 그리고 그 사이사이로 사랑스런 어머니의 얼굴이 떠오르고 아버지의 인자하고 진지한 시선도 떠오릅니다. 그리고 정원과 포도덩쿨과 연초록빛의 잔디와 오래된 귀한 그림책들도 떠오릅니다. 이것들 모두가 기억 가운데서, 퇴색한 처음 몇 페이지에서 아직도 기억해 낼 수 있는 전부입니다.

그러나 그 다음에는 기억이 밝아지고 명료해집니다. 여러 사람들의 이름과 모습이 떠오릅니다. 아버지, 어머니 뿐 아니라 형제, 자매, 그리고 친구들과 선생님 그리고 낯선 사람들의 얼굴도 떠오릅니다.

아, 그렇습니다! 낯선 사람들의 얼굴로 떠오르는 것을 보니, 내 추억 속에는 참으로 많은 것들이 쌓여져 있군요!—막스 밀러

● 초원 저이 사명

우리들의 이 세상에 있어서의 운명은 대단히 축복된 경우에 있어서까지도 무엇인가 수수께끼와 같은 부족한 점을 남기고 있읍니다.

즉 소질이 있어도 그것을 충분히 발휘시키기에는 이르지 못하며 사명이 주어져 있는데도 그것을 다할 수 없다는 식으로 천분과 완성, 사명과 실천과의 사이에 아무리해도 설명이 닿지 않는 대립 관계를 간직한 채로 이 세상을 끝내는 것입니다. 그러나 인생을 이것만으로 끝내게 해서는 안됩니다. 그렇게 된다면 이 뜬세상의 생활은 결코 생명 전체의 마지막이 아니고 우리들 운명의 최후의 것이 되지 못합니다.

이 일은 이런 점에 염두를 두고 있는 모든 사람들, 즉 별로 생각도 없이 이런 종류의 문제에 외면해 버리고 죽음은 엄연히 존재하는 위안이 없는 숙명으로 받아들이는 것 같은 사람이 아닌 한 누구에게나 명백해짐에 틀림없는 사실입니다.
　그러므로 내세를 믿지 않는 사색가 타입의 인간의 생애는 모두가 깊은 비애 속에 끝나고 있읍니다. 육체적으로도 정신적으로도 힘이 감퇴하게 되므로 장래의 희망을 알지 못하는 마음은 불유쾌로 채워지며 때때로 마음을 스치는 불안에 대해서는 이 세상의 어떤 행복스러운 경지까지도 아무 도움이 되지 못합니다.
　사람은 죽어도 그 사업은 후세에 남는다든가 「육체는 흙으로 돌아가지만 위명은 천추에 전해진다」는 방식의 생각까지도 인생 그 자체의 무상에 관해서는 아무 충분한 위안을 주는 것이 못됩니다. 그렇게 되면 어떤 사람들은 강인하게 최후의 힘을 짜내어 열에 떠오른 것같이 활동하며 일각 일각 사라져가는 인생 최후의 몇 분까지도 다 이용하려고 달려듭니다. 그들은 그런 일을 가지고 세상 사람들의 기억을 확보하고 혹은 안되더라도 자기의 죽음에 대한 일시적인 애도나마 틀림 없는 사실로 만들려 합니다.
　이에 반하여 다른 노인들 중의 어떤 사람은 이미 잠들고 있던 모든 면의 향락욕이 한번 더 거의 본능적인 불가항력으로 일깨워져 약간 남아 있는 생명의 불꽃을 한번 더 불러 일으키려고 뜻해 봅니다. 그러나 그 도달하는 곳은 어느 경우에도 막을 수 없이 접근해 오는 미지의 것 앞에 아무 방법도 못가진 채 무릎을 꿇고 될 수 있는 대로 그 일을 생각하지 않으려 할 뿐, 비록 뜻대로 된다 해도 죽음을 불가피한 운명으로 보고 스토아식으로 이를 참아내는 것 정도가 고작입니다.
　이것은 단지 내세의 희망이 없는 경우의 얘기입니다. 이러한 희망이 있는 때에만 죽음은 피곤한 나그네에게 그 행로의 마지막을 고해 알려 주는 친절로 엄숙한 사자가 되는 것이며, 한 발자국 한 발자국 고생하며 끝까지 올라온 산 꼭대기에서 넓고 새로운 한 세계를 바라보는 것이 오래지 않아 목전에 도달하고 있는 것을 가르쳐 주는 것입니다. 그 이외의 모든 사람들에게 있어서는 죽음은 중세기의 죽음의 무용이 보여주는 것 같은 보기 흉한 해골이든가 혹은 적어도 어느 시인의 아름다운 그러나 말할 수 없는 슬픈 노래로 불리고 있는 것 같은 정도의 용서도 없는 잔혹한 추수꾼인 것입니다.

여기에 이르러 비로소 사람과 사람들의 모든 차별 중에 가장 현저한 차이가 나타납니다. 생의 마지막에 이르러서는 「순(純)한 우자(愚者)」의 편이 어쨌든 승리를 거두며 자랑하게 되는 것입니다. 왜냐하면 다른 모든 사람들에게 있어서는 만물이 흩어지는 가을에 떨어지는 나뭇잎 하나 하나가 희망이 없는 무상한 느낌을 일으키는데, 그 「순한 우자」는 잎이 다 떨어진 나무에도 새로운 부드러운 봄 싹을 벌써 인정하고 그 최후의 날에도 「너는 흙이기 때문에 흙으로 돌아갈 것이다.」라는 어쩔 수 없는 죽음의 선고를 듣는 것만이 아니고, 동시에 또 「일어나라, 빛을 발하라, 그대의 빛이 찾아 왔다. 주의 영광 그대 위에 빛난 것이니라.」 하는 생명의 말씀도 듣기 때문입니다. — 카알 힐티

• 우리들의 고뇌

우리 인간들이 오랜 기간 동안 살아가야 하고, 우리들의 목표를 미래 속에다 설정해 놓고는 그것을 달성하기 위해서 노력하고, 그럴려면 우리에게는 필요하다면 눈앞의 쾌락을 포기하고 불가피한 좌절감들을 인내해야 할 능력과 각오가 요구된다는 것은 현실입니다. 가장 단순한 방법의 존재 양식이라고 해도 내일이 오리라는 현실을 도피할 수 없으므로 우리들의 행동이 빚어내는 결과들에 관해서 생각을 조금이나마 하지않을 길이 없읍니다. —현재를 부정하는 대가를 치르면서 「미래를 위해서만」 살아가는 사람들의 오류는 이 얘기와는 직접적인 관계가 없는 다른 문제입니다. 우리들은 내일이 존재이고, 행동에는 결과들이 뒤따른다는 현실을 받아들이고 가치들에 대한 야심을 간직하며 현실적으로 그리고 자아 연민에서 벗어나 삶의 이런 현실들을 보도록 훈련이 될 수도 있읍니다. 아니면 우리들은 모든 욕망을 당장 충족시켜 주지 않는 세계에 대해서 불만을 느끼고 반항함으로써 결과적으로 현실을 마구 짓밟아 버리고 얼른 쉽게 얻을 수 있는 가치들만 추구하게 될지도 모릅니다.

삶을 살아가는 과정에서 한 인간이 어느 정도의 고통을 불가피하게 경험하고 또 어느 정도 목격해야 한다는 것도 현실인데, 물론 그 정도는 크거나 작다는 차이가 있읍니다. 하지만 우리들이 고통에 결부시키는 상태, 그러니까 삶과 존재의 관념에 있어서 우리들이 그것에 연관

짓는 의미는 불가피한 것이 아닙니다. 우리들은 어떤 역경이나 고통이 닥치더라도 비교적 흐려지지 않는 존재의 가치와 인식을 간직할 수도 있으며, 질병이 아니라 건강을 정상적인 상태로 간주하듯 고통과 패배와 재난과 실망은 우발적이고 비정상적이며 행복과 성공이 자연스럽고 정상적이라는 신념을 간직할 수도 있읍니다. 아니면 우리들은 고통과 패배가 존재의 본질 바로 그것이고 행복과 성공은 일시적이고 비정상적이고 우발적이라는 판단을 내릴 수도 있읍니다.

　다른 사람을 만나면 우리들은 그 사람의 내면에 존재하는 그 음악을 느낍니다. 우리들은 그 사람이 자신을, 삶에 접근하는 태도에 있어서의 기쁨과 두려움과 저항을 어떻게 경험하는지를 깨닫습니다. 우리들은 흥분의 차원이나 둔감성의 차원을 의식하고, 우리 육체와 감정은 생각이 언어로 개념을 형성하는 것보다 훨씬 빨리 반응합니다.

　최적의 상태로 경험하는 낭만주의 사랑에서는 우리들이 흠모를 받고 싶어하는 요소들 때문에, 그리고—마찬가지로 중요한 것이지만—자신의 인생관과 일치하는 관점과 각도에서, 사람들은 흠모와 존경을 받습니다. 그러니까 결정적인 유사성이라는 이 분야에서 우리들은 정열적이고 지속되는 낭만적인 이끌림을 본질적인 기초로 삼는 것입니다. 우리들은 자신의 의식과 똑같은 의식에 이끌립니다.

　하지만 여기에서 그친다면 우리들의 그림은 미완성으로 남게 됩니다. 우리들이 추구하는 바는 우리들 자신과 그야말로 거울로 비쳐보듯 똑같은 이미지는 아닙니다. 관계의 기초는 기본적인 유사성들 속에 있읍니다. 관계의 「흥분감」은 그 상당한 정도가 서로 보완하는 차이점들로부터 비롯됩니다. 두 사람은 함께 낭만적인 사랑의 터전을 닦는 것입니다. — 나다니엘 브랜든

● 쾌락과 욕망

　자연계의 온갖 노력은 모두 쾌락으로 방향이 정해집니다. 자연은 풀의 잎을 키우며, 나무의 움을 틔우며, 꽃봉오리를 피웁니다. 화관(花冠)을 일광의 입맞춤에 대비시키고, 생명이 있는 모든 것을 자웅의 결합에로 초대하며, 굼뜬 애벌레를 번데기로 바꾸어 고치의 갈망으로부터 나비가 날아가게 하는 것도 모두 자연의 역사입니다.

　자연에 인도되어 모든 것은 지대한 좋은 자리에 보다 나은 도의심,

진보를 동경합니다. 그러기 때문에 나는 쾌락 속에서 책 가운데 이상의 교훈을 발견한 것입니다. 그래서 나는 책 속에서 명쾌함보다는 오히려 난해함을 발견한 것입니다.

그것을 위해서는 생각이나 분별도, 방법도 필요치 않습니다. 나는 정신 없이 쾌락의 마(摩)에 뛰어들었읍니다. 그리하여 자신이 헤엄칠 수 있다는 사실에, 자신이 가라앉지 않는 사실에 우선 놀랐읍니다. 그리고 나는 우리의 전 존재가 스스로를 인식하는 데는 쾌락 속이란 것을 알았읍니다.

결심할 필요도 없었읍니다. 나는 아주 자연스런 기분으로 쾌락에 몸을 맡기었읍니다. 사람의 성(性)은 약하다는 말도 들었지만 내가 그것을 실증해 보고 싶었읍니다. 요컨대 나에게는 자신에 대하여, 타인에 대한 것만큼 호기심이 없었던 것입니다. 아니 오히려 육체적인 욕망이 은밀하게 활동하면서 나를 일종의 즐거운 혼미상태로 이끌어 나로 하여금 테를 벗어버리게 하는 것이었읍니다.

내가 바라는 것이 어떤 것인지 모르고 있는 한, 모랄을 탐구한다는 것은 어리석은 짓이며, 또 불가능한 일이라고 나는 생각하게 되었읍니다. 자기 탐구를 중지하는 일은 결국 나한테는 사랑 가운데로 자신을 되돌려 오게 하는 일이었읍니다.

얼마 동안 온갖 모랄을 거부하고, 온갖 욕망을 받아들일 필요가 있었읍니다. 욕망만이 내게 교훈을 줄 수 있었읍니다. 나는 그것에 따랐읍니다. —지이드

● 나의 흑자읊은

재물을 소유한 사람에게 그것을 분배하라고 요구하는 것은 잘못된 짓이라고 생각합니다. 그렇지만 또, 소유하는 사람들이 재물을 버리기 아까와하는 마음을 자발적으로 포기하기를 기다린다는 것도 너무도 몽상이 지나칩니다.

나의 경우, 독점적인 소유가 참기 어려운 것으로 되었고, 나의 행복은 주는 것으로 성립되고 있읍니다. 이렇게 해두면 죽음도 나의 손에서 대단한 것을 뺏지는 못할 것입니다. 죽음이 가장 많이 내게서 빼앗는 것은 붙들어 둘 수도 없는 재보, 자연적 재보, 즉 만인에 공통한 전유(專有)에 적합하지 않는 재보 뿐일 것입니다. 나는 이런 종류의 재

보라면 이때껏 만끽했읍니다. 그밖의 재보에 관해서는, 나는 산해진미보다는 시골집의 식사를, 담을 둘러친 아름다운 정원보다는 공원을, 진기한 한정판 서적보다는 걱정 없이 산보에 휴대하고 다닐 수 있는 서적을 사랑합니다. 만약 또 어떤 예술품을 감상하려면 혼자서가 아니면 안된다고 한다면, 그 작품이 아름다우면 아름다울수록 나의 비애는 보다 많고, 기쁨은 사라질 것이리라.

　나의 행복은 타인의 행복을 늘리는 데에 있읍니다. 나 자신이 행복해지기 위해서, 나는 만인의 행복을 필요로 합니다. ―지이드

● 고독에 대하여

　고독이란 운명이 사람을 자기 자신으로 이끌려고 하는 길입니다. 고독이란 사람이 가장 두려워 하는 길입니다. 거기에는 모든 귀신 도깨비가 있읍니다. 거기에는 모든 뱀과 모든 두꺼비가 숨어 있읍니다. 거기에는 무서운 괴물이 엿보고 있읍니다. 외로운 황야에 있어서 모든 고독한 사람과 개척자에 관해서 그들이 길을 잘못 들어서 기분이 나쁘거나 병이 걸렸다는 이야기가 있지 않습니까? 사람들은 모든 위대한 영웅적 행동에 관해서 마치 그것이 범죄를 범한 것처럼 이야기하지 않습니까―왜냐하면 그와같은 행동에 이르는 길에 빠지지 않도록 조심하는 것이 상책이기 때문입니다.

　사람들은 또한 「짜라투스트라」에 관해서 그는 미쳐서 멸망했다고 말하고 있읍니다―그리하여 결국 그의 언행은 모조리 미친 수작이었다고 말하고 있읍니다. 그리고 그대들은 그렇게 말하는 것을 들을 때 그대들은 마음 속으로 부끄러워서 화끈 달아오르는 것을 느낍니다. 저 미친 사람에게 속한다는 것은 보다 고귀하고 그대들에게 보람 있는 것처럼 느껴졌기 때문입니다. 그대들이 그것에 대한 용기를 가지지 못한다는 점을 그대들이 부끄러워 하는 것입니다.

　사랑하는 그대들이여, 나는 고독에 대해서 그대들에게 노래를 불러 주렵니다. 고독이 없이는 고생도 없고 또 고독이 없이는 영웅적 행위도 없읍니다. 나는 은자의 동굴에서 샘이 그렇게 사랑스럽게도 졸졸 흘러나오는 극장이나 조촐한 시인의 그 고독을 뜻하는 것은 아닙니다.

　어린애가 어른이 되는 것은 단 하나의 길이며 유일한 과정입니다. 외로워지고 너 자신이 되고 부모에게서 떨어지는 것, 어린애가 어른이

되는 과정은 그것이며 아무도 그를 완전하게 할 수 없다. 각자는 그리고 신성한 은자와 헐벗은 산속에 사는 울부짖는 곰도 실을 몸에 지니고 다니며 그가 부모와 그밖에는 모든 가까운 친척, 피가 통하는 일가와 맺어져 있는 한가닥의 실을 질질 끌고 다닙니다. 오, 벗들이여, 그대들이 그다지도 따뜻한 마음으로 민족이나 조국에 관해서 이야기하면 그 실이 그대들의 몸에 걸려 있는 것을 보고 나는 빙그레 웃읍니다. 그대들의 위대한 사람들이 그들의 사명이나 책임에 관해서 이야기하면 실은 기다랗게 그들의 입에서 내밀려 있읍니다. 그대들의 위대한 사람들은 그들 자신의 사명에 관해서 결코 이야기하지마십시오. 그들은 모친에게로 거슬러 올라가는 실에 흐뭇하고 기분좋게 매달려 있읍니다. 시인들이 정서도 풍부하게 어린시절과 그들의 깨끗한 기쁨에 노래부를 때 그들은 그것을 회상합니다. 죽어서 행복스럽게 세상을 떠날 때가 아니면 아무도 이 실을 전적으로 끊어 버릴 수 없읍니다.

대부분의 사람들, 많은 대중들은 결코 고독을 맛보지 못했읍니다. 그들은 옛날에 부모와 헤어졌는데 그것은 오로지 결혼하여 새로운 부부의 따뜻한 애정과 결합 관계로 들어가기 위한 것입니다. 그들은 한번도 혼자서 외롭거나 혼자서 이야기한 적이 없었읍니다. 고독한 사람이 그들의 길을 가로질렀을 때면 그들은 그를「페스트」처럼 두려워 하고 미워하며 돌을 던져서 그를 쫓아 버리고 그들이 그에게서 멀어져야만 비로소 안심합니다. 별나라와 냉냉한 우주의 향기를 풍기는 차거운 공기가 고독한 사람을 감돌고 고향과 보금자리의 아담하고 그윽한 향기가 그에게는 전연 찾아볼 수 없읍니다.

「짜라투스트라」는 이 별나라의 향기와 이 냉기를 몸에 지니고 있었읍니다.「짜라투스트라」는 고독한 길을 상당히 멀리 걸어갔읍니다. 그는 고생의 도장(道場)에 앉아 있었읍니다. 그는 운명의 대장간을 보았으며 그 속에서 단련을 받았읍니다.

아아 벗들이여, 나는 그대들에게 고독에 관해서 더 많은 이야기를 해야 될는지 모르겠읍니다. 나는 마음 속으로 그대들이 그 길을 걷도록 유혹하고 싶은 생각이 간절합니다. 그러는 나는 손해를 입지 않고 이 길을 갈 수 있는 사람은 극소수에 지나지 않는다는 사실을 알고 있읍니다. 사랑하는 그대들이여, 모친, 고향, 조국, 민족, 명예, 그리고 이 사회의 모든 달콤한 것이 없이는 살아나가기 어렵습니다. 추위 속에서는 유쾌하게 지낼 수 없읍니다. 그리고 길을 가던 사람은 대부분이 망해 버렸읍니다. 사람들은 고독을 맛보고 그들 자신의 운명에게 밝히려고 하면 멸망에 대해서 냉담하지 않으면 안됩니다. 설사 불행 속을 간다고 하더라도 한 민족이나 많은 사람들과 행동을 같이 한다는 것은 보다 쉽고도 달콤한 일입니다. 시대와 민족이 부과한 사명에 헌신한다는 것은 보다 쉽고도 위안이 되는 일입니다. 사람들이 가득찬 거리에서 그들은 얼마나 좋아하는가를 보십시오. 총을 쏘고 목숨은 도박에 걸거나 마찬가지입니다. 그러나 누구나 홀로 어둡고 추운 산속을 헤매는 것보다는 대중과 함께 있기를, 그들 가운데 파묻혀서 지내기를 훨씬 좋아합니다.

 그러나 나는 그대들 젊은이들을 어떻게 유혹할 수 있을까요! 마치 운명이 선택되지 않는 것처럼 고독도 선택되지 않습니다. 운명을 끌어잡아 당기는 마석(魔石)을 우리들이 지니고 있는 경우에는 고독이 우리들을 엄습합니다. 굉장히 많은 사람들이 황야로 가서 아담한 샘과 은자의 집에서 목인(木人)처럼 지냈읍니다. 그러나 다른 사람들은 많은 사람들의 혼잡 속에 파묻혀 있었으며 그리고 그들의 이마에는 싸늘한 별빛이 감돌고 있었읍니다.

 그러나 자기 고독, 그림으로 그리거나 시로 읊는 고독이 아니라 그의 고독, 그에게 정해진 단 한번의 고독을 찾은 사람은 행복합니다. 고독할 줄 아는 사람에게 행복있으라! 가슴 속에 마석을 간직하고 있는 그에게 행복 있으라! 그러면 운명이 그에게로 찾아오고 행동이 그에게서 나올 것입니다. ―헤르만 헷세

● 한 송이 장미를 이해한다는 것

 사람은 이름을 붙여야 합니다……. 그렇기 때문에 우리는 사물에 부호를 붙여 왔읍니다. 그리고는 안다고 생각합니다. 당신은 무엇을 확실하게 아는가요? 만일 당신이 당신의 마음 속에 축적한 그 이름들을 지워버린다면 무엇이 남게 될까요? 아무 것도 없읍니다. 그리고 그 아무 것도 없음은 이해되어야 합니다. 그 무(無)를 인정하지 않는 한 당신은 결코 올바른 길로 나아갈 수 없을 것입니다. 올바른 길이란 앎이지 지식이 아닙니다.

 나는 한 의사에 대한 이야기를 들은 적이 있읍니다.

그는 업무를 시작하자 곧 첫번째 환자가 왔읍니다. 그는 환자를 진찰했지만 그 환자가 어떤 병을 앓고 있는지 도무지 알아낼 수가 없었읍니다. 의사는 그가 알지 못한다는 사실을 그 환자에게 알리려 하지 않았읍니다. 그는 책들을 뒤져 보았지만 여전히 알아낼 수가 없었읍니다. 의사는 매우 초조해졌읍니다. 환자는 침대에 누워서 지켜보고 있었고, 이제 의사는 진땀까지 흘리기 시작했읍니다. 그때 문득 한 가지 생각이 떠올랐읍니다. 의사는 환자에게 물었읍니다.

「전에도 이 병을 앓은 적이 있읍니까?」

환자는 말했읍니다. 「예, 5년 전에 앓았었지요.」

의사는 웃으면서 말했읍니다. 「그래요. 틀림없군요. 당신은 그 병을 다시 앓고 있는 겁니다!」

적어도 그는 무엇인가를 말할 수 있었던 것입니다. 그는 한시름 놓았읍니다.「당신은 그 병을 다시 앓고 있는 겁니다!」

그러나 당신이 그 병을 알아낼 수 있다 해도 그것은 더 이상 의미가 없읍니다.

마론 부인이 친구들에게 고백했읍니다.

「그 녀석이 글쎄 뭐든지 다 주머니에 챙겨 넣는 버릇이 있지 않았겠니. 내 옷장에서 20달러를 꺼내 갔고, 남의 은수저, 그런 따위들을……그래서 남편이 닥터 싱가마보브에게 데려가 보라고 하지 않았겠어. 닥터 싱가마보브는 비엔나에서 프로이드를 연구했었지. 너희들도 알아둬, 얘들아. 남편은 확실히 옳았어. 그 의사는 티모티와 한 시간 동안 대화한 후에 티모티의 문제를 해결해 냈단다. 닥터 싱가마보브가 이렇게 말했거든. '마론 부인, 아드님은 도둑이요'라고.」

지금 당신은 무엇을 하고 있읍니까? 그 문제는 해결된 것처럼 보입니다. 이름 붙이기로 해서, 당신은 그 문제를 해결한 것처럼 보입니다. 이런 버릇은 버리십시오. 이런 버릇은 위험합니다. 이런 버릇 때문에 실재를 꿰뚫어 보기가 불가능하게 됩니다. 이런 버릇은 너무나 무의식적이고 너무나 뿌리 깊고 너무나 기계적이어서 당신이 어떤 것을 보는 순간, 즉시 언어로 나타납니다. 당신은 나무를 보는 그 즉시 마음 속으로 암송합니다.

그것이 어떤 이름이라 해도 당신은 마음을 놓게 됩니다. 어떻게 그렇게도 쉽게 마음을 놓게 되는 것일까요? 그것은 이름을 붙임으로써 당신이 알고 있다고 생각하기 때문입니다.

테니슨은 「만일 내가 하나의 꽃, 그 뿌리와 모두를 이해할 수 있다면 그때 나는 전 존재를 이해할 수 있을 것이다.」 그렇습니다. 하나의 장미꽃은 너무나 무궁해서 만일 당신이 하나의 조그마한 장미꽃을 이해할 수 있다면 전 존재를 이해할 수 있을 것입니다. 왜냐하면 모든 것은 그처럼 서로 연결되어 있기 때문입니다. 만일 장미꽃을 이해하려 한다면 당신은 대지를 이해해야 할 것입니다. 장미는 대지에서 나오며 대지는 원천입니다. 그리고 당신은 하늘을 이해해야 할 것입니다. 왜냐하면 장미는 하늘로 꽃피기 때문입니다. 당신은 태양을 이해해야 할 것입니다. 태양없이 장미는 살아 있을 수 없기 때문입니다. 색깔은 태양으로부터 나옵니다. 당신이 만일 거기에 깊이 들어간다면 현존하는 모든 살아 있는 것을 이해해야만 한다는 사실을 발견할 것입니다. 그래야만 이 장미에 대한 당신의 앎이 완전하고 전체가 됩니다.

그러나 그것을 「장미」라고 부름으로 해서 당신은 알고 있다고 생각하기 시작합니다. 이러한 이름들은 당신에게 지식을 주지만 그따위 것들은 단지 당신을 혼란시킬 뿐입니다.

캐묻기를 좋아하는 소녀인 조이스가 물었읍니다.

「아빠, 오늘이 수요일이예요?」

무던하게도 아버지는 대답했읍니다.「아니다. 내 딸아, 오늘은 화요일이란다.」

조이스가 물었읍니다. 「그런데 아빠, 오늘이 수요일이라고 말씀하셨잖아요.」

아버지가 말했읍니다. 「그렇지. 오늘은 수요일의 어제야. 목요일의 어제는 내일의 오늘이지. 오늘이 내일이면 오늘은 어제야. 오늘은 지금 오늘이지. 이제 이해하겠니?」

말장난, 장난들…… 일 뿐입니다. 당신의 모든 철학, 당신의 모든 신학은 말장난 혹은 말놀이 이외에 아무 것도 아닙니다. 당신은 그따위 놀이를 끊임없이 할 수 있읍니다. 하나의 말은 다른 말들을 끌어들일 수 있으며 당신은 계속해서 그렇게 할 수 있읍니다. 실재는 존재하는 것이지 단어가 아닙니다. 실재는 존재하는 것이지 철학이 아닙니다. 실재는 도대체 교리나 이론 혹은 경전 따위가 아닙니다. 만일 당신이 실재에로 들어가려 한다면 그때 당신은 모든 말들을 버려야만 합니다.

당신은 언어로 나타내는 모든 습관을 버려야만 합니다. 당신은 언어를 버려야만 합니다. 언어는 장벽입니다.

언젠가 언어가 사라진다면 당신은 누구입니까? 그때도 당신이 식자(識者)이겠읍니까? 그때 당신은 결코 식자가 아닙니다. 그러면 당신은 무엇을 압니까? 당신은 아무 것도 모릅니다. 당신은 식자도 아니며 아무 것도 모릅니다. 바로 이 비어 있음의 순간에 앎이 일어납니다. 이것이 선인들의 깨달음이라 부르는 그것입니다. 언어가 버려지면 깨달음이 일어납니다. 선의 길에 있어서 모든 노력은 언어 지우기입니다. 이러한 역설들을 풀어내면서 점차 당신은 언어 자체에 싫증나게 됩니다. 완전한 고갈 상태에서 언어가 버려지고 의식이 해방됩니다. —라즈니쉬

● 텅 빈 누에고치를 보며

「아무것도 남아 있지 않다.」라고, 아직 나방이가 되어 날지 못하는 번데기는, 자기 옆에 텅 비어 있는 누에고치를 보면서 이같이 말을 할 것입니다. 그러나 누에고치로선 (만일 생각하거나 말할 수가 있다고 한다면) 자기 이웃을 잃으면 다시는 이웃과 실제로 친하게 지낼 수 없으므로 이같이 술회하는 것도 당연한 일일 것입니다. 나의 형제는 죽었읍니다. 그의 누에고치는 정말 비어 있읍니다. 나는 이제까지의 눈에 익은 모습으로는 그를 보지 못합니다. 그러나 그가 나의 눈에서 사라져 버린 것은 그에 대한 나의 관계를 멸망시키지는 않습니다. 나는 우리가 흔히 표현하고 있듯이 그의 추억을 간직하고 있읍니다. —톨스토이

● 오늘 같은 날 그림을 그리리라

한낮이 될 무렵 나는 오늘 저녁에 그림을 그리게 되리라는 것을 이미 느끼고 있었읍니다. 며칠간 바람이 불어 저녁에는 늘 수정처럼 맑았고 아침에는 날씨가 흐렸읍니다. 그런데 이제 여기에는 엷은 잿빛을 띤 부드러운 공기가, 내가 하나하나 잘 알고 있는, 아―꿈결같이 포근한 자락이 흘러오고 있읍니다. 빛이 기우는 해거름에는 더없이 아름다우리라. 물론, 이러한 날이 아니더라도 그림을 그리게 되는 날씨가 있읍니다. 그것은 비가 올 때에도, 또 표엔 바람이 부는 오전에도, 네 시

간의 거리에 있는 마을의 창문도 헤아릴 수 있을 만큼 무시무시한 유리의 투명함 속에서도 아름다움을 발견할 수는 있기 때문입니다. 그렇지만 오늘 같은 날은 뭔가 다르고 유별난 점이 있으니, 이런 날에는 그림을 그릴 수 있다기 보다는 그려야만 하는 것입니다. 저기 푸른 초원에는 빨강 또는 황토색 반점들이 점점이 청아하게 반짝였고, 그림자를 드리운 해묵은 포도나무 지주들은 하나같이 생각에 잠긴 듯이 서 있었으며, 그리고 깊은 그늘 속에서도 모든 색깔들이 뚜렷하고 강렬하게 빛나고 있었읍니다.

그림 그리기에 좋은 멋진 날씨를 예견하게 되면, 나는 노쇠해 가는 나의 가슴 속에서 저 소년시절 들판에서 느끼던 희열, 그 인생에 대한 희망과 모험심의 아스라한 여운의 자취를 느끼곤 합니다. 그러한 날들은 대개 내가 여름마다 그런 날이 며칠 있기를 기다리는 나의 좋은 날들인 것입니다.

그런 날이면 오후에 화구가 든 배낭을 메고 접는 의자를 들고 집을 나서 벌써 한낮부터 생각해 두었던 자리로 갑니다. 그곳은 우리 마을 위에 있는 가파른 산기슭으로, 전에는 밤나무숲이 빽빽이 들어서 있었으나 지난 겨울에 벌채된 곳인데, 아직도 약간 향기가 나는 나무 그루터기 사이에서 나는 이미 몇 번 그림을 그린 적이 있읍니다. 여기서 보면 우리 마을의 동편이 보입니다. 전체가 어두운 색인 낡은 판자집 지붕들과 밝은 빨간색 세 지붕들, 그리고 덧칠을 하지 않아 헐벗은 담모퉁이가 보이고, 그 사이사이로 나무와 조그만 뜰이 보이고, 거기에는 하얀 빨래와 색색의 빨래가 널려 있었읍니다. 그 건너편에는 장미빛 봉우리에다 보랏빛 그림자를 늘어뜨린 산들이 첩첩이 늘어서 있고, 그 아래쪽 오른편에 있는 호수 그 너머에 있는 환하게 빛나는 작은 마을들이 아주 조그맣게 보였읍니다.

이제 해가 서서히 기울어 지붕과 담장 위에 내린 빛이 점차 좀더 따뜻해지고, 좀더 깊어지고, 좀더 황금빛을 띠어가는 동안 나는 두 시간 가량 시간이 있었읍니다. 스케치를 시작하기 전에 나는 호수까지 뻗친 풍요로운 골짜기 전체를 한참 동안 내려다 보았읍니다. 먼 마을들, 벌써 일 미터나 되는 파란 곁순(筍)이 담뿍 돋아나 있는데도 아직 색이 그대로 연한 나무 그루터기가 있는 전경(前景), 그리고 그 사이에 반짝거리는 암석이며 장마철에 생긴 깊게 패인 물길 자국이 드러나 있는 건조한 붉은 지면을보았고, 그 다음에는 조그맣고 따뜻한 보금자리들이 있는 우리 마을을 보았읍니다. 나는 그것의 선과 면 하나하나를 오래 전부터 잘 알고 있었고, 그 모습을 수십 번이나 눈으로 연구했으며, 연필로 따라 그렸읍니다. 전에는 어두운 갈색이었던 큰 지붕 하나가, 철단(鐵丹)을 칠하려고 새로 이어놓은 것이 보였읍니다. 지오반니의 집이었읍니다. 가을이면 누런 옥수수 자루들이 내걸리곤 하는 지붕밑의 확 트인 넓은 테라스가 있었는데 거기를 막아버리고 지붕 전체를 새로 이었구나! 몇 달 전에 이 마을에서 제일 연장자였던 그의 아버지가 돌아가셨다. 이제 그가 상속을 받아 부자가 되었으니, 온 힘을 기울여 고치고 짓고 칠을 하는군. 그리고 그 훨씬 뒤 쪽의 키 작은 카바디니네 작은 집은 적어도 한쪽 면을 새로 페인트칠을 했구나. 집을 짓고 집을 헐고 숲을 키우고 숲을 베고, 덧문에 페인트칠을 하고 뜰에 씨앗을 뿌리는 사람들이 있어야 한다면, 아마 이 모든 것을 바라보는 이 모든 인간 활동의 관망자인 사람, 이 담장과 지붕들을 자신의 눈과 마음에 담아 그것들을 사랑하며, 그려보는 사람도 하나쯤 있어야 하리라.

　나는 훌륭한 화가는 아닙니다. 그저 애호가에 불과할 뿐입니다. 그렇지만 이 넓은 네 계절과 하루하루, 시간시간이 지니는 여러 가지 얼굴들, 지형의 습곡, 강둑의 형태, 푸른 벌판에 제멋대로 나 있는 오솔길을 나처럼 익히 알고 있고, 사랑하고, 아끼는 사람, 그것들을 그렇게 가슴에 품고 그것들과 더불어 살아가는 사람은 단 한 사람도 없을 것입니다.

　하얀 종이 위에 연필로 선을 긋고 팔레트를 꺼내 물을 따랐읍니다. 그리고는 약간의 나폴리 블루에 물을 흠뻑 묻힌 붓으로 내 그림 중의 가장 밝은 점을 찍습니다. 그러면 그것이 저기 맨 뒤쪽 윤기 흐르는 부드러운 무화과나무들 위로 솟은 박공집의 빛을 받는 전면이 됩니다. 그러면 이제 나는 지오반니에 대해서도, 마리오카바디니에 대해서도 모두 잊어버리게 되어, 그들을 시샘하지 않고, 그들이 나의 근심을 걱정 않듯이 나도 그들의 근심에 마음 쓰지 않으며, 녹색과 황색을 가지고 씨름하노라면 정신이 긴장되어 맑아집니다. 먼 산위로는 젖은 붓을 가볍게 휘둘러 놓고 푸른 잎새들 사이에 빨강을 살짝 눌러 주고, 그 사이로 파랑도 슬쩍 넣어주며, 마리오네 빨간 지붕밑의 그림자에 몹시 신경을 쓰고, 그늘진 담장 위로 솟은 둥그스름한 뽕나무의 황록색을 표현하려 애씁니다. 우리 마을 위 벼랑에서 보내는 이 저녁시간, 이 작열하는 짧은 시간 동안에는 나는 다른 사람들이 살아가는 삶을 관망하는 자가 아닙니다. 그들의 생활을 시샘하지 않고 비판하지 않고 거기에 대해서는 모두 잊어버린 채 나의 행위에 몰두하고 나의 도락에 빠집니다. 남들이 그들 나름의 도락에 빠져있듯이 꼭 그만큼 목마르게 꼭 그만큼 어린애처럼, 꼭 그만큼 용감하게. ―헤르만 헤세

• 한 나무가 죽어서

날마다 나는 삼나무 숲으로 흘러가는 강을 따라 길고 긴 산책을 하며 시간을 보내곤 했읍니다. 어느날 나는 거대한 삼나무 숲으로 들어갔다가, 어떤 방랑자가 갈겨 쓴 듯한, 이 삼나무의 연륜이 설명되어 있는 표지를 발견했읍니다. 삼나무가 정말 얼마나 아름다운지는 아마 깨닫지 못했던 것 같습니다. 그 표지에는 삼나무가 이만큼 컸을 때 부처가 태어났고, 이만한 크기일 때 예수가 태어났으며, 또 이렇게 거대할 때 한니발이 알프스를 넘었다는 등등의 말이 씌어 있었읍니다. 마지막 귀절에서 그 방랑자는 이렇게 썼읍니다.

「한 나무가 죽어서 땅 위에 쓰러졌다고 해서 모든 것이 끝나는 것은 아니다. 세균은 서서히 그 나무를 분해시키기 시작한다. 몇 년이 흐르면 그 나무는 땅 속에 녹아 들어가 다른 나무들이 살 수 있도록 자기가 가지고 있던 모든 것을 돌려 준다.」

그것이 과연 터무니없는 말일까요? 갑자기 나는 이것이 인간에게도 적용될 수 있다고 생각했읍니다. 어쨌든 결국에 가서는 우리도 무언가를 주어야 할 것입니다. 그 삼나무의 놀랍고 끊임없는 생(生)의 과정처럼 말입니다. 인생의 목적은, 적어도 우리가 살아 있음을 자각함으로써 우리의 인생을 좀더 새롭게 생각하고, 아끼고, 영위해 나가는 것이라고 말한 레오 로스텐의 말은 아마 옳은 것 같습니다. ―레오 버스카글리아

• 소라껍질

내가 들고 있는 조개는 껍질뿐인 빈 집입니다. 한때는 달팽이 모양의 쇠고둥이 살던 집이었고, 그 첫번 주인이 죽은 뒤로는 잠깐 소라게가 그 집을 차지하고 살았으나 그녀석마저 가냘픈 포도덩굴 같은 자국

을 모래사장에다 남기고 달아나 버려 결국은 나한테 이 껍데기를 남겨주었읍니다. 한때는 그래도 그 소라게란 녀석을 지켜 주었는데. 나는 손에 든 소라 껍데기를 돌려가며 녀석이 빠져나간 활짝 열린 출입구를 유심히 들여다 봅니다. 이 집이 그만 귀찮아져서 였을까? 녀석은 왜 달아나 버렸을까? 더 좋은 집, 더 훌륭한 생활양식을 바랐던 것일까? 하기야 나 역시 이 두세 주(週)의 휴가를 위해 도망을 치고, 그리하여 내 생활의 패각(貝恪)을 빠져나온 것이 아닌가.

나의 소라 껍질이 이렇게 생겨먹은 것은 아니리라. 얼마나 너절한 모양이 되어 버렸는가! 이끼로 더럽혀지고 따개비조개로 마디가 불거져 더 이상 그 형체조차 알아보기 어려웠읍니다. 정말이지, 한때는 뚜렷한 모습을 갖고 있었던 조개였읍니다. 아직도 내 마음 속에는 그때의 모습이 살아 있읍니다. 내 인생의 모습은 과연 어떨 것인가? —린드버그

● 분노의 눈물

나는 식물학자는 아닙니다 하지만 오랫동안 식물채집에 기쁨을 느껴왔읍니다. 내가 모르고 있던 풀을 발견하고, 책의 도움을 얻어 그 이름을 확인하고, 다음 길가에서 그 풀이 눈에 띨 때에는 그 이름을 불러 반길 수 있는 것이 내겐 즐거운 것입니다. 그 풀이 흔하지 않은 풀이라면 그것을 발견한 것이 또한 기쁨입니다. 자연이라는 대예술가는 평범한 꽃들을 누구나 눈에 띄울 수 있게 만듭니다. 우리가 가장 천한 잡초라고 부르는 것조차도 그 경이와 아름다움은 인간의 언어로는 표현할 길이 없는 것이지만, 그것은 길을 걷는 모든 사람의 시선이 닿는 데에서 만들어집니다. 희귀한 꽃은 그와는 달리 보이지 않는 곳에 조물주의 보다 섬세한 기분으로 창조됩니다. 이러한 꽃을 발견하면 더욱 신성한 경지에 들어가도록 약속받은 것같은 느낌을 우리는 맛보게 됩니다.

오늘 나는 꽤 먼 길을 산보했읍니다. 그 길 끝닿는 데서 조그만 흰 꽃이 피어있는 선갈퀴를 발견했읍니다. 그것은 어린 물푸레나무 덤불 속에 자라고 있었읍니다. 그 꽃을 한참 바라다보고 있을 때, 나는 그 꽃을 둘러싼 날씬한 물푸레나무의 우아한 기품이 마음에 들었고, 그 꽃의 매끈한 광채와 그 올리브 빛깔에 기쁨을 느꼈읍니다. 바로 옆에

마르세이유

는 느릅나무의 숲이 있었읍니다. 피진(皮疹)처럼 울퉁불퉁한 그 거죽에는 마치 기이한 외국문자라도 적어 넣은 듯이 줄이 그어져 있어서, 어린 물푸레나무들을 한층 더 아름다와 보이게 했읍니다.

언제까지 산책을 하고 있어도 나는 상관이 없읍니다. 돌아가서 해야 할 일도 없겠거니와, 아무리 늦게까지 소요한다고 해도 곤란하거나 불안해 할 사람은 하나도 없읍니다. 봄은 이 시골길들과 목장 위에 찬란히 빛나고 있읍니다. 내가 가는 길에서 새로 갈라지는 꼬불꼬불한 샛길을 하나도 빼놓지 않고 가봐야 할 것만 같은 느낌이 듭니다. 봄은 나에게 잊은지 오래인 젊음의 기운을 어느 정도 일깨워줍니다. 나는 지칠 줄 모르고 걸으면서 어린아이처럼 혼자서 노래를 불러봅니다. 그 노래는 내가 어릴 적에 배운 노래입니다.

여기에서 내게 생각나는 일이 하나 있읍니다. 어느 마을 가까이, 숲가 호젓한 곳에서 나는 열 살쯤 되는 소년 하나를 만났었읍니다. 소년은 두 팔로 가리운 머리를 나무에 기대고 서서 몹시 서럽게 울고 있었읍니다. 무슨 일이냐고 내가 물어보았읍니다. 그리고 조금 애써서 캐물은 결과—그는 아무 것도 아닌 시골뜨기보다는 나았읍니다.—그가 빚갚을 돈 6펜스를 가지고 심부름 나왔다가 그것을 잃어버렸다는 것을 알게 되었읍니다. 이 가엾은 소년의 마음은 그러한 일을 진지하게 생각하는 어른이었다면 절망의 고민이라고 할 만한 상태에 빠져 있었읍니다. 꽤 오래 동안 울고 있었던 것이 분명했읍니다. 얼굴의 근육은 온통 고문이나 당한 것처럼 실룩거렸고, 손발마저 달달 떨리고 있었읍니다. 그리고 그 눈이며 목소리는 가장 악한 죄인만이 받아야할 그런 비참한 고통을 나타내고 있었읍니다. 그것은 6펜스를 잃어버린 까닭이었읍니다.

나도 그 소년을 따라 눈물이 나올 지경이었읍니다. 그것은 이 광경이 의미하고 있는 모든 것에 대한 연민과 분노의 눈물이었을 것입니다. 무어라고 말할 수 없이 화창한 봄날, 하늘도 땅도 인간의 영혼에 축복을 내려주는 그러한 때에, 제대로라면 어린 시절만이 맛볼 수 있는 그런 기쁨을 즐기고 있었을 아이가, 다만 6펜스의 돈을 손에서 떨어뜨렸다는 까닭으로 하여 가슴이 터질듯이 울고 있었던 것입니다.

이 손실은 무척 중대한 것이었읍니다. 그리고 소년도 그것을 알고 있었읍니다. 그는 부모를 만나는 것이 두렵다기보다는 제가 부모에게 끼친 손해를 생각하니 그만 슬픔이 북받쳤던 것입니다. 6펜스의 돈을 길가에서 잃었다고 해서 온 가족이 비탄에 빠져야 하다니. 이와 같은 일이 있을 수 있는 소위「문명」의 상태는 그것을 어떠한 말로 설명해야 적당할지. 나는 호주머니에 손을 넣어 6펜스 가치의 기적을 만들어주었읍니다.

30분 걸려 나는 겨우 평온한 마음을 회복할 수 있었읍니다. 결국 인간의 어리석음에 대해서 분격하는 것은 인간이 조금이라도 현명해지기를 바라는 것이나 마찬가지로 부질없는 짓입니다. 내게 있어서 6펜스의 기적은 중대한 일이었읍니다. 왜냐하면 전연 그만한 돈을 낼 수가 없거나, 혹 무리해서 낸다면 그 때문에 한 끼의 식사가 달아나버리던 시절이 있었던 것을 나는 기억하고 있기 때문입니다. 그러므로 다시 한번 기쁨과 감사한 마음을 가져야겠읍니다. —깃싱

● 마른세이유, 그리고 그해 가을
나의 인생에서 결정적인 순간이었다고 말할만한 순간은 한번도 없었읍니다. 그래도 돌이켜 생각해 보면 몇 순간은 매우 중요한 의미를 지니고 있어서 중대 사건으로서의 빛을 발하며 나의 과거로부터 부상

해 옵니다.

　나는 마르세이유에 도착하던 때를 내 인생의 결정적인 새로운 전환점으로서 기억하고 있읍니다.

「마르세이유.」
라고 나는 중얼거렸읍니다.

　푸른 하늘 밑에 햇빛에 빛나는 기와와 깊은 그늘, 가을빛이 짙은 플라타너스들이 있었고, 멀리 언덕 너머에는 푸른 바다가 보였읍니다. 도시의 소음이 햇빛에 탄 풀 냄새와 함께 올라오고 있었읍니다, 사람들은 시커먼 그늘 사이를 오가고 있었읍니다.

　마르세이유—나는 거기에 빈 손으로 혼자 서 있는 것이었읍니다. 나의 과거가 내가 사랑하는 모든 것으로부터 단절된 채… 나는 장차 도와 줄 사람 하나 없이 혼자서 하루하루를 헤쳐 나가지 않으면 안 될 낯선 대도시를 바라보고 있었읍니다. 그 때까지는 나는 남에게 긴밀하게 의존해 왔읍니다. 사람들이 내게 울타리와 목적을 부과했었읍니다. 거기서 커다란 행복이 내게 주어졌읍니다.

　그러나 이제 여기서는 나는 누구를 위해서도 존재해 있지 않습니다. 저 많은 지붕들 중의 어느 하나를 택하여 나는 매주 14시간의 강의를 하게 될 것입니다. 그 밖에는 예정되어 있는 것이 아무 것도 없읍니다. 내가 잘 침대조차도. 나의 일, 습관, 기쁨, 이 모두를 스스로 만들어 나가지 않으면 안됩니다. 나는 천천히 계단을 내려 가기 시작했읍니다. 층계 하나 하나에서 나는 발을 멈추었읍니다. 그리고 눈앞에 펼쳐지는 집들과 나무들, 물, 바위, 도로들에 감탄했읍니다. 그것들이 서서히 자신의 모습을 나타낼 것입니다. 그리고 내게도 그 모습을 드러내 줄 것입니다.

　역 앞의 양쪽 가로수 길에는 높은 유리벽이 달린 레스토랑의 테라스들이 있었읍니다. 그 중의 어느 테라스 벽에 〈셋방 있음〉이라고 쓰인 팻말이 눈에 띄었읍니다. 그것은 내가 마음 속으로 그리던 방은 아니었읍니다. 거대한 침대와 의자와 옷장 하나. 그러나 커다란 책상이 공부하기에는 썩 좋을 것 같았읍니다. 거기다가 레스토랑의 여주인이 말하는 방세가 내게는 적당하게 생각되었읍니다. 나는 역에 가서 가방을 찾아다가 레스토랑 아미로뗴에 두었읍니다. 그리고 2시간 후에는 고등 중학교의 여교장을 면회하고 내가 맡을 시간표를 받았읍니다. 마르세이유를 알기도 전에 나는 이미 그곳에 정착하고 만 것입니다.
　나는 첫눈에 마르세이유에 반했읍니다. 나는 마르세이유의 모든 바위에 올라 보고, 온 거리를 돌아다녔으며, 마르세이유 옛 항구의 콜타르와 성게 냄새를 맡았읍니다. 또 까느비에르의 인파에 섞이기도 하고, 시골의 낙엽 냄새가 바닷바람의 냄새를 지워버리는 가로수길이며 공원과 한가한 정원의 벤취에 앉아있기도 했읍니다. 나는 사람을 가득 태운 흔들리는 전차가 좋았읍니다. 목요일은 수업이 없기 때문에 〈마떼이〉라고 불리우는 버스에 탔읍니다. 그 전차의 종점은 나의 집 바로 근처였읍니다. 그리고 카시스로부터 시오따까지 구리빛 절벽을 따라 걸었읍니다. 그 산책이 너무 좋아서 저녁에 녹색의 작은 버스에 올라 탈 때마다 나의 머릿속에는 「다시 와야지.」라는 생각밖엔 없었읍니다.
　나를 사로잡았던 그 정열은 20년 이상이나 계속되었읍니다. 그리고 그것은 나이가 들어서야 겨우 가라앉았읍니다. 그해에 나는 바로 그 정열 때문에 권태와 후회와 우울에서 벗어날 수 있었고 나의 유배를 축제로 바꿀 수 있었던 것입니다.
　나는 남불(南佛)을 볼 때마다, 남불을 사랑하는 몇 가지 이유를 의식하게 됩니다. 그러나 아무리 좋아할 만한 이유가 있다고 하더라도 내 머릿속에 남아 있는 한 가지 추억만은 나의 그 열정을 정당화 시킬 수 없었읍니다. 11월 말에 동생이 마르세이유로 놀러왔읍니다. 나는 어렸을 때처럼 이번에도 나의 새로운 기쁨을 동생에게 가르쳐 주었읍니다. 우리는 뜨거운 태양 아래서 로끄파부르 수도교(水道橋)를 바라보았으며 뚜롱 부근의 눈 속을 조크화로 돌아다녔읍니다. 그러나 동생은 걷는 훈련이 안 되어 있어서 발에 물집이 생겨 고통스러운 모양이었읍니다. 그래도 그녀는 일체 내색을 않고 내 보조에 맞추어 걸었읍니다.
　어느 목요일 정오쯤 우리가 쌩뜨 보브에 도착했을 때 동생은 몸에 열이 올랐읍니다. 나는 동생에게 구호소에 잠시 쉬었다가 열탕에 브랜디를 탄 그로그라는 음료를 마시면서 몇 시간 후에 지나가는 마르세이유행 버스를 타라고 일렀읍니다. 그리고 혼자서 하이킹을 마쳤읍니다. 그날 밤부터 동생이 독감으로 침대에 눕자 나는 후회했읍니다. 지금 생각해 보면 그날 오한에 떠는 동생을 어떻게 그런 살풍경한 식당에 혼자 남겨놓을 수 있었는지 모르겠읍니다. 평소에 나는 남의 걱정을 많이 하는 편이었고, 더구나 동생을 무척 사랑했었는데도 말입니다.
「당신은 정신 분열증이야.」
라고 싸르트르는 종종 내게 말한 적이 있읍니다. 왜냐하면 나는 계획을 현실에 적응시키는 대신에 현실을 단순한 부속물로 생각하고 무작정 계획을 밀고 나가기 때문이라는 것입니다. 과연 쌩뜨 보브에서도 나는 나의 계획을 포기하는 대신에 내 동생의 존재를 부정했던 셈입니다.
 동생은 언제나 내 계획에 충실히 따라와 주었으므로 나는 이번에도 그 애가 내 계획에 장애가 되리라고는 생각조차 못했던 것입니다. 이러한 정신분열증은 나의 낙천주의의 극단적인 형태라고 생각됩니다.
 나는 스무 살 때와 마찬가지로, 인생이 자신의 의지 이외의 다른 의지를 가지고 있다는 것을 부정하고 있었던 것입니다.

 나는 수업하는 것이 즐거웠읍니다. 나의 지식은 아직 참신했기 때문에 수업 준비도 필요없이 쉽게 강의할 수가 있었읍니다. 상급반에서는 규율이라는 것이 문제가 되지 않았읍니다. 내가 가르치는 학과는 학생들이 다른 학과의 영향을 전혀 받지 않는 것이어서 백지 상태에서 내가 가르치는 것이었읍니다. 그 점이 나를 흥분시켰읍니다. 학생들에게서 몇 가지의 편견을 제거시키고, 그들을 잡다한 사상의 덩어리인 소위 상식이라는 것으로부터 벗어나게 하고 진실에 대한 기호를 갖게 하는 것이 중요하다고 생각되었읍니다.
 나는 우선 학생들을 혼란에 빠뜨렸다가 이윽고 그들이 거기서 떠오르는 것을 보고는 몹시 기뻐했읍니다. 나의 수업이 차츰 그들의 머릿속에서 조립되면서 나는 마치 나 자신이 진보한 것만큼이나 그들의 발전이 기뻤읍니다.
 나는 한번도 권태로왔던 적은 없었읍니다. 마르세이유는 풍요로와서 메마를 줄을 몰랐기 때문입니다. 나는 바람과 파도에 시달리는 부두를 끼고 걸었으며, 파도가 부서지는 돌더미 사이에 서서 그 더러운 물 속에서 무엇인가 먹이를 낚고 있는 어부들을 바라보곤 했읍니다. 또 쓸쓸한 독크 속을 헤매기도 했읍니다.
 나는 스스로에게 만족하고 있었읍니다. 나는 마르세이유에 도착했던 첫날, 거리가 내려다보이는 돌계단 꼭대기에서 앞으로 내가 하리라고 스스로 다짐했던 일들을 착착 해나가고 있었던 것입니다.

물론 쓸쓸한 저녁도 있었읍니다. 학교에서 돌아오는 길에 저녁 식사 거리로 과자며 치즈파이를 사들고 기다리는 것이라곤 아무 것도 없는 방을 향해 황혼 속을 걸어 돌아올 때가 그랬읍니다.

그러나 나는 빠리의 잡담 속에서는 전혀 맛보지 못했던 감미로움을 또한 그 우수 속에서 발견할 수 있었던 것입니다.—보바아르

• 마지막 속죄

나는 이미 오래 전부터 그녀가 내게 말했던 사랑스러운 말들과 그녀가 내게 토론했던 그토록 많은 아름다운 생각들을 기록해 두고 싶었읍니다. 그래서 나는 이틀 동안을 함께 지냈던 아름다운 시간들을 회상하고 더욱 아름다운 미래를 꿈꾸며 보냈으며 나는 그녀 곁에 그녀와 함께 있었고 그녀의 마음 속에서 살았으며 그녀의 손을 잡았을 때 느꼈던 것보다도 더 그녀의 정신과 사랑을 가까이에서 느꼈읍니다.

이제 이 기록들이 내게 얼마나 소중한 것이며 나는 그것을 몇 번씩이나 읽고 또 읽었던가. 그녀가 했던 말들을 한 마디라도 잊을까봐 그랬던 것은 아니었읍니다. 그 기록들은 내 행복의 산 증인이며 온갖 말을 하기 보다는 조용히 지켜보는 친구의 눈길처럼 나를 바라보는 것이었읍니다. 지나간 행복에 대한 추억, 지나간 고통에 대한 추억, 우리들을 둘러 싸고 묶었던 모든 것들이 사라져버린 아득한 과거 속의 조용한 추억, 여러 해 전에 죽은 아이가 잠들어 있는 무덤의 푸르름 위로 몸을 던지는 어머니처럼, 자신의 영혼을 내맡기며 쓰러지는 과거, 어떠한 희망도 어떠한 소망도 어쩔 수 없는 귀의에서 오는 정적을 깨뜨리지 않는 과거, 사람들은 이런 것들을 애수(哀愁)라고 부를지도 모릅니다. 그러나 행복은 그런 애수 속에 깃들어 있는 것이며 많은 사랑과 많은 고통을 겪은 사람들만이 그것을 압니다. 어느 어머니에게든 물어 보십시오. 그녀가 신부였던 때 쓰던 면사포를 딸의 머리에 씌워 주며 이제는 그녀곁에 존재하지 않는 남편을 생각할 때 그녀의 느낌이 어떠한가를. 그들은 아마 눈물을 흘렸을지도 모릅니다. 그러나 그 눈물은 고통의 눈물도 아니고 기쁨의 눈물도 아닙니다. 그것은 인간이 신에게 바친, 그가 갖고 있는 가장 사랑하는 신의 사랑과 예지 속에서 조용히 사라져가는 것을 볼 때 흘리는, 희생의 눈물인 것입니다.

그러나 이젠 추억 속으로 돌아가자. 지나가버린 과거의 생생한 현실 속으로 돌아가 보자! 그 이틀은 참으로 빨리 지나가버렸고 재회의 행복감이 점점 더 가까이 다가오자 나는 몸이 떨려왔읍니다. 첫날에는 도시로부터 마차와 말을 탄 사람들이 도착해서 성은 다채로운 손님들로 활기를 띠었읍니다. 지붕 위에서는 깃발이 펄럭였고 마당에서는 음악이 흘러나왔읍니다. 저녁이 되자 호수는 흥겨운 유람선들로 활기를 띠었고 물결 너머로 남자들의 노래소리가 울려 퍼졌읍니다. 나는 거기에 귀를 기울이지 않을 수가 없었읍니다. 그녀도 창가에서 저 노래소리에 귀를 기울이고 있겠지 하는 생각이 들었기 때문에 그 다음 날도 모두가 분주한 것 같았읍니다. 오후가 되자 손님들은 말을 타고 떠났으며 저녁 늦게 궁중 고문관이 탄 마차가 홀로 도시를 향해 돌아가는 것도 볼 수 있었읍니다. 그러자 나는 더 이상 견딜 수가 없었읍니다. 나는 그녀가 혼자 있다는 것, 그리고 그녀가 나를 생각하고 있다는 것, 내가 그녀의 곁으로 왔으면 하고 바란다는 것을 알고 있었읍니다. 적어도 그녀의 손 한번 잡아보지 못하고, 그녀에게 이제는 이별의 고통을 이겨냈으며 다음 날 아침이면 새로운 축복이 우리를 깨워줄 거라는 말 한마디 못하고 어찌 하룻밤을 보내야 한단 말입니까!

그녀의 창문에는 아직도 불이 켜져 있었읍니다. 그런데 무엇 때문에 그녀가 혼자 있어야 한단 말인가? 무엇 때문에 나는 잠시라도 그녀의 사랑스러운 존재마저 느낄 수가 없단 말인가? 나는 벌써 성 앞에 이르러 초인종을 잡아 당기려 하고 있었읍니다. 그러나 그 순간 나는 갑자기 동작을 멈추고 중얼거렸읍니다. 안 돼! 이렇게 의지가 약해서는 안 돼! 너는 밤을 타고 들어간 도둑놈처럼 부끄러워하며 그녀 앞에 서게 될 거야. 내일 아침이면 전쟁에서 돌아온 용사처럼 그녀 앞에 서게 될 거야. 그리고 그녀는 지금 내일 그 용사의 머리에 씌워 줄 사랑의 화환을 짜고 있지 않은가.

다음 날 아침이 되자, 나는 그녀의 곁으로 와 있었읍니다. 정말로 그녀의 곁에. 오! 육체 없는 정신이 있을 수 있다고 말하지 말라! 완전한 존재, 완전한 의식, 완전한 기쁨이란 정신과 육체가 합치되었을 때에만 존재하는 것이며 육체가 있는 정신, 정신이 있는 육체라야만 하는 것입니다. 육체 없는 정신은 있을 수 없으며 있다고 한다면 그것은 유령일 뿐입니다. 정신이 없는 육체란 있을 수 없으며 있다고 한다면 그것은 시체일 뿐입니다. 들판에 피어 있는 꽃에 정신이 없겠읍니까? 그 꽃들은 그것들이 지닌, 그것들에게 생명과 존재를 준 신의 의지와 창조적인 생각을 통하여 밖을 내다보는 것이 아닐까요? 그것이 꽃들의 정신인 것입니다만 인간이 정신을 언어로서 표현하는 데 반하여 꽃은 입을 다물고 있을 뿐입니다. 진정한 삶은 어디에서나 육체적이면서도 정신적인 삶입니다. 진정한 향락은 어디에서나 육체적이면서도 정신적 향락입니다. 진정으로 함께 있다는 것은 어디에서나 정신적으로도 육체적으로도 함께 있는 것입니다. 내가 그 이틀 동안 그렇게도 행복하게 보냈던 모든 추억의 세계는, 내가 그녀 앞에 서서 정말로 그녀와 함께 있게 되자 그림자처럼, 티끌처럼 사라져 버렸읍니다. 나는 손을 그녀의 이마와 눈과 뺨 위에 올려 놓고 그녀가 정말 거기에 있는지를 알아보고 싶었읍니다. 밤낮으로 내 영혼 앞에서 흔들리는 영상으로서만이 아니라 나의 것이 아니면서도 나의 것이 되어야 하고 또 나의 것이 되기를 원하는 실체로서, 내가 나 자신을 믿듯이 믿을 수 있는 실체로서 비록 내게서 떨어져 있더라도 나 자신의 자아(自我)보다도 내게 더 가까운 실체로서 그것이 없이는 나의 삶도 삶이 아니고 나의 죽음도 죽음이 아닌 실체로서, 그것이 없이는 나의 하찮은 존재도 한갖 한

볼트

숨처럼 무상(無常) 속으로 사라져버릴 것만 같은 실체로서 존재하는 가를 알아 보고 싶었던 것입니다. 나의 생각과 눈길이 그녀에게로 쏟아지고 있는 바로 그 순간에 나는 나라는 존재가 갖는 행복감이 가득 차는 것을 느꼈읍니다. 그러자 내 몸에는 전율이 흘렀고 나의 죽음에 대해 생각해 보았으나 그 죽음이란 것에는 더 이상 아무런 두려움도 서려 있지 않은 것 같았읍니다. 죽음도 그 사랑을 파괴할 수는 없으며 다만 그 사랑을 정화하고 귀하게 하며 영원한 것으로 만들어 줄 뿐이기에.

그녀가 잠자고 있는 모습은 너무나 아름다웠읍니다. 그녀의 얼굴에는 그녀의 깊은 영혼이 모두 반영되어 있었고 나는 그녀를 바라보며 그녀의 내부에 깃들어 살아가는 그 모든 것들까지도 듣고 보았읍니다. 그녀는 「당신은 나를 슬프게 했어요.」라고 말하려는 듯하면서도 그런 말을 하려고 하지는 않았읍니다. 「마침내 우리는 같이 있게 되었지요? 가만히 있어요! 슬퍼하지 말아요! 묻지도 말아요! 두려워하지도 말아요! 나의 환영을 받아 줘요! 내게 화내지 말아요!」이 모든 말들이 그녀의 눈에 떠올랐으나 우리는 우리가 느끼는 그 행복의 평온을 깨뜨릴까봐 감히 한 마디의 말도 할 수 없었읍니다.

「궁중고문관이 보낸 편지를 받았나요!」 이 말이 그녀의 첫 질문이었는데 그녀의 목소리는 말 한 마디 한 마디마다 떨렸읍니다.

「아뇨.」하고 내가 대답했읍니다.

그녀는 잠시 입을 다물고 있다가 이렇게 말했읍니다.

「어쩌면 그렇게 된 것이 더 나을지도 몰라요. 내가 직접 당신에게 전부 이야기할 테니까요. 그러니까, 우리가 만나는 것도 오늘이 마지막이에요. 슬퍼하거나 노여워하지 말고 편안한 마음으로 헤어지도록 해요. 모든 책임은 내게 있다는 생각이 드는군요. 비록 가벼운 미풍일지라도 그것이 때로는 꽃을 시들게 한다는 것을 생각하지 않고 당신의 삶에 뛰어들고 말았어요. 나는 세상 일을 너무도 몰라요. 나는 나처럼 가련하고 고통받는 사람이 당신에게서 연민의 감정 이상의 것을 불러일으킬 수 있다고 믿지는 않았어요. 나는 늘 당신에게 다정하고 솔직하게 대해 왔어요. 오래 전부터 당신을 알았고 또 당신 곁에 있으면 무척 기분이 좋았으니까요. 무엇 때문에 이 모든 것을 당신에게 말할 수 없었을까요? 그건 당신을 사랑하기 때문이에요. 하지만 세상 사람들은 그 사랑을 이해해 주지 않았고, 용납해 주지도 않았어요. 고문관이 나를 눈뜨게 해주었어요. 온 도시에서 우리 이야기를 한대요. 영주인 내 동생이 아버님께 편지를 했고 아버님은 내게 더이상 당신을 만나지 말라고 하셨어요. 당신에게 이런 괴로움을 주게 된 것이 심히 후회스러워요. 나를 용서해 주겠다고 말해줘요. 그리고 친구로서 헤어지기로 해요.」

그녀의 눈에는 눈물이 가득 고였읍니다. 그녀는 눈물을 보이지 않으려고 눈을 감았읍니다.

「마리아, 내게는 단 하나의 삶밖에는 없어요. 그것은 당신과 함께 있는 삶입니다. 그러나 내게 단 하나의 뜻이 있다면 그것은 당신의 뜻입니다. 이제 나는 온갖 사랑의 열정으로 당신을 사랑한다고 고백합니다. 그러나 한편 나는 당신을 사랑할 자격이 없다는 것도 느낍니다. 당신은 신분으로 보나, 고귀함으로 보나, 순결함으로 보나, 나보다 훨씬 위에 있읍니다. 그래서 나는 당신을 나의 아내라고 부를 생각은 해보지도 못했읍니다. 하지만 우리가 함께 이 세상을 살아가려면 그 길밖에는 다른 방법이 없읍니다. 마리아, 당신은 완전히 자유롭고 나는 결코 희생을 요구하지는 않습니다. 세상은 넓은 곳이라서 당신이 원한다면 우리는 두 번 다시 만나지 못할지도 모릅니다. 그러나 당신이 나를 사랑한다면, 또 당신이 나의 것이라고 느낀다면 이 세상과 세상의 냉담한 비판 같은 것들은 잊어버립시다. 나는 당신을 내 팔에 안고 제단으로 가서 살아서나 죽어서나 나는 당신의 것이라고 당신에게 맹세하겠읍니다.」

「보세요.」하고 그녀가 말을 받았읍니다.

「불가능한 것을 원해서는 안되는 거예요. 우리를 이 생애에서 그처럼 결합시키는 것이 하느님의 뜻이었다면 하느님이 내게 무력한 어린아이보다도 더 무력한 이 모든 고통을 내려 주셨을까요? 우리가 운명이니 사정이니 처지니 하는 것들이 실제로는 신의 섭리에 의한 것이라는 점을 잊어서는 안 돼요. 거기에 대해서 반항한다는 것은 곧 하느님에 대해서 반항하는 것이며, 그런 짓은 유치하다고는 할 수 없더라도 뻔뻔스러운 짓이라고는 할 수 있을 거예요. 하느님은 그들이 서로 만나게 될 궤도를 정해 놓으셨으므로, 그들이 서로 헤어져야만 한다면 그들은 헤어져야만 해요. 거기에 저항한다는 것은 헛된 일이 되거나 아니면 이 세상의 모든 질서를 파괴시키는 일이 될 거예요. 우리는 그것을 이해할 수는 없지만, 그것을 믿을 수는 있을 거예요. 나 스스로도 당신에 대한 나의 애정이 무엇 때문에 옳지 않은지를 이해할 수 없으니까요. 아니, 옳지 않다고 말할 수는 없겠죠. 그렇게 말하고 싶지는 않아요. 그러나 그렇게 될 수 없는 것이니까 그렇게 되어서는 안 되겠죠. 자, 이젠 됐어요. 우리는 겸손과 믿음을 갖고 적응해야만 하는 거예요.」

 그녀는 침착한 어조로 말했으나 나는 그녀가 얼마나 괴로와하는가를 알 수 있었읍니다. 그러나 나는 삶과의 투쟁을 그처럼 얼른 포기해 버린다는 것이 부당하다는 느낌이 들었읍니다. 나는 될 수 있는 대로 그녀의 괴로움을 더해 줄 뿐인 격정적인 말을 전혀 쓰지 않고 이렇게 말했읍니다.

 「이것이 우리가 이세상에서 만나는 마지막이라고 한다면, 우리가 누구에게 이런 희생을 바치고 있는가를 분명히 해둡시다. 우리의 사랑이 보다 더 높은 율법의 어디엔가 어긋난다면 나도 당신처럼 굴복하겠읍니다. 보다 더 높은 뜻에 대항한다는 것은 신을 망각하는 일이 되겠지요. 때로는 인간이 하느님을 속일 수도 있고 자기의 하찮은 지혜로 신의 지혜로부터 무엇인가를 얻어 낼 수 있을 것처럼 생각될 수도 있읍니다. 그것은 황당무계한 생각입니다. 그리고 신에게 대항하는 그런 거대한 전쟁을 시작한 사람은 결국 타도되고 멸망 당하게 됩니다. 그러나 우리들의 사랑이 무엇에 어긋난다는 말입니까? 세상 사람들의 헛된 소리에 어긋날 뿐입니다. 나는 인간 사회의 규범을 존중합니다. 우리의 시대에서와 같이 가장되고 혼란스러운 규범일지라도 나는 그것을 존중합니다. 병든 육체에는 인공적인 의약품이 꼭 필요하듯이, 우리가 비웃고 있는 그런 사회적 제약이라든가 거리낌이라든가 사회적 편견 같은 것들이 없다면 현시대의 인류를 한곳에 묶어서 우리가 이 세상에서 영위하는 공동생활의 목표를 달성할 수도 없을 것입니다. 우리는 이런 신들에게 많은 것을 바쳐야만 합니다. 그래서 우리는 아테네의 사람들처럼 해마다 청년들과 처녀들이 가득 탄 배를, 우리 사회의 미궁(迷宮)을 지배하고 있는 그 모든 괴물들에게 재물로 보내는 것입니다. 가슴에 상처를 입지 않은 사람은 한 사람도 없읍니다. 순수한 감정을 가진 사람으로서 사회라는 새장 속에서 평온을 얻을 때까지 그 사랑의 날개를 꺾이지 않은 사람은 아무도 없읍니다. 그것은 반드시 그렇게 되어야 하는 것이며, 별다른 도리가 있을 수 없읍니다. 당신은 삶이란 것을 잘 모르지만 내 친구들을 몇 사람만 생각해 봐도 나는 당신에게 그런 비극에 대해 몇 권의 책을 엮을 만큼 많은 이야기를 할 수 있읍니다. 한 친구는 어떤 처녀를 사랑했는데 곧 사랑의 보답을 얻었읍니다. 그러나 그 친구는 가난했고 처녀는 부자였읍니다. 양가의 부모와 친척들은 서로 싸우며 비웃었고 그 두 사람의 사랑은 결국 깨어졌읍니다. 왜일까요? 세상 사람들은 한 여자가 중국에서 벌레가 만들어 낸 옷을 입지 못하고 미국의 목화로 만들어 낸 옷을 입는 것이 불행하다고 생각하기 때문입니다.」

「또 한 친구는 한 처녀를 사랑하게 되어 곧 사랑의 보답을 받았읍니다. 그러나 그는 신교도였고 그 처녀는 구교도였읍니다. 양가의 어머니들과 목사들과 신부들이 불화를 조성했고 그 두 사람의 사랑은 깨어지고 말았읍니다. 그것은 어째서일까요? 300년 전의 카알 5세와 프란츠 1세와 하인리히 8세가 했었던 정치적인 장기놀음 때문인 것입니다.」

「통계학자의 말에 의하면 매 시간마다 하나의 사랑이 깨어진다고 합니다. 그리고 나는 그 말을 믿습니다. 그렇지만 어째서 그럴까요? 그것은 대체로 이 세상이 부부 사이의 사랑 외에는 다른 사람들 사이의 사랑을 전혀 인정해 주지 않기 때문입니다. 두 처녀가 한 남자를 사랑하게 된다면, 한 처녀는 희생되어야 합니다. 어째서일까요? 남자가 결혼을 원하지 않고서는 한 처녀도 사랑할 수 없는 것일까요? 남자가 한 여자를 자기 것으로 하려는 열망 없이는 한 여자도 바라볼 수 없는 것일까요? 당신은 눈을 감아 버리는군요. 내가 좀 지나친 말을 한 것 같습니다. 이 세상은 인생에 주어진 가장 신성한 것들을 가장 비천한 것으로 만들어 버렸읍니다. 하지만 마리아, 이젠 그만하겠읍니다. 우리가 이 세상 속에 섞여서 세상 사람들과 함께 이야기를 하고 행동을 해야 한다면 세상 사람들이 하는 말을 하도록 합시다. 그러나 두 사람이 광란하는 세상 일에서 벗어나 순수한 마음 속의 이야기를 할 수 있다면 가장 귀중한 것을 고이 간직하도록 합시다. 이 세상도 고결한 마음을 가진 사람이 자기의 권리를 인식하고 저속한 시류(時流)에 대항하여 은퇴하고 용감히 저항하는 것을 존중해 줍니다. 거리낌이라든가 제약, 또는 이 세상의 편견 같은 것들은 담쟁이덩굴과 같은 것입니다. 초록빛 담쟁이가 그 무수한 줄기와 뿌리로 튼튼한 벽을 장식하는 것은 아름다와 보입니다. 그러나 그것이 지나치게 무성해지면 안 됩니다. 그렇지 않으면 그것은 〈우리들〉이라는 건물의 틈을 파고들어 우리의 내부를 연결시키는 접합제를 파괴시키고 맙니다. 마리아, 나의 것이 되어 주어요. 당신의 마음 속에서 나오는 소리를 따라요. 지금 당신의 입술에서 새어나오려고 하는 말은 당신과 나의 삶, 당신과 나의 행복을 영원히 결정하는 것입니다.」

나는 거기서 말을 멈췄읍니다. 내 손에 쥐어져 있는 그녀의 손이 심장의 따뜻한 고동을 전해 주었읍니다. 그녀의 마음 속에서는 파도가 일고 폭풍이 불었으며 내 앞에 놓인 그 푸른 하늘이 그 순간처럼 아름답게 보였던 적은 없었읍니다. 폭풍이 구름을 하나 하나 내몰아 주던 그 하늘이.

「그런데 당신은 왜 나를 사랑하죠?」 그녀가 결단의 순간을 아직도 좀더 지연시켜야 하겠다는 듯이 낮은 소리로 물었읍니다.

「왜냐구요? 마리아! 어린 아이에게 왜 태어났느냐고 물어 봐요. 꽃에게 왜 꽃을 피우느냐고 물어 봐요! 태양에게 왜 비추느냐고 물어 봐요. 나는 당신을 사랑해야만 하기 때문에 당신을 사랑합니다. 그러나 아직도 더 해야 할 말이 있다면 여기 있는 이 책을 읽어 봐요. 그러면 당신이 그토록 좋아하는 이 책이 나를 대신해서 말해줄 겁니다.」

…가장 선한 것은 가장 사랑스러운 것이 되어야 하느니라. 그리고 이 사랑속에서는 유용함이나 무용함, 이익이나 손해, 이득이나 손실, 명예나 불명예, 칭찬이나 비난 또는 그런 부류의 다른 것들이 고려되어서는 안 될 것이니라. 오히려 진실로 가장 고귀한 것, 가장 선한 것은 또한 가장 사랑스러운 것이 되어야 하느니라. 그리고 다른 이유에서가 아니라 바로 그것 때문에 가장 고귀하고 가장 선한 것이니라. 사람은 이에 따라 그의 외면적, 내면적인 삶을 규율할 수 있느니라. 외면적으로 볼진대, 모든 피조물에는 선한 것과 그렇지 못한 것이 있으니 영원한 선은 다른 것보다 더욱 빛나며 더욱 많은 효력이 있느니라. 그리하여 이제 영원한 선이 가장 빛나며 반짝이고, 효력이 있고, 잘 알려지고, 사랑받게 된 것은 그것이 또한 모든 피조물 가운데서 가장 선한 것이기 때문이니라. 또한 그 가운데서 가장 효력이

없는 것은 그것이 가장 저열한 선이기 때문이니라. 그리하여 이제 사람이 피조물과 사귀고 그것과 교제함에 있어 이러한 구별을 인식한다면 가장 선한 피조물이 가장 사랑스러운 피조물이 될 것이니 그와 사귀고 화합하도록 노력을 기울여야 하느니라……

「마리아, 당신은 내가 알고 있는 사람들 가운데서 가장 선한 사람입니다. 그렇기 때문에 나는 당신을 좋아하고, 내가 당신을 좋아하므로 당신은 나를 사랑합니다. 그래서 우리는 서로를 사랑하게 되었읍니다. 이제 당신의 마음 속에 있는 말을 해줘요. 당신은 나의 것이라고. 당신의 마음 속 가장 깊은 곳에 있는 감정을 부정하지 말아요. 하느님께서는 당신에게 고통스러운 삶을 내려 주셨읍니다. 그러나 하느님은 당신의 괴로움을 나누어 갖도록 나를 당신에게 보내 주기도 했읍니다. 당신의 괴로움은 곧 나의 괴로움이 되어야 하며 우리는 무거운 돛을 싣고 항해하는 배가 인생의 폭풍우를 지나 마침내는 안전한 항구에 도달하듯이 괴로움을 함께 짊어지고 가야 합니다.」

그녀의 마음은 점점 가라앉았읍니다. 그녀의 뺨 위로 고요한 저녁 노을처럼 발그레한 빛이 떠올랐읍니다. 그때 그녀가 반짝 눈을 떴읍니다. 태양이 그 신비로운 광채로 다시 한 번 빛을 발했읍니다.

「나는 당신의 것이예요.」하고 그녀가 입을 열었읍니다. 「하느님의 뜻입니다. 나를 있는 그대로 받아들여 주세요. 내가 살아 있는 한 나는 당신의 것이에요. 그리고 하느님이 우리를 다시 한 번 보다 더 아름다운 삶으로 함께 인도해 주시도록, 또한 당신의 사랑이 보답받을 수 있도록 기도하겠어요.」

우리는 가슴과 가슴을 맞대고 껴안았읍니다. 내 입술은 방금 나의 생을 축복해 준 그녀의 입술 위에 가볍게 키스하며 덮여 있었읍니다. 시간은 우리를 위해 조용히 멎어 있었고 우리를 둘러싸고 있는 온 세상이 사라져 버렸읍니다. 그때 그녀의 가슴 속에서 깊은 한숨이 새어 나왔읍니다.

「하느님, 제게서 이 행복을 용서해 주세요.」 그녀가 가만히 속삭였읍니다.

「자, 이젠 나 혼자 있게 해줘요. 나는 더 이상 못견디겠어요. 안녕히 가세요. 나의 친구, 나의 연인, 나의 구원자여.」

나는 집으로 돌아와 불안한 꿈을 꾸며 침대에 누워 있었읍니다. 궁중 고문관이 내방으로 들어왔을 때는 자정이 지났을 무렵이었읍니다.
「우리의 천사는 하늘로 떠나셨네.」 하고 그분이 말문을 열었읍니다.
「자, 이게 그분이 자네에게 보낸 마지막 인사일세.」
 이 말과 함께 그분은 내게 편지를 건네었읍니다. 편지 속에는 그녀가 내게 주었던 것을 내가 그녀에게 다시 돌려 준 반지가 들어 있었읍니다. 반지에는 이런 말이 적혀 있었읍니다.
〈하느님의 뜻하심에 따라〉 그 반지는 오래된 종이에 싸여 있었는데 그 종이에는 언젠가 내가 어렸을 때 그녀에게 했던 말이 적혀 있었읍니다.
〈당신의 것은 무엇이든 나의 것입니다. 당신의 마리아로부터.〉
 우리는 아무 말도 하지 않고 한참 동안 같이 앉아 있었읍니다. 그것은 우리가 고통의 짐이 너무 무거워서 감당할 수가 없을 때, 하늘이 우리에게 내려 주는 일종의 정신적인 무력 상태였읍니다. 마침내 그 분이 일어서서 나의 손을 잡으며 이렇게 말했읍니다.
「우리가 만나는 것도 오늘이 마지막일세. 자네는 이곳을 떠나야 할 것이고 나는 살 날이 얼마 남지 않았기 때문이네. 자네에게 꼭 말해 두어야 할 것이 하나 있네. 일생 동안 마음 속에만 간직한 채 아무에게도 고백하지 않았던 비밀일세. 나는 언젠든 그것을 고백해야겠다고 벼러왔었네. 자, 내 말을 들어주게. 조금 전에 우리 곁을 떠난 영혼은 참으로 아름다운 영혼이었네. 훌륭하고 순수한 정신이었으며 깊고 성실한 마음이셨지. 하지만 나는 그분의 영혼 만큼이나 아름다운 영혼을 또 하나 알고 있다네. 아니 그보다도 더 아름다운 영혼이었지. 그 영혼은 그분의 어머니였네. 나는 그분의 어머니를 사랑했고 그분의 어머니도 나를 사랑했었지. 그러나 우리는 둘 다 가난했고 그래서 나는 이 세상에서 명예로운 지위를 차지하기 위해 나와 그녀를 둘러싸고 있는 삶과 싸웠다네. 그런데 젊은 공작님께서 내 약혼녀를 보시고는 사랑에 빠지셨지. 그분은 나의 영주인데다 진정으로 그녀를 사랑했고 어떠한 희생을 치르더라도 가난한 고아인 그녀를 공작부인으로 삼겠다는 각오가 되어 있었지. 나는 그녀를 너무도 사랑했기에 그녀를 위해 내 사랑의 행복을 희생했던 것이네. 나는 고향을 떠나서 그녀에게 약혼을 취소한다고 편지를 썼었지. 나는 그녀를 임종의 병석에서 본 것 외에는 그녀를 두번 다시 만나지 않았었네. 그녀는 첫딸을 낳다가 죽었다네. 이제 자네는 내가 왜 마리아를 그처럼 사랑했으며, 어째서 그 수명을 하루하루 연장시키려고 했던가를 알게 되었을 걸세. 그녀는 나의 마음을 이 삶에 묶어놓는 단 하나의 존재였네. 내가 삶을 짊어지고 갔듯이 자네도 이 삶을 참고 견디 주게. 덧없는 슬픔에 싸여 하루라도 허송하지는 말게. 될 수 있는대로 다른 사람들을 도와 주게. 그들을 사랑해 주게. 그리고 그분과 같은 마음씨를 가진 사람을 이 세상에서 만나보고 알게 되고 사랑하고 또 잃어버리게 된 것을 하느님께 감사드리게.」
「하느님의 뜻에 따르겠읍니다.」 나는 그렇게 말했읍니다. 우리는 일생 동안 다시 만나지는 못했읍니다.

그 이후로 며칠, 몇 주일, 몇 달, 몇 해가 흘러갔읍니다. 고향은 내게 타향이 되었고 타향은 내게 고향이 되었읍니다. 그러나 그녀의 사랑은 내게 그대로 머물러 있었읍니다. 한 방울의 눈물이 바다에 떨어지듯이 그녀에 대한 사랑은 인류라는 바다에 떨어져서 수백만의 사람들 속으로 스며들어 그들을 감싸게 되었읍니다. 내가 어릴 적부터 그렇게도 좋아했던 수백만의 「남」들에게로 다만 오늘처럼 조용한 일요일에는 홀로 자연이라는 푸른 숲의 품에 안겨서 밖에 다른 사람들이 있는지 아니면 이 세상에 오직 나 혼자만이 남아 있는 것인지조차 알지 못할 때, 추억의 무덤 속으로부터 무엇인가 꿈틀거리며 죽었던 생각들이 다시 깨어나 사랑이 갖는 전능의 힘이 모두 가슴 속에 되살아나서 그 깊고 그윽한 눈으로 나를 다시 바라보는 그 아름다운 존재 위로 흘러가는 것입니다. 그렇게 되면 한 사람에 대한—나의 천사에 대한—사랑 속에서 수백만의 사람들에 대한 사랑은 사라져 버리는 듯하며 내 생각들은 유한하기도 하고 무한하기도 한 사랑의 불가사의한 수수께끼 앞에서 입을 다물게 되는 것입니다. —막스 밀러

Ⅲ
내가 그대에게로

안트워프

● 욕망의 울타리

　형제애는 동등한 사이에 있어서의 사랑이고, 모성애는 무력한 자에 대한 사랑입니다. 그것들은 서로 다르지만, 진실한 성격에 의해서 한 사람으로 제한되어 있지 않은 점에서 서로 공통됩니다. 만일 내가 내 형제 가운데의 누군가를 사랑한다면, 나는 모든 나의 형제를 사랑하는 것입니다. 만일 내가 어떤 내 자식을 사랑한다면, 나는 모든 나의 자식들을 사랑하는 것입니다. 아니 그 이상으로 나는 모든 자식들을, 내 도움을 필요로 하는 모든 자식들을 사랑합니다. 이 사랑의 두 유형과 대조적인 것은 에로틱한 사랑입니다. 그것은 완전한 융합에 대한 갈망이요, 한 사람의 다른 사람과의 융합에 대한 갈망인 것입니다. 그것은 그 진실한 성질에 의해서 배타적이고 보편적이 아닙니다. 그것은 또한 아마 가장 기만되는 사랑의 유형일 것입니다.

　무엇보다도 먼저, 그것은 이따금 사랑에 떨어진다고 하는 폭발적 경험, 곧 그 순간까지 남남이었던 두 사람 사이에 있었던 울타리의 갑작스런 붕괴와 혼동됩니다. 그러나 갑자기 친밀해지는 이 경험은 바로 그 성격에 의해서 수명이 길지 못합니다. 모르는 사람이 친절하게 아는 사람이 된 뒤에는, 거기엔 이미 극복되어야 할 울타리는 없고, 성취해야 할 갑작스런 접근도 없읍니다. 사랑받는 사람은 자기 자신처럼 잘 알려진 사람이 되어 버립니다. 아니면, 혹은 거의 알려져 있지 않다고 하는 편이 좋을는지도 모릅니다. 만일 다른 사람의 경험이 보다 깊었다면, 그리고 그 사람 인격의 무한성을 경험할 수 있었다면, 그 다른 사람은 결코 그처럼 친밀하게 되지는 않았을 것입니다.─그리고 그 울타리를 뛰어넘는 기적이 날마다 새로이 일어날 것입니다. 그러나 대부분의 사람들에게는, 자기 자신의 인간이란 다른 사람과 똑같이 바로 탐구되고 철저히 규명되는 것입니다. 그들에게 있어서의 친밀이란 성적(性的)인 교섭을 통해서 주로 확립됩니다. 그들은 다른 사람과의 분리를, 주로 신체적인 분리로서 경험하기 때문에, 신체적 결합이 분리의 극복을 뜻하게 되는 것입니다.

많은 사람들에게, 그것 이상으로, 분리의 극복을 보여 주는 다른 요인이 있읍니다. 자기 자신의 개인적인 생활이나 자기의 희망과 불안을 이야기하는 것, 자기의 어린애 같은, 혹은 유치한 모습을 보이는 것, 마주 향한 세계에 공통된 관심을 세우는 것─모든 이러한 것들이 분리의 극복으로써 행해지는 것입니다. 노여움이나 증오나 억제의 완전한 결여까지도 친밀성을 가져오는 것으로 됩니다. 이것은 결혼한 부부가 이따금 서로 껴안고 있는 그릇된 인력(引力)을 설명할는지도 모릅니다. 부부 사이에서는 서로 증오와 분노를 발산하는 때라든가 침대에 있을 때만이 친밀하게 보이는 것입니다. 그러나 이러한 친밀성의 유형은 모두가 시간의 흐름에 따라 점점 줄어들어 가기 시작하는 경향을 띱니다. 그 결과, 사람은 새로운 사람이나 새로운 모르는 사람과의 사랑을 찾습니다. 그 모르는 사람도 또 친숙한 사람이 되면, 다시 사랑에 빠진다는 경험이 기분을 돋구는 것이 되고 강렬하게 되는 것입니다. 그러나 그것도 서서히 약화되어 갑니다. 그리하여 마침내 새로운 정복, 새로운 사랑─새로운 사랑은 먼저 것과는 다르다는 착각을 언제나 지니고 있읍니다─을 원하게 됩니다. 이러한 착각은 성적인 소망이 사람을 홀리는 성격에 의해서 무척 강하게 이바지하게 됩니다.

성적인 욕망은 융합을 겨누고 있읍니다. 그리고 그것은 결코 신체적인 욕망이나 고통스러운 긴장을 제거하는 것만이 아닙니다. 그러나 성적인 욕망은 그것이 사랑에 의해서 자극되는 것과 똑같이, 고독한 불안이나 정복하고 싶은 것이 아니면 정복당하고 싶은 것에 의해서,

또는 허영이나 해치고 싶은 욕망과 파멸시키고 싶은 욕망에 의해서 자극될 수가 있읍니다.

성적인 욕망이란 어떠한 강한 감정이라도 혼합되기 쉽고 자극되기 쉬운 것 같습니다. 그 사랑의 성적인 욕망은 거의 사람들의 마음 속에서 사랑의 관념과 연결되어 있기 때문에, 그들은 자기들이 육체적으로 서로 원할 때에 서로 사랑한다는 결론에 현혹되기 쉽습니다. 사랑은 성적인 결합에의 욕망을 일어나게 할 수가 있읍니다. 이 경우에 있어서의 육체적 관계는 탐욕스러움이나, 정복하고자 하는 욕망, 또는 정복되고자 하는 욕망은 포함되지 않고 부드러움이 섞여 있읍니다. 만일 육체적 결합에 대한 욕망이 사랑에 의해서 자극되지 않고, 또 에로틱한 사랑이 또한 형제애가 아니었다면, 그것은 제례적이며 일시적인 의미밖에 갖지 않은 합체로 이끄는 것 이상의 것은 결코 할 수가 없읍니다.

성적인 인력(引力)은 순간적으로 합체의 착각을 만들지만, 사랑이 마르지 않은 이 합체는 서로를 합체되기 이전에 떨어져 있었던 것과 똑같이 모르는 사람 그대로 놔두는 것입니다—이따금 그 합체는 그들을 서로 부끄럽게 하거나, 혹은 서로를 미워하게 만듭니다. 왜냐하면, 착각이 지나가 버리면, 그들은 그 전보다도 더 명백하게 정떨어지도록 느껴지기 때문입니다. 부드러움은 결코 프로이드가 믿은 것처럼 성적 본능의 승화작용은 아닙니다. 그것은 형제애의 직접적 결과이고, 또한 사랑의 비육체적 형식에는 말할 것도 없고 육체적인 형식 속에도 존재하는 것입니다.

에로틱한 사랑에 있어서의 독점욕은 형제애나 모성애에는 부족되어 있는 것입니다. 이 에로틱한 사랑의 독점적 성격은 보다 깊은 어떤 검토를 정당화시킵니다. 그 독점성은 가끔 소유하고자 하는 애착을 뜻하는 것처럼 잘못 풀이되기도 합니다. 이따금 서로「사랑하고」있지만, 다른 아무에게도 사랑을 느끼는 일이 없는 두 사람을 우리는 볼 수가 있읍니다. 실제에 있어서 그들의 사랑은 두 사람 사이의 이기주의인 것입니다. 이 두 사람은 자기들을 서로 동일시하고 있는 사람들이고, 분리의 문제를 확대하는 것에 의해서, 곧 한 개인을 두 사람으로 확대하는 것에 의해서 해결하는 사람들입니다.

그들은 고독을 극복한다는 경험을 가지고 있읍니다. 그렇지만 그들은 남은 사람들로부터 분리되어 있으므로 서로 분리된 채로 남아 있으며, 그들 자신을 멀리하고 있는 것입니다. 합체에 대한 그들의 경험은 착각인 것입니다. 에로틱한 사랑은 배타적이지만, 그러나 인류의 모든 다른 사람들을 사랑하고, 살아 있는 모든 사람들을 사랑하고 있읍니다. 그것은 자기 자신을 자기 오직 한 사람과 충분하고 강력하게 융합할 수 있다는 뜻에서만 배타적입니다. 에로틱한 사랑은 에로틱한 융합의 뜻에 있어서, 곧 모든 생활면에서의 완전한 위임이라는 뜻에 있어서만 이 다른 사람에 대한 사랑을 배제하는 것입니다―그것은 깊은 형제애의 뜻에 있어서가 아닌 것입니다.

에로틱한 사랑은, 만일 그것이 사랑이라면, 하나의 전제를 갖읍니다. 나는 내 존재의 본질로부터 사랑하고―그리고 그 남자이거나 그 여자의 존재인 본질에 있어서 다른 사람을 경험하는 것이 그것입니다. 본질상, 모든 인간은 동등합니다. 우리는 모두가 하나라는 것의 부분입니다. 우리는 하나의 것입니다. 그렇다면 우리나 사랑하는 사람이 누구라도 아무런 차이가 생기지 않읍니다. 사랑이란 본질적으로 의지의 행위여야 하며 나의 생명을 다른 한 사람의 그것에 완전히 맡긴다는 결단의 행위여야 합니다. 이것은 사실, 두 사람의 배우자가 결코 서로 선택하여 있지는 않고, 서로 선택되고 있는― 게다가 서로 사랑하는 것이 기대되어 있는, 여러가지 전통적인 결혼의 형식 뒤에 있는 것 같은, 이혼을 허용하지 않는다는 사상의 배후에 있는 근본 원리인 것입니다. 현대의 서구 문화에 있어서의 이 사상은 전혀 거짓으로 나타나 있읍니다. 사랑이란 자연적이며 감정적인 반응의 결과이며, 억제할 수 없는 감정에 의해서 급하게 붙잡은 결과라고 생각되었읍니다.

이러한 견지에서는, 우리는 열중하고 있는 이 두 사람의 개인적 특이성만을 보고― 모든 남자는 아담의 부분이며 모든 여자는 이브의 부분이라는 사실을 보고 있지 않는 것입니다. 사람은 에로틱한 사랑에 있어서의 중요한 요소, 곧 의지의 요소를 보는 것을 무시하고 있읍니다. 누군가를 사랑한다는 것은 아주 강한 감정은 아닙니다.―그것은 결단이고, 판단이고, 약속입니다. 만일 사랑이 하나의 감정에 지나지 않는다면, 서로 영원히 사랑한다는 약속에 대한 기초는 없을 것입니다. 감정은 솟아났다가 또 사라질 것입니다. 나의 행위가 판단과 결단을 포함하지 않을 때, 어떻게 나는 그것이 영원히 머물 것이라고 판단할 수가 있겠읍니까?

 이러한 견해를 참작하면, 사랑이란 오로지 의지와 공약의 행위이고, 그러기 때문에 두 사람이 누구이든 근본적으로 문제가 되지 않는다는 처지에 다다르게 될는지도 모르는 일입니다. 결혼이 다른 사람에 의해서 조정되든, 혹은 그 개인의 선택 결과이든, 한 번 결혼이 결정되자마자 의지의 행위가 사랑의 계속을 보증하게 될 것입니다. 그런데 이 견해는 인간성과 에로틱한 사랑의 역설적인 성격을 무시하고 있는 것처럼 보입니다. 우리는 모두가 하나인 것입니다―하지만 우리들의 하나 하나는 유일한, 복제할 수 없는 실재인 것입니다. 다른 사람들에 대한 우리들의 관계에 있어서도, 똑같은 방법으로 사랑할 수가 있읍니다. 그러나 우리는 또한 모든 것이 다르기 때문에, 어떤 사람들 사이에는 존재하지만 모든 사람들 사이에는 존재한다고 할 수 없는, 어떤 특수한, 고도로 개인적인 요소를 요구합니다.

 그리하여 이 두 가지 견해, 곧 에로틱한 사랑이란 특수한 두 사람 사이에 있어서 완전히 개인적인 인력이며 유일한 것이라고 하는 견해와, 다른 하나는 에로틱한 사랑이란 의지의 행위 이외의 다른 아무 것도 아니라는 견해와는 다같이 진실한 것입니다―혹은, 보다 적절히 말한다면, 진실은 전자에도 후자에도 없는 것입니다. 그러므로 사랑이란 만일 잘 되지 않으면 쉽사리 해소될 수 있는 관계라고 하는 사상도 어떠한 사정 아래에서도 해소되어서는 안된다는 사상과 똑같이 잘못 되어 있는 것입니다. ― 에리히 프롬

● 기쁨과 슬픔 /4.01

 실제로 감정의 기폭이 전혀 없는 사람이 더욱 위험합니다.
 당신의 소유욕이 만남에서 충족되면 당신은 최고로 행복해져서 도취감까지도 맛보게 됩니다. 그렇지 못하면, 당신은 절망과 우울 속으로 한없이 가라앉게 됩니다. 이런 감정은 여러가지 차원에서 비롯됩니다.
 가장 성숙한 차원에서는, 정신적인 일체감은 물론이고 진실로 그 관계를 소중하게 하는 섹스의 욕구까지도 충족시켜 줍니다.
 하지만 그 성숙한 차원에서 벗어나 욕심만 가득했던 어린시절엔, 엄마의 미소와 포옹이 우리를 「극도의 환희」속으로 몰아 넣었읍니다. 이런 원시적인 환희는 상대방의 단순한 애정 표시나 애정의 눈길, 포

옹, 그리고 선물 같은 것들에 의해서 눈덩이처럼 불어납니다.
 아기들은 엄마의 애정표시가 장애에 부딪혔을 때 「심한 절망」에 빠져버립니다. 마찬가지로 현재의 연인이 자신에게 긍정적인 느낌을 심어주지 못하면 절망하게 됩니다.
 이런 감정상태에서는 상대방의 지극히 작은 행동, 즉 거친 음성이나 순간적인 분노의 표정 같은 것에도 쉽게 영향을 받습니다. 기쁨에서 절망에 이르는 변화가 너무나 급격하게 변화해서, 정서적으로 황량한 폐허의 상태에 이르게 됩니다.
 현재의 만남이 행복보다는 불행으로만 채워져서 뭔가 기쁨을 다시 찾기 위한 조처가 필요하다고 느낀다면, 우리는 하나를 선택해야만 합니다. 그 선택의 대상은 현재의 상태에 머물러서 만성적인 절망에 시달리거나 아니면 떠난다는 두려움을 감수하는 일입니다.
 가끔은 머물러 있는 쪽을 택하면서도 그렇게 큰 절망에 잠기지는 않는 사람들도 있읍니다. 관계에 대한 기대를 낮춘다거나 달리 새로운 만족의 대상을 찾음으로써 바람직한 관계로 이끌어간 것입니다.
 사실 당신이 그이와 헤어졌을 때 어떤 식의 절망이 느껴질지는 당신 자신도 확실히 모릅니다. 단지 떠나는 것을 두려워하고, 그 후에 찾아올 절망을 겁내는 것입니다. 이런 경우 당신이 선택해야 할 방법은 끊임없는 절망과 두려움 뿐입니다. 그렇다면 어떤 것을 기준해서 선택을 해야 할까요? — 하워드 엠 할펀

● 너와 나의 고독

 사람들의 푸념 가운데 고독하다는 말 이상으로 빈번하게 입에 오르내리는 말도 없읍니다. 어떤 민족이나 어떤 시대의 문학도 그 말로 가득 차 있고 가혹한 운명을 참아나가야 할 고독한 자에게는 언제나 그것이 주어졌읍니다.
 그런데 이상한 일은 지나간 어느 때보다 오늘날 더 빈번하게 그 말을 듣게 된다는 사실입니다. 오늘날 지상에는 어디나 인간으로 득실대고 혼자 있을 수 있는 곳이란 아무 데도 없는데 말입니다. 사람들은 서로 빽빽하게 붙어서 거주하고 사무실이나 공장이나 일터에서 공동작업을 합니다. 단체여행으로 함께 여행을 하고 천막생활이나 운동을 하며, 무엇이나 함께 즐깁니다. 거리라는 것조차 이제는 결코 뛰어넘을

수 없는 이별을 뜻하지는 않습니다.

광범위한 교제범위가 없는 사람이라도 직업적인 매개를 통해서 한 사람의 대상이라도 찾을 수가 있읍니다. 요컨대 원하지 않으면 이 시대는 절대 고독하게 지낼 필요가 없읍니다.

그러나 이런 말이 맞는 것일까요? 물론 노력만 한다면 상대를 찾을 수는 있읍니다. 그러나 혼자가 된다는 것과 고독하다는 것과는 전혀 다릅니다.

고독이란 독거(獨居) 와는 본질적으로 구별됩니다. 사람들은 혼자가 아닐 때, 축제 때나 사람들이 넘치는 해변가나 심지어 가족들에 둘러싸여서도 주체할 수 없는 고독을 느낄 수가 있읍니다. 반대로 서로 모르는 수많은 대중 속에서도 때로는 강렬한 연대감을 느낄 수도 있읍니다. 말하자면 개인 하나 하나가 어떤 일에 대해 공통적으로 무언가 흥미를 느끼거나 열광을 할 때는 그렇습니다. 그러나 어떤 사람이라도 공통의 관심을 가진 대상을 찾지 못할 때는 고독을 느낍니다.

아직도 우리들은 문제의 핵심에 이르지 못했읍니다. 우선 고독이라는 것이 인간에게 어쩔 수 없이 주어진 운명인지 그렇지 않으면 자신의 잘못인지 하는 문제를 생각해 봅시다. 대답은 매우 어렵습니다. 그 대답은 인간 존재의 깊은 밑바닥까지 우리들을 끌고 가기 때문입니다. 그러니 겨우 우리는 이제 그 문제의 문턱에 와 있는 셈입니다. 우선 조심스럽게 이렇게 말해 보고 싶습니다. 대부분의 사람들은 그들이 푸념을 늘어놓는 고독에 대해 스스로에게 책임이 있다고.

고독하지 않기 위하여, 그리고 아름다우면서도 풍성한 인간 관계를 맺기 위해서는 사람들은 우선 마음의 준비를 갖추어 그런 관계를 이룩하고 지키기 위해 많은 노력을 해야 합니다.

고독감 때문에 자살을 하고 싶다는 비교적 나이가 든 과부 한 분을 알고 있읍니다. 그녀는 언제나 희망에 넘쳐 열정적으로 친교 관계를 시작하면서도 왜 그런 관계가 일년도 못 가서 깨어져 버리는지 이해를 못합니다. 그러나 나는 압니다. 그 여인은 그때 그때의 상대자를 목적을 위한 수단으로서, 슬픔에 대한 일종의 약물로서, 혹은 영혼을 달래주는 보온병으로서나 보호자로서 간주하기 때문입니다.

그녀는 타인에게 언제나 그녀를 위해 명랑하고 자랑스럽게 그녀에게 관심을 가져 주기를 기대합니다. 말하자면 그녀는 타인의 존재에서

껍질만을 핥으면서 타인을 하나의 완전한 인격체로 받아들이는 참다운 인간관계를 맺으려고는 않습니다. 그녀는 주는 대신에 받기만을 바랍니다. 그래서 그때마다 우정은 깨어지고 그녀는 더욱 고독해져 버립니다.

한두 번 사랑이나 우정이 깨어져서 더 이상 그런 관계를 맺을 용기조차 잃고 자기 자신 속으로 완전히 파고드는 사람들이 있읍니다. 조용히 괴로움을 참거나 그 괴로움을 당당하게 보상해 나가거나 말입니다. 나는 고독해지고 싶다. 내게는 부족한 것이 아무 것도 없다고 하면서.

또한 어린 시절의 체험을 통해 용기를 잃은 사람들도 있읍니다. 소위 접촉불능이라고 부르는 경우인데 그들은 무척 불쌍합니다. 인생은 본질적인 것에서 사기를 당해 사랑을 할 수 없거나 사랑받을 능력을 상실한 때문입니다. 그런 경우, 그 고독은 자신의 잘못이 아니라 운명입니다. 그런 사람들을 도와줄 수가 있을까요? 아무도 다른 사람의 순수한 사랑을 통해 그 묶인 것을 풀어 굳은 마음을 녹게 할 수는 없을 것입니다.

혹시 정신요법적인 치료가 도움이 될 수도 있겠지만 치료마다 모두가 성공하는 건 아닙니다. 설사 치료가 되어 이제는 사랑을 하고 싶게 되었더라도 그 사람이 적합한 상대방을 구하리라고 누가 장담하겠읍니까?

이런 경우도 있읍니다. 한 인간이 사랑을 하고 또 받으면서도 때로는 끝도 없는 고독감을 느낄 때가 있읍니다. 심지어 어떤 사람은 자기의 온갖 개인적인 감정을 뛰어넘어 모든 인간의 공통에 대한 생생한 의식을 갖고 있으면서도 때때로 인간과 인간 사이에 놓인 심연 앞에 몸서리를 칩니다. 그런 구체적인 고독감을 어떤 객관적인 현실로 설명할 수 있을까요?

인간은 고독하기도 또 그렇지 않기도 합니다. 인간은 고독하면서도 끊임없이 다리를 세우고 또 세워진 교량들을 이용해야 합니다. 그런 사람은 사랑을 하며 공동사회를 찾게 됩니다. 그러나 사랑은 언제나 위협받는 존재입니다. 그뿐 아니라 사랑 한가운데도 사랑을 죽이는 것이 도사리고 있읍니다. 인간관계처럼 상처받기 쉽고 허무한 것은 없읍니다. 그리고 실망의 쓴 경험 이상으로 일상적인 것도 없읍니다.

이런 점을 아는 사람만이 사랑의 기적을 이룩할 수가 있으며 이 세상 누구나 고독으로 괴로와한다는 사실을 아는 사람만이 함께 괴로움을 나눠 갖는 사랑 속에서 자신이나 타인의 고독을 덜 수가 있읍니다.
　저는 고독을 던다고 했지 극복한다고는 말하지 않았읍니다. 우리는 이 점에 대해서 아주 현실적이 돼야 하며 용감해야 합니다. 그렇지 않으면 우리들은 인생이나 다른 인간에 대해 잘못된 요구를 하게 됩니다.
　이 세계의 근원과의 밀접한 관계로도 고독에서 우리들을 완전히 구출해 낼 수가 없읍니다. 위대한 사랑의 실천자인 성인들에게서도 우리들은 그들의 고독을 푸념하는 소리를 들었고 십자가에 못박혔을 때「주여, 저를 버리시나이까.」하던 예수의 무서운 말도 고독으로 절망한 모든 인간들의 대변입니다.
　고독의 쓴 짐은 모두 우리에게 남겨졌읍니다. 어떻게 해야 될까요? 참는 것입니다. 모든 어려움에서처럼 우리들의 고독으로부터 인간이란 항상 위로 향하는 도상(途上)에 있다는 사실에 대한 깊은 통찰이 자라납니다. ― 루이제 린저

• 사랑에 대하여
　바이런은 여성에 대하여 이렇게 말했읍니다.
　「우리들은 여성과 생활을 같이 할 수도 없고, 그렇다고 여성 없이 살 수도 없다.」
　당신은 여성 없는 생활을 할 리가 없고, 또 당신 같으면 여성과 생활을 같이 할 수 있을 것입니다.
　「남성이 맛볼 수 있는 가장 강렬한 쾌락을 제공해 주는 것은 여성이다.」라고 나는 청년시절부터 줄곧 생각해 왔읍니다.
　남녀가 친해질 때의 과정 즉 만남, 첫 교제, 처음 주는 선물, 그러다가 겁에 질리면서 극히 자연스럽게 진행되는 애무를 나는 바람직하게 생각하였읍니다. 수줍음이나 주저함에서, 이와 같은 추억을 스스로 금하는 그러한 행동은 하지 말아 주십시오. 최고로 아름다운 추억이 됩니다. 늙어서는 그와 같은 추억이 향수를 동반하여 소생하여 옵니다.
　젊었을 때에 연애를 맛보지 않았던 사람은 무엇인가를 약탈당한 것 같은 기분에서 헤어날 수 없고, 영원히 위로받지 못한 채 그대로 있게

될 것입니다. 연가는 상대를 손에 넣을 때까지 부를 필요는 없읍니다. 상대의 발견 속에서 많은 쾌락이 잉태되는 것입니다. 청춘을 애정과 정열이 넘쳐흐르도록 하십시오.「사랑의 정열 따위는 바보 같은 말이다. 문학적이고 우스꽝스런 날조에 불과하다.」라고 발레리는 쓰고 있읍니다. 몽테를랑도「나의 전 작품에는 그것 이외에는 쓸 것이 없다.」라고 부언하고 있읍니다. 사실 몽테를랑은 항상「육체적 행위를 존중하고, 마음의 교류를 경멸한다. 선량한 인간에게 도움이 되는 감미로운 육체적 행위를 멸시해서는 안된다.」라고 했읍니다. 마음의 교류 이상으로, 참된 감정에 대한 여지가 있는 것입니다. 사랑에 빠져 남을 의식할 생각조차 못한 스땅달이 여기에 보입니다. 이 행복을 잃어버리지 않도록 당신에게 바라고 있읍니다.

당신은 질문하실 것입니다.「나도 여자의 마음에 들 수 있을까요? 특히 내 마음에 드는 여성에게.」라고. 여성도 같은 질문을 할 수 있겠지요. 여성들은 남자들보다 훨씬 마음에 들게 되기를 바랄 것입니다. 여성들도 우리들과 같은 정도로 맹렬한 욕망을 갖고 있다고 생각하면 좋습니다. 당신이 미남이고 재기발랄하면 당신은 당신이 바라는 이상의 여성을 얻을 수 있을 것입니다. 그러한 조건의 혜택을 받고 있지 않아도 용기를 잃어서는 안됩니다. 용모가 보기 흉해도 사람들에게 호감을 주는 특이성으로 상대를 바싹 당기는 사람도 있읍니다. 더우기 당신 같으면 보기 흉한 용모를 대신할 매력을 뿜어 줄 수가 있읍니다. 그리고 이런 공리를 세우십시오.「거의 대부분의 여성은 할 일이 없어 심심할 것이다.」라고 말입니다.

여성들은 자신들을 즐겁게 해주는 남성에게 무한한 감사를 드립니다. 나는 어느 엽색가와 안면이 있었읍니다. 그 남자는 못생긴 남자의 표본 같은 사람이었읍니다. 그는 어떤 여자가 탐이 난다고 생각하면 밤낮 가릴 것 없이 편지공세를 펴는 것이었읍니다.

부인의 집에 계속 편지, 화환과 선물을 보냅니다. 그의 많은 취미에서 얻은 지식을 표시하는 그러한 것뿐이었읍니다. 처음에는 여자 측에서 항의도 하고, 욕도 하고, 애원도 하면서 삼가해주기를 호소했읍니다. 그러는 동안에 그칠 줄 모르는 선물공세에 익숙해지고, 결국 여자는 선물 없이는 살 수 없게 되었읍니다. 심야 전화도 처음에는 여자를 초조하게 만들었지만 나중에는 불안을 느끼면서도 전화를 기다리게끔 되었읍니다. 차츰 여자의 마음은 설레게 되었고, 그 튼튼한 요새도 무너지게 되었읍니다.

편지는 연애에서 어느 정도의 역할을 해 낼 것입니다. 물론 편지는 화려하게 쓸 수 있는 연인에 있어서만 유효한 무기는 아닙니다. 그러나 사랑은 독자적인 문체를 낳고 여성은 애인의 찬사에 호의를 갖게 됩니다. 문자는 전화보다 훨씬 깊이 침투합니다. 전화는 즉흥적이므로 항상 불완전함이 따릅니다. 편지는 예술작품이 되고, 당신의 욕구가 완벽한 형태로 담겨지게 됩니다. 진한 애정이 넘쳐흐르는 아름다운 문장은, 행복감과 자랑스러운 기분으로 여러번 되풀이해 읽게 될 것입니다.

자신을 보기 흉하다고 생각하므로 늘 록사느 앞에서 겁에 질리는 시라노가 미남자인 크리스챤이라는 가명 아래서 달콤한 사랑의 편지를 씁니다. 록사느는 모르지만 록사느가 사랑하고 있는 사람은 편지를 쓴 시라노이었고 크리스챤이 아니었읍니다.

당신 자신이 시라노가 되어 주십시오. 그리고 요새가 함락되었을 때에는 정성껏 리듬을 유지하도록 하십시오. 일단 내것이 되었으니까 하여 여자를 결코 경멸해서는 안됩니다. 다시 말씀드리지만, 여성은 돌보아주거나, 말상대가 되어 줘야 합니다. 당신이 취하는 태도에 따라 상대가 응하는 방법도 달라집니다.

야심가는 이렇게 말합니다. 「나는 그런 일에 몰두할 여가가 없읍니다. 나의 일과 장래를 위해서는 나의 혼신을 다할 필요가 있읍니다. 여자는 천성이 시간을 무료하게 보내면서 되잖은 일에 지껄이기를 좋아합니다. 참으로 여자는 빈둥거리기를 좋아해서 곤란합니다. 우선 성공부터 하고 볼 일입니다.」

야심가는 옳지 못하고 야심에 의해서 역행하는 자입니다. 성공이라구요? 여성은 그녀를 사랑해 주는 인물과의 어울림에 의해 여성 특유의 그 현혹적인 육감으로 성공에 강력히 공헌해 줍니다. 나의 장래의 길이 어떠니 하고 야심가는 되풀이하고 있읍니다만 장래의 길을 트는 것도, 무너뜨리는 것도 여성들이라는 사실입니다. 어떠한 제도든간에, 어떤 직종이든간에, 당신의 장래를 맡기는 데 충분하다고 생각되는 권력자도 이 사실은 남몰래 귀를 기울일 수 있는 그러한 여성을 한 사람 정도는 곁에 두고 있읍니다.

여성들의 곁에서 시간을 보내는 것은 결코 낭비가 아닙니다. 그녀들

부레멘

은 선량한 남성의 정신에 선량한 여성의 정신물이기도 한 보충물을 부가하여 줍니다. 젊은 세대의 여성은 기성 세대의 여성과는 달리 점차 남성화되어 간다는 주장은 전혀 잘못된 생각입니다.

「그녀들은 같은 교육을 받고 있다. 그녀들은 과학과 스포츠 등에 천부의 혜택을 받고 있다. 그녀들은 유권자이며, 피선거권자이다. 그녀들을 성별적으로 열등한 자로 취급하는 것은 나찌의 민족주의적 형태이다.」 나는 이에 전혀 동감할 수 없읍니다. 여성을 이성으로서 취급하기를 바랄 뿐입니다. 우리 세대 여성은 매월 임신, 색정병, 월경불순 같은 것을 지니고 있읍니다. 생리는 심리를 지배합니다. 더구나 생리는 거의 변치 않습니다.

오귀스트 콩트는 여성을 감정의 성(性), 남성을 능동적 성(性)으로 간주했읍니다. 정말 잘 표현한 말입니다. 어린이는 사랑을 받고 즐겁도록 해주어야 합니다. 어린이 같은 남성은 「응석을 잘 받아주고 따뜻이 대해 주는 애정을 지닌 여성」을 필요로 하기 때문입니다.

여성은 유권자이며 피선거권자입니다. 보통 그녀들이 정치에 참여하면 여성으로서의 활동 이상으로는 한 발도 나아가지 않습니다. 그럴 것이, 어린시절부터 그녀들 부친이 가정을 떠받치고 지키는 모습이 뇌리에 새겨져 사라지지 않은 콤플렉스를 갖고 있기 때문입니다. 그녀들은 지도자로서, 그녀들이 존경할 값어치가 있는 영웅이기를 바라고 있읍니다. 그녀들이 사랑하는 것은 책임감이 강하고 신뢰할 수 있는 인물입니다. 어느 나라에 있어서도 여성의 투표에 의해 과반수가 수정되었읍니다. 여성이 정당에 마음이 합쳐지면, 그녀들은 정열을 기울여 정당에 열중합니다. 정치 음모의 그늘에는 반드시 아름다운 여자 당원이 있읍니다. 그녀들은 정치세계에 있어서도 사랑과 같은 격정을 가져오게 합니다. 이러한 것들은 쉽게 이해될 것입니다. 국가 지도자가 무능하면 가장 먼저 고생 당하는 것은 그녀들이었읍니다. 그 결과 어린이들 우유가 부족하게 되고, 남편들 식사에도 부족을 가져오게 됩니다. 그녀들은 어린이를 훈련하고 전통을 전달하는 것이 직무이기 때문에 남성들보다 이 전통에 훨씬 충실합니다.

당신의 부인도 당신에게 어느 정도의 영향을 끼쳐 줄 것입니다. 당신이 생각에 지쳐 아무래도 정리가 되지 않을 경우 부인은 자신이 생각하는 방향으로 당신을 인도할 것입니다. 그녀는 끈기있는 침식능력과 침실에서 가지는 효과적인 정략을 몸에 지니고 있읍니다. 남편은 사업관계로, 경쟁관계로 부득이 외부적인 일을 많이 처리해야 될 처지에 있읍니다. 그들의 모든 행동은 여러 가지 일, 여러 법칙에 부딪쳐야 됩니다. 아내는 보다 여유가 있는 셈입니다. 남편은 제반의 외부와의 교섭을 아내에게 부담시키고 있읍니다.

그리하여 당신은 당신과 전혀 다른 인종(여자)의 단체에 영구히 가입된 셈으로 있으십시오. 처음에는 당황하고 불쾌한 마음도 있겠지만, 얼마 안 있어 욕망과 사랑이 이 상태를 받아들이게 할 것입니다. 그리고 얼마 후 당신은 전혀 딴 사람으로 바뀔 것입니다. 당신이 그녀를 사랑하는 한, 당신 부인의 태도 일부분이 당신의 거동에도 나타날 것입니다.

사랑에 양보를 하였으면 당신은 애정까지도 허용할 것입니다. 다툼이라는 것은 면할 수 없읍니다. 사이좋은 부부는 결코 돌이킬 수 없는 처지에 빠지는 일은 결코 없읍니다. 당신의 성역만은 확보해 두는 편이 좋을 것입니다. 사무용 책상, 개인용 의상, 찬장, 때로는 당신의 차 등을 말입니다. 그외의 것은 부인에게 맡겨 부인의 천분을 나타내도록 하십시오.

여성은 증거에 대하여 남성보다 엄격하지 않지만 신뢰의 점에서는 남성보다 훨씬 강합니다. 하나님에 대한 신뢰, 사랑하는 사람에 대한 신뢰, 아버지에 대한 신뢰, 현명한 남편에 대한 신뢰 등등입니다. 이 점에 있어서도 그녀는 당신을 위해 전력을 다할 것입니다.

온갖 장애나 뜻하지 않은 적의에 부딪치다 보면 당신은 자신의 직업에 대해 염세관을 갖게 될 경우가 있읍니다. 「예측할 수 있는 화(禍)는 결코 다가오지 않습니다. 더욱 심한 시련이 닥쳐올 것입니다.」이것은 남성인 로스탕의 말입니다.「오래 전의 일은 하나님께서 마음 가짐을 미리 준비해 줄 것입니다.」이것은 여성의 말입니다.

「남자는 항상 투쟁에서 돌아오고, 곧 다시 싸움터로 돌아갑니다. 그러한 것에서 남성의 사고는 힘차게 똑바로 뻗을 수가 있읍니다. 그는 항상 무기를 구하고, 항상 무기의 날에 호소합니다. 남성의 통치는 완전통치라고도 할 수 있읍니다. 그의 판단은 헤아릴 여지 없는 사실의 생태에 기초를 두고 있읍니다.」이것은 알랭의 말입니다.

여성은 훨씬 낙천적입니다. 그녀들이 필요로 하는 것은 인간적인 것입니다. 그녀가 유혹하고, 납득시키고, 감동시키고, 간절히 원하게 할 수 있는 것에 그녀는 의지하고 있읍니다. 그녀는 기적을 믿고 있읍니다. 그녀에게는 기적을 만들어 낼 수 있는 힘이 있기 때문입니다. 물론 사정에 따라 여성이 남성의 역할을 해야할 경우, 즉 기업의 장이라든가 또는 장관 같은 직책에 올랐을 때 그녀는 남성적 태도, 남성적 사고를 간직할 수가 있읍니다. 그러나 그녀가 남편이나 존경하는 지도자와 공동의 일을 하고 있을 때와 같은 행복을 그때에도 가질 수 있는지에 대해선 나로서는 단언할 수 없읍니다.

수년 전부터 주체적 여성과 객체적 여성에 대해 많은 논의가 있었읍니다. 고대에 있어서 여성은 거의 객체로밖에 인식되어 있지 않았읍니다. 여자는 망토에라도 손을 집어 넣는 것처럼 취급되고 있었읍니다. 도시가 점령되면 여자 포로는 노획품으로 취급되었읍니다. 그리고 정복자들은 그녀들을 나눠 가졌읍니다.

페네로페 자신도, 안드로마케도 객체적 여성으로서의 노예 신분에 지나지 않았읍니다. 만일 오딧세우스가 돌아오지 않았더라면 페네로페는 구혼자의 한 사람에게 몸을 맡기거나 죽음을 택할 수밖에 별도리가 없었을 것입니다.

그리스도교는 주체적 여성을 강하게 부각시키려고 하였읍니다. 그래서 여성을 인간다운 자유 인격으로 만들어 남성에게 여성의 자유를 존중하는 의무를 갖게 하였읍니다. 기사도적 이상은 여성을 남성보다 높은 지위에 올려 놓았읍니다. 기사는 귀부인을 위해 싸우는 것을 자랑으로 여기게 되었읍니다.

현실은 이미 다른 양상으로 바뀌어 가고 있읍니다. 매춘부와 창녀가 객체로 인정받고 있을 뿐 아니라, 시민과 농민은 결혼에 임해서 여성의 의지 따위는 거의 참작하지 않았읍니다.

「우리들은 딸을 성녀로서 키우고, 시집보낼 때에는 암말쯤으로 생각합니다.」라고 조르쥬 상드는 말했읍니다. 상드 자신도, 그 여자보다 몇배나 열등한 남편에게 객체 취급을 당해 그 일로 해서 일생을 두고 원한을 품고 살았읍니다.

그러나 오늘 날에는 풍습이 많이 변했읍니다. 일부 여성은 객체적 남성을 화제로 삼기 시작했읍니다. 지참금이라든가 호화스런 결혼은 옛날처럼 매력을 갖지 않게 되었읍니다. 유일한 부는 바로 일이니까 그런 것 같습니다. 우리들 시절에는 지참금으로 생활한다는 것은 지극히 드문 예외를 제외하고는 전연 생각할 수 없는 일이었읍니다. 여러 남성과 어울려 자란 젊은 처녀는 자기 생각대로 선택할 수 있읍니다. 그녀는 제 힘으로 생활비를 벌고 있기 때문에 첩살이 같이 생활에 절박해질 필요는 없읍니다.

그렇다고 객체적 여성이 모두 사라져 버렸다는 것은 아닙니다. 일부 여성들은 직업상이라는 의미에서의 노예상태에 만족하고 있읍니다. 많은 여성은 생활비를 벌고 있다고는 하지만 실은 충분하다고는 할 수 없으며 대체로 남성의 지원을 청하고 있는 형편입니다.

그 나머지의 여성은 소위 협조라는 상태에서 비바람을 맞고 있읍니다. 판매원은 판매주임을 필요로 하고, 여배우는 연출자와 남우·감독을 필요로 합니다. 태연하게 무엇이나 해치울 수 있는 성질의 남자가 거래에 대한 의견을 말하면 대개의 여자는 단념하고 남자의 의견에 따를 것입니다.

그러나 사랑을 빼버린 소유는 증오의 온상이 될 뿐입니다.

나는 당신에게 위대한 영혼보다 더 위대한 것을 권합니다. 그녀 자신의 의지를 무시한다든가 여성에 대처해서는 안됩니다. 행복은 육체를 정복하는 일이 아닙니다. 정복이라는 단어를 감정적 제국주의라고 바꿔 말해도 무방합니다.
　행복은 자유로이 선택되는 것에 있읍니다. ― 앙드레 모르와

● 올바른 희열

　희열은 생활―육체적인 생활―에 필요한 것입니다. 생활을 아주 강건하게 만들고 싶다면 물론 희열이 필요합니다. 그러므로 무슨 일에 있어서든 올바른 희열을 가지도록 노력하는 것이 중요합니다. 그러나 당신이 현명하다면 무엇인가 영속적인, 언제나 획득할 수 있는, 절대로 부정이 아닌, 혹은 자책이나 회한의 염을 수반하지 않는 이러한 희열을 구하십시오. 그런데 보통 희열의 대다수는 자책이나 뉘우침이 뒤따르는 것입니다.―카알 힐티

● 육체적인 쾌락

　육체적인 쾌락은 감각적인 체험으로서, 순수한 시각이나 맛있는 과일이 혓바닥을 충족시켜 주는 순수한 감각과 조금도 다를 바가 없읍니다. 그것은 우리에게 주어지는 크고 무한한 경험이며, 세계를 알게 되는 것이며, 모든 지식의 충일이며 광휘입니다. 그리고 우리가 그것을 맛보는 것은 결코 나쁜 일이 아닙니다. 사실 나쁜 것은 거의 모든 사람이 이 경험을 오용하고 남용하는 데에 있으며, 그것을 인생의 정점을 향한 집중으로 삼지 않고 인생에 지쳤을 때의 오락으로, 자극으로 삼는 데에 있읍니다. 사실 인류는 먹는 것조차도 무엇인가 다르게 변화시키고 말았읍니다. 즉 한쪽에서는 결핍이, 다른 한쪽에서는 과잉이 이 욕구의 투명성을 흐리게 해버린 것입니다. 그리고 생명을 경신시키는 깊고 단순한 모든 필요가 마찬가지로 흐리게 되어 버리고 말았읍니다.
　그러나 개개의 인간은 자신을 위하여 그것을 정하게 닦고, 맑은 생활을 할 수가 있읍니다―다른 것에 너무 의지하고 있는 독립성이 없는 사람에게는 불가능하지만, 고독한 사람에게는 그것이 가능합니다. ― 그는 동물이나 식물에 있어서는 모든 아름다움이 사랑과 동경과의 하나인 조용한 영속적인 형태를 취하고 있음을 상기했으면 합니다. 그리고 식물을 보듯이 동물을 보았으면 합니다. 동물이 육체적인 쾌락이나 육체적인 고통에서가 아니라, 쾌락이나 고통보다도 훨씬 크고, 의지

나 저항보다도 훨씬 강력한 필요성에 따라서 끈기있고 순순히 결합해서 번식하고 성장하는 것을 볼 수 있읍니다. — 릴케

● 남녀의 갈족나, 진정한 평등에의 길

「나의 여자 교육의 목적은, 남자의 좋은 배우자로 만드는 일입니다.」
이 말에 옛날부터 내려오는 불평등한 생각이 그대로 드러나 있읍니다. 나는 고함이라도 치듯이.
「하지만 남자를 여자의 배우자로 교육하고 있는 곳이 있을까요?」
하고 물었읍니다. 남자와 여자가 서로를 알도록 교육받지 않는다면 어떻게 배우자가 될 수 있을까 하고 생각한 때문이었읍니다. 내 말의 뜻을 그는 이해할 수 없었고, 나 역시 그를 나무랄 수가 없었기 때문에 두 사람은 어쩔 수 없이 헤어지고 말았읍니다. 요즘은 남자와 여자를 완전히 평등하게 교육하기가 어렵게 되었으며, 그 교육을 실시하기는 커녕 다만 그런 일을 생각하는 일조차도 — 남녀를 서로 이해시키려는 교육으로부터 멀리 떨어져 있기 때문에 — 불가능하게 되었읍니다. 하지만 해일처럼 밀어닥치는 파시즘 세력이 우리 발밑에 밀려올 때까지의 이 기분 나쁜 시간에 남성에게 바라는 바는 그 해일에 휩쓸리면 어떻게 될 것인지를 잘 생각하여 여성을 강제적으로 남자와 평등 — 여자가 책임을 평등하게 지고 평등한 지식을 갖는 일 — 하게 하려면 어떻게 하면 좋을지를 심사숙고하라는 것입니다. 그렇게 하지 않으면 남성은 다시금 낡은 수단으로, 무지하고 이기주의적이며, 자기 이외의 것에는 아무런 책임도 절대 지려고 하지 않는 여성에게 복종을 강요하게 될 것입니다.
나는 「강제적」이라는 말을 일부러 사용하고 있는데, 그 까닭은 놀라우리만큼 많은 여성들이 노예의 사치성을 동경하고 있기 때문입니다. 수개월 전에 어떤 여자 대학에서 실시한 학생들의 여론조사 결과를 보고, 나는 이 사실을 분명히 알게 되었읍니다. 아이러니컬하게도 이 대학은 여성 교육을 목표로 하여 한 여성이 창립한 것이었읍니다. 그 대학의 대부분의 여학생들은 여성이 미합중국의 대통령이나 부통령, 또는 각료의 일원이 되는 일조차도 찬성하지 않고 있었읍니다. 중세기로 되돌아가는 듯한 이 대답의 이유는 이 답안보다도 더욱 놀라운 것이었읍니다. 그녀들은 말하기를, 여성에게는 그런 임무를 감당할만한 육

체적 감정적인 안정이 없고, 또 공사(公事)를 다룰 경험도 충분하지 않으며, 더우기 여자는 「생활의 보잘것없는 일들로부터 벗어날」 수가 없기 때문에 반대한다고, 얼핏 보기에 아주 침착하고 겸손한 태도로 발언하고 있었읍니다.

이 엉뚱한 도큐먼트가 나오게 된 이유는 단 하나밖에 없을 것입니다. 그 이유는 진정한 자유가 없고, 또 전통적인 남녀관계의 정해진 타입이 없는 사회에서 여자가 여자에 대해 경쟁적으로 갖는 악의가 아닐까 하는 생각이 드는데, 아뭏든 나는 아직 만족스런 설명을 발견하지 못하고 있읍니다. 우리의 경우와 같은 자유로운 사회에서는 여성에게 낡은 전통을 깨뜨리려는 용기만 있다면 자신의 희망을 실현할 수도 있는 것인데, 여자가 그 희망에 도달할 수 없게 되면 자기 자신을 책망하거나 타인을 원망하게 됩니다. 그러나 인간인 이상 좀처럼 자기 자신을 책망하려 하지 않는 데에 원인이 있는 듯합니다. 이를테면 동양의 여성들은 서로 따뜻한 마음을 가지며 배반하는 법이 없읍니다. 새로운 파쇼 국가에서 볼 수 있는 것처럼 동양 여성들은 일정한 한계를 부여받고 있으며, 그 이상은 진출할 수 없기 때문입니다. 그래서 다른 여성의 진보에 대해 초조한 선망감을 품을 필요도 없읍니다. 누구나 어느 한계점에 이르면 전진을 저지당합니다. 여자끼리의 질투란 한 가정에서 한 남자를 사이에 둔 두 여자의 다툼처럼 무해(無害)하고 사소한 일에 지나지 않습니다. 미국처럼 그 질투가 커다란 편견이 되어 정치, 산업, 학문 등의 분야에까지 미치는 법이 없읍니다. 미국에서는 여자의 질투심이, 전문가로서의 여자로부터 서비스를 받는 일을 몹시 싫어하고, 여자가 출중하게 두각을 나타내면 적대감을 갖는 일 등에 잘 나타나 있읍니다.

파시즘이 다가옴에 따라, 남성이 남성의 위험을 의식하기 까지에는 상당한 지혜를 필요로 합니다. 그보다 더욱 어려운 일은 독일의 남성들이 그랬던 것처럼 여성을 유폐(幽閉) 하고자 하는 남자의 천성에 항복하지 않도록 자제하는 일입니다. 미국의 남성은 그러한 유혹에 특히 약합니다. 중국이나 프랑스의 남자처럼 미국의 남자는 여자에게 호감을 갖고 있지 않기 때문입니다. 그들은 여성에 대해 무지하기 때문에 여자로부터 괴로움을 받아왔으며, 게다가 프랑스인이나 중국인처럼 해학의 센스가 세련되어 있지 않습니다. 여성을 가둬 두면 남성이 더 많

바로셀로나

은 괴로움을 받게 된다는 것을 결코 잊어서는 안됩니다. 여자는 자유와 평등이 있어야만 아무래도 사회의 책임을 즐길 수 있게 되며, 그때가 오면 충분한 교육을 받은 남자와 여자는 인생의 무거운 짐을 나누어 가짐으로써 쌍방의 이익을 가져오고, 남자와 여자는 비로소 이상적인 관계에 입각한 생활을 시작할 수가 있는 것입니다.

그렇게 되면 남자는 여자가 좋아져서 호의를 갖기 시작할 것이며, 여자는 남자가 호의를 가져준다고 느끼기 때문에 지금과 같은 불평 불만이 여자에게서 영원히, 그리고 완전히 사라져버릴 것입니다. 여자는 남자가 자신을 싫어하고 있다는 의식을 무엇보다도 강하게 느끼며, 그것은 여자의 골수에 사무칩니다. 그 때문에 여자는 불안의 구렁텅이로 빠지며, 남자로부터 혐오를 받을 때, 여자는 완전히 자신을 잃어버리므로 어떤 보장이 있다 하더라도 안정감을 얻을 수 없읍니다. 스스로 자신이 없으므로 여자는 자기 이외의 여자에게 경쟁 의식을 가지며, 본인은 알아채지 못하지만 질투를 하게 되는 것입니다. 그러므로 애인이, 당신은 다른 여자들과는 다르다고 말하면 — 남자는 반드시 한 여자에게 이렇게 속삭입니다 — 여자는 정신없이 기뻐합니다. 그런 말을 들으면 한동안은 정말 그럴지도 모른다고 믿어버립니다. 하지만 그것은 잠시 동안의 일이고, 마지막의 결과를 늦출 수 있는 사람은 거의 없읍니다. 그것은 남자에게도 감미로운 속삭임이지만 여자에게는 더욱 감미로운 것입니다. 그러다가 얼마 후에 그녀 역시 보통 여자와 다름없음을 남자는 발견하고 여자를 싫어하는 구름이 잔뜩 피어올라 남자의 애정조차 흐리게 만들어버립니다. 그렇게 되면 여자는 기질에 따라 비참해지거나 냉소적인 여자로 변해갑니다.

우리의 이러한 상태를 치유하려면 어떻게 해야 좋을까요? 그것은 간단 명료한 일입니다. ― 새로운 교육, 남자와 여자가 서로를 이해하도록 하는 교육입니다. 남자와 여자를 진정한 의미에서 평등하게 하기 위해 남녀의 이간(離間)을 제거하는 교육입니다. 전통적으로 남녀 기능의 차이를 강조했기 때문에 남자와 여자는 이간되어 왔읍니다. 지금까지 여러 가지로 논의되어 왔지만, 남자와 여자의 본질적인 기능의 차이에 대해 진지한 연구는 이루어진 적이 없읍니다. 우리가 실제로 알고 있는 일이란 어린애를 낳도록 작용하는 일은 남자의 독점적인 역할이고, 여자의 독점적인 역할은 임신과 출산과 수유(授乳)라는 것 정도입니다. 이것만이 남녀가 서로를 이해하는 교육의 전제로 되어 있을 뿐이고, 그 이상의 일은 모두 억측이며, 사실과는 동떨어진 이유에서 생겨난 편견의 결과입니다.

남자와 여자가 서로를 이해하는 교육은 어디서부터 시작해야 할 것인가? 끝까지 배격해야 할 사상은 남자와 여자로 나뉘는 이 두개의 커다란 그룹이 ― 자동적으로 생겨나는 성(性)의 저울눈에 의해 ― 일체의 행동을 미리 결정당해 버리는 일입니다.

여자는 이제 더욱 넓은 세계로 나가지 않으면 가족에게 부여할 생명의 원천을 자기 자신 속에서도 찾아볼 수 없게 될 것입니다. 여자라고 해서 초자연적인 자질을 갖고 있는 것도 아니며, 천국과 직결되어 있는 것도 아닙니다. 보통의 인간입니다. 무슨 일에나 불평을 늘어놓고 떼를 쓰는 결점투성이의 인간에 지나지 않습니다. 그런 여자가 전기며 수도, 유리관 따위가 장치된 벽에 둘러싸여, 혼자서 숭고하고 훌륭한 개성을 발전시킬 수는 없읍니다. 옛날 여자들이 그랬던 것처럼 현재의 여자도 남자와 함께 일을 하고 평등한 책임을 나누어 가짐으로써 자기를 형성해 나갈 수가 있읍니다. 옛날의 여자들은 자신이 무엇에 대해 얘기하고 있는지를 잘 알고 있었으므로 권위있게 얘기할 수 있었읍니다. 현재의 여자는 자신이 모르고 있는 일에 대해 너무나 많이 얘기하고 있읍니다. 이 결점은 인정하지 않으면 안될 것입니다. 여자의 기능이나 임무가 옛날과 다름없다 하더라도 이미 가정 속에만 그것이 존재하고 있는 것은 아닙니다. 여자가 여자의 기능을 다하기를 온 세계가 기다리고 있지만, 아직 그 기능을 다하고 있지 않습니다. 여자가 그 기능을 다하면 사회가 변모되므로 이내 알 수 있읍니다.

하지만 현재의 심리상태로는 여자가 그런 일을 하려고 하지 않을 것입니다. 그 심리상태란 앞에서도 말한 불안정입니다. 「여자의 장소는 가정이다.」라는 말이 수없이 되풀이 되고 있음에도 불구하고, 이 말은 그 본래의 뜻을 넘어선 중요한 암시를 띠고 있읍니다. 근대 여성들은 가정에만 틀어박혀 있으려고는 하지 않으면서도 아직 이 표현의 그늘에 숨어 있읍니다. 매일 오피스에 나가 일하는 여자도 있고, 온종일 놀며 지내는 여자도 있지만, 그녀들의 마음은 침대의 기둥에 매어진 개처럼 가정 속에 남겨져 있읍니다. 그녀들은 꿈꾸듯이 집을 나와 타이프를 치고, 미장원의 의자에 걸터앉으며 데파트를 돌아보고, 또 그곳의 점원으로 근무하거나 혹은 햇볕이 내리쬐는 해변에서 뒹굴기도 하겠지만, 어쨌든 그녀들의 영혼은 가정 속에 남겨져 있기 때문에 사회에 대한 아무런 책임관념도 없이 그저 왔다갔다 할 뿐입니다. 주위에 널려 있는 빈곤이나 불합리를 보면서도 결코 자기 자신의 문제로서 다루지 않으며, 그것을 어떻게 해결해 보려는 의지도 없읍니다. 그래서 그녀들은 이따금 육체 속에 영혼이 깃드는 모양으로 연민의 정을 일으켜 큰 자선사업이나 좋은 일들을 기도하기도 합니다. 그러나 정말로 필요한 것은 그녀들의 생각하는 힘인데, 그러한 것은 집안에 숨겨둡니다. 세계가 바라는 것은 생각하는 두뇌 — 지성과 결의를 가진 두뇌입니다. 더우기 여성은 남성이 할 수 있는 만큼의 힘은 갖추고 있읍니다. 다만 집을 나설 때에 그것을 함께 지니고 나오기만 하면 되는 것입니다. — 펄 벅

● 새로운 자기의 모방자

새로운 자기 발전을 하고 있는 소녀나 부인은 일시적으로는 남성의 좋고 나쁜 버릇의 모방자가 되고, 남성 직업의 반복자가 될 것입니다. 그러한 과도기의 동요가 지난 후에야 비로소 여성들은 오직 그녀들의

독자적인 본질 — 그것을 왜곡하려 드는 남성의 영향에서 벗어나 — 을 위해 때로는 우습기만 한 그러한 가장의 수많은 양과 변화 속을 통과했다는 것을 알게 될 것입니다. 여성의 내부에는 삶이 보다 직접적으로, 보다 생산적으로, 보다 신뢰감에 차서 깃들어 있으므로, 육체의 과일의 무게로 하여 삶의 표면 밑으로 끌어당겨진 적이 없는 경박한 남성, 거만하고 성급하고 그가 사랑하고 있다고 생각하는 것을 낮추어 보는 남성보다는 여성이 근본에 있어서 훨씬 성숙하고 훨씬 인간적인 인간이 되어 있을 것입니다.

고통과 굴욕 속을 견뎌 나온 여성의 이 인간성은, 여성이 그 외적인 신분의 변화와 함께 오직 여성다와야 한다는 인습을 벗어 던지는 날에야 비로소 명백해질 것입니다. 그리고 아직 그날이 다가오고 있다는 것을 느끼지 못하는 남성들은 그것에 경악하고 타격을 받을 것입니다. 머지않은 어느 날엔가 그 이름이 이제는 남성의 반대를 의미할 뿐만 아니라 그 자신 독립된 독자적인 그 무엇, 보충이라든가 한계가 아니고 오직 삶과 존재만이 생각되는 그 무엇을 의미하는 소녀나 부인 — 즉, 인간으로서의 여성이 나타날 것입니다.

이러한 진보가 지금은 오류에 차 있는 체험을 — 우선은 추월된 남성들의 의사와는 많이 다르게 — 변혁될 것입니다. 이제는 남성의 여성에 대한 관계가 아니고, 인간의 인간에 대한 관계를 의미하는 것으로 변혁될 것입니다. 그리고 이보다 인간적인 사랑 — 그것은 무한히 분별이 있고, 상냥하고, 맺을 때나 떨어질 때도 선의로서 드맑게 행하여질 것입니다 — 은 우리가 버둥거리며 애써 준비하고 있는 저 사랑, 두 개의 고독이 서로 지키고, 이웃하고 인사함으로써 성립되는 사랑을 닮을 것입니다. — 릴케

● 바쇼의 운명

그것은 절대로 충실하고 완결된 것, 회답을 얻은 것이기를 바라고 싶습니다. 여성의 운명이 물음 그대로 있는 것은 부자연스럽습니다. 그러나 잊어서는 안됩니다. 남성이 그것과 마주섭니다. 마치 우리들 개개인이 자연과 마주서듯이.

말하자면 우리는 그처럼 무진장한 것을 파악할 힘이 없고, 손에 쥐고 숨을 쉬었다가는 이내 곧 놓아 버리고, 자연에서 탈락하여 생존의

틈새로 떨어지고, 수면이나 각성의 습관에 있어서도 모두 자연을 부정하고 부인하는 사이에 — 마침내 불쾌감의 물결에, 환멸과 피로가 밀려오는 힘에, 그리고 돌진해 오는 고통에 밀려서 다시 자연의 품으로 내던져져서 이미 쇠퇴 속에 있던 우리는 실재하는 것으로서의 자연에 몸을 기대는 것입니다.

그러나 자기 자신 속에서 일하고 쉬는 완전무결한 자연은 우리가 자연을 버려도 그것을 모릅니다. 우리들의 마음이 아무리 쇄도하거나 이탈해도, 그것에는 개의치 않고 자연은 언제나 우리를 그 손안에 두고 있읍니다. 자연은 독거(獨居)의 필요를 느끼지 않습니다. 말하자면 자연은 완전한 것으로서의 혼자인 것이며, 일체(一切)이기 때문에 혼자인 것입니다. 그리고 그때에도 자연은 이 상태의 경계선에서 사는 것이 아니고, 그 따스하고 완전한 중앙과 성실 속에서 살고 있읍니다.

고독에 처한 여성도 이와 같은 은신처를 가질 필요가, 즉 자기 자신의 내부에서 살고, 자신의 내부를 온전히 회귀하는 그 본질의 동심원 속에서 살 필요가 있지 않겠읍니까? — 여성이 자연인 한은 때로는 그것이 가능하겠지만, 그렇게 되면 여성을 구성하고 있는 반대물이 복수를 합니다. 이 반대물 때문에 여성이 한 몸으로 자연과 인간을 겸하고 있듯이 — 무진장한 것이면서 동시에 소진된 것이기를 강요당하고 있는 것입니다. 소진되었다는 것은, 너무 많이 주어서 다되었기 때문이 아니고, 여성이 언제나 계속 주면서 나아가서는 안되기 때문이며, 그녀 자신의 헌신적인 풍요가 너무나 저장이 풍부한 그녀의 마음 속에서는 짐이 되기 때문이며, 아침에 눈을 뜨면 생각하고, 또 푹 잠들어 있을 때에는 말할 수 없을 만큼 그것을 충족시키는 분방하고 왕성한 야심이 여성에게는 결여되어 있기 때문입니다.

그렇습니다. 이렇게 소진한 여성은, 대지에서 꽃도 자라지 않는 자연, 어린 토끼도 달아나고 새들도 달아나서, 기다리고 있는 보금자리로 다시는 돌아오지 않는 그런 자연의 상태에 있읍니다. 그러나 그녀가 이러한 자연적인 입장을 끝까지 고집하고, 돌보고 충족시키면서 엄청나게 풍성한 수확을 주는 것이 그녀의 권리라고 인정할 때, 그녀는 인간적인 의식에 있어서 잘못되어 있는 자신을 느끼지 않겠읍니까? 그녀가 내미는 비호를 그렇게 믿을 수 있겠읍니까? 베푸는 것은 그렇게 무한한 것입니까? 그리고 그 배후에는 자연이 모르는 수렁의 책략이 숨어 있지 않겠읍니까? 그리고 대체로 여성은 위험에 처해 있는 불안한 존재가 아니겠읍니까? 여성도 하나의 인간이므로 언제 어느 때 마음의 고갈이 올는지 모르고 갉아드는 비참이라든가, 그녀의 감미로운 숨결을 썩게 하고 그녀의 눈빛을 흐리게 하는 병에 걸릴지도 모르는데 어찌 약속 같은 것을 할 수 있겠읍니까 ― 여성 존재의 이 이중성은 남성의 순수한 사랑에 의해서 견디낼 수 있는 것이 아닌가 하고 저도 늘 상상하고 있었읍니다. 그러나 남성은 고작해야 아직도 불안전한 사랑의 계획을 가지고 그의 애인의 현실이나 사랑에 관여하고 있는 데 불과합니다.

구애자로서의 남성은, 놀라와하면서 자기 자신을 이해하기 시작한 소녀 속에서 자연의 힘을 혹사하는가 하면, 획득하고 나서는 이윽고 그녀를 배반하고, 그리고 지금도 그를 완전히 능가하고 있는 당사자의 인간적인 취약성과 허약성을 한탄하는 최초의 사람이 됩니다. 여기에서 그의 사랑이 몹시 무위하다는 것을 알 수 있읍니다. 남성의 사랑은 단 하루의 축제를 위한 호흡밖에 가지고 있지 않고, 하룻밤의 헤아릴 수 없는 선물을 위한 마음가짐밖에 가지고 있지 않습니다. 그렇습니다. 그의 사랑은 선물을 자기 자신 속에서 소진하고 남김없이 변형시켜서, 그것에 일종의 함묵(含默)을 부여하는 데에 충분한 능률이 이제 없었던 것입니다. 그 함묵이 있어야만 사랑하는 두 사람 사이에 없어서는 안될 순결이 회복되고, 그 순결이 없으면 두 사람은 도저히 오랫동안 함께 있을 수가 없는 것입니다.

이렇게 여성과 비교해 보면 남성의 애인이라는 것은 참으로 부당한 존재처럼 보입니다. 사랑에 대해서 허세만 부릴 뿐, 연애학의 기초 지식에서 한걸음도 탈피하지 못하고, 애인이 그에게 비유와 운율을 마련해 주고 있는데도 영구히 초보 과정을 맴돌며, 시 전체가 완성되었다고 생각하고 있기 때문입니다. ― 릴케

● 순결

섹스는 결코 터부시 되거나 소위 점잖은 사람들은 입에도 올리지 말아야 될 화제는 아닙니다. 문제는 누가 어떤 태도로 무엇을 목적으로 얘기하느냐에 달려 있다고 생각합니다.

순결이란 처녀성이나 순수성과는 다릅니다.

처녀성을 갖는다는 것이 아직 육체적으로는 다치지 않았으나 어느 날엔가 상대를 찾겠다고 결심하는 그런 상태는 결코 아닙니다. 그것은 일생동안 신체적인 성생활을 포기하고 영육이 합일된 전체로서 보다 높은 이념에 헌신하는 것입니다. 그러므로 신부들의 독신은 단순히 결혼을 안한다는 뜻이 아니라 바로 그런 처녀성을 실천하는 행위입니다.

순수하다는 것은 그것과는 다릅니다. 왜냐하면 기혼자도 순수할 수가 있기 때문입니다. 순수한 마음은 순진하고 참되며 질투가 없고 동정심이 넘치는 마음입니다. 물론 순결한 마음이라고 할 수도 있읍니다. 이제 우리들은 순결이란 것이 무엇이냐 하는 문제에 어느 정도는 가깝게 되었읍니다.

〈침묵〉이라는 스웨덴 영화에 젊은 여인과 레스토랑의 심부름꾼과의 정사 장면이 나옵니다. 그 장면은 불결해 보입니다. 왜 그럴까요? 섹스 장면 때문인가요?

그렇지가 않습니다. 인생에 대해 무엇인가 중요한 것을 나타내기 위해서는 그것이 고의적으로 매음을 권장하는 도색영화가 아닌 한 우리들은 예술 속에서 무엇이나 표현할 수가 있읍니다. 그러므로 그 장면이 나타내려고 하는 의도가 불결스러운 것이 아니라 장면 그 자체가 불결스러운 것입니다. 그 장면에서 예의 남녀는 포옹은 하면서도 서로 얘기를 나눌 수는 없읍니다. 왜냐하면 그들은 서로 상대방의 말을 알아 듣지 못하기 때문입니다. 그리고 설사 그들이 같은 나라의 말을 쓴다고 해도 그들에게는 할 말이 없을 것입니다. 서로 상대방을 하나의 인격체로 인식하는 게 아니며 상대방에 대해 아무런 관심도 없기 때문입니다. 오직 상대방을 성의 욕구를 일시적으로 만족시키는 데 이용하고 있을 뿐입니다. 다른 말로 하자면 그들은 서로 사랑하고 있는 게 아닙니다.

그렇다면 사랑 없는 성행위란 모두 불결한 것일까요? 반대로 사랑에서 이루어지는 것은 무엇이나 순결하며 허락되는 것일까요? 그리고 이 말로써 우리는 부도덕의 문을 활짝 열어 놓을 수가 있을까요? 절대로 그럴 수는 없읍니다. 거기에는 반드시 하나의 엄격한 요구가 선행되어야 합니다. 도대체 서로 사랑한다는 것은 무엇입니까? 문학 작품이나 영화나 어른들의 사랑에 자극된 16세 애인들의 일시적인 흥분이 사랑일까요?

　사랑이란 자신의 행동을 인식하는 일이며, 상대방을 위해 모든 책임을 질 수 있는 능력이자 의지이며, 성실에 대한 확고한 의사이며, 상대방을 일시적인 동침자로서가 아니라 섹스에서도 서로 존경심을 잃지 않는 하나의 완전무결한 인격체로 보는 것입니다. 또한 육체적인 행위는 인관관계의 모든 것 속에 녹아 들어 그것이 자신의 목적이 아니라 진정한 애정의 표현이 되어야 합니다.

　결혼생활에도 순결하지 못한 경우가 있읍니다. 만일에 한 사나이가 부인의 감정과 올바른 소원에는 무관심한 채 사랑과 존경도 없이 그녀를 포옹한다면 불행하게도 저는 그것을 불결하다고 할 수밖에 없읍니다. 그러므로 순결이란 우리가 생각하는 섹스를 넘어 서서 하느님이 인간에게 준 가장 훌륭한 선물의 하나가 되도록 하는 것입니다.

　다시 한번 먼저의 영화를 생각해 봅시다. 영화에서 두 남녀가 포옹을 하는 동안, 두 사람의 얼굴이 보입니다. 사나이의 얼굴은 못마땅한 듯 포악스러우면서도 무언가 텅 빈 모습이고, 여자는 눈물이 뒤범벅된 절망적인 얼굴입니다. 그것이야말로 섹스를 모욕하는 무서운 장면이며 일그러진 인간성의 모습입니다.

　성적 능력이 우리들을 불행하게 하거나 우리들이 수치심을 느끼게 하려고 인간에게 주어진 것은 결코 아닙니다. 도색 영화의 가공할 점은 그런 영화가 우리들에게 참다운 섹스를 보여 주지 못하며, 우리들의 핵 속에서 우리들을 행복하게 해줄 보다 높은 힘이 못되고 오히려 악마 같은 방법으로 섹스를 오용함으로써 우리들을 절망의 수렁으로 몰아 넣기 때문입니다.

　순결을 가르치며 또 그렇게 살아가는 사람은 점잔을 빼거나, 피가 없는 냉랭한 언행이나 하느님에 대해 육신의 지나친 모멸을 가르치거나, 또 그런 식으로 처신해서는 안됩니다. 오히려 자기 감정의 주체자가 되어야 합니다. 그렇게 함으로써 진정으로 사랑할 줄 아는 능력과 상대방에 대한 자의적인 희생을 통해 한몸이 될 줄 아는 힘을 줘야 할 것입니다. ― 루이제 린저

● 여성의 가치

　〈여성의 품위〉라는 실러의 시는 깊은 사색에서 만들어진 작품으로

서 대구법과 대조법에 의하여 사람의 심금을 울리게 하지만, 이것보다도 더 월등하게 여성을 찬미한 것은 나의 생각에 의하면 주우이가 말한 다음의 몇 마디 문구입니다.

「여성이 없었더라면 우리들 생활의 시초에 도움이 없고, 그 중도에 즐거움이 없으며, 그 마지막에 위로가 없을 것이다.」

이와 똑같은 것을 바이런은 그의 희곡 〈살다나바알〉의 제 1막 제 2장에서 보다 감상적으로 표현하고 있읍니다.

인간 생명의 시초는 여성의 유방에서 분출되어 나옵니다.
당신들의 최초의 말마디는 여성의 입술로부터 가르쳐지고,
당신들의 최초의 눈물은 여성에 의하여 닦여지고,
당신들의 마지막 한숨은 너무나 자주 여성들이 듣는 데서 몰아쉬게 됩니다.
그것은 남성들이 한때 자기들을 이끌어 주던 사람의 최후를 지켜보려는 천한 역할을 기피할 때입니다.

이상 두 가지는 모두 여성의 가치에 대한 정당한 견해를 나타내고 있읍니다. — 쇼펜하우어

● 사랑과 질투

질투에 대해서 말하다 보면 결국은 사랑에 대해 말하게 됩니다. 왜냐하면 질투는 필요 불가결한 사랑의 한 구성요소이기 때문입니다.

「질투는 고통을 만들어 내는 열정이다.」

셰익스피어는 질투의 드라마,〈오델로〉를 썼읍니다. 그 작품에서는 앞서의 정의가 꼭 들어맞습니다. 베네치아의 사령관 오델로는 그의 명성과 그의 젊고 아름다운 부인을 시기하는 적들을 갖고 있었읍니다. 그래서 그 적들은 선천적으로 정열적이며 자기 부인을 지극히 사랑하는 그 오델로로 하여금 질투심에 빠져들게 만듭니다. 젊은 중위인 카지오는 그들에 의해 오델로가 질투를 느끼게 할 처지에 놓이게 됩니다. 그는 싸움질로 강등되고 적들에 의해 선동되어 자기 상관의 부인의 비호를 받게 됩니다. 그리하여 오델로의 부인 데스데모나는 그 카지오를 위해 남편에게 청원을 하게 됩니다. 데스데모나의 간청이 오델로로 하

여금 불신감을 갖게 하리라고 그 적들은 계산에 넣었던 것입니다. 그것도 부족하여 이야고는 데스데모나의 시종녀인 자기 부인을 강요해서 오델로가 그의 부인에게 사랑의 부적으로 주었던 손수건을 훔쳐 내도록 시켰읍니다. 이야고는 그 손수건을 받아 고의적으로 그것을 흘려 카지오가 그것을 찾아 내도록 합니다. 데스데모나에게 반한 카지오는 그 손수건을 갖게 되었고 이야고는 그 사실을 알고 그것을 오델로에게 환기시켜 줍니다. 그런데 거기서 오델로가 이성을 찾게 되었으면 어떻게 되었을까요? 즉 카지오를 심문해 보는 일입니다. 그렇지 않으면 오델로가 그 부인을 맹목적으로 믿고 그 시간을 덮어 두었으면 어땠을까요? 그러나 오델로는 그런 생각에 미치지 못했읍니다. 아마도 그 사건을 자신에 대한 하나의 모욕으로 간주했을지도 모릅니다. 그래서 그는 어떻게 했던가요? 그는 달려가서 부인을 찔러 죽이고 자신도 죽고 말았읍니다. 순전한 이성의 상실인데 그런 것은 열정에 속하며 열정은 또한 사랑에 속하기도 합니다. 열정은 적어도 사랑의 시초라고 확언할 수가 있고 그런 질투는 절대로 완전하게는 사라지지가 않습니다.

오델로가 왜 그 부인을 찔러 죽였을까 하는 문제에 대한 해답은 매우 간단해 보입니다. 그녀가 다른 남자와 더불어 자기를 속였다고 확신했기 때문입니다. 그러나 그것이 그의 부인을 찔러 죽인 이유일까요? 저는 그 문제에 대하여 심리학적으로 설명을 하겠다는 생각은 아닙니다. 그렇게 하기는 쉽습니다. 그 행위는 흥분과 격노에서 이루어진 것이라고. 그러나 분노로 그 사건이 간단하게 설명될 수 있을까요? 여자는 자기가 하고 싶은 일을 해서는 안된다는 말입니까? 오델로는 분명 그렇다고 말할 겁니다. 그 여자는 영혼과 육체를 자기에게만 주었으므로 라고.

말하자면 여자는 남자에 속한다거나 또는 그는 여자를 자기 자신의 소유물로 보았거나 여자를 마음대로 다룰 수 있다고 생각한 것입니다. 그러나 그 소유물이 자주적이 되어 자기 자신에게서 떨어져 나가면 그것은 그 남자에게는 권리의 포기처럼 보여 여자를 죽일 수도 있게 됩니다. 그리고 그런 것은 심지어 재판을 받더라도 어느 정도 동정을 받을 소지가 됩니다.

오델로의 부인이 되기 위하여 데스데모나는 모르인과의 결혼을 허락하지 않는 아버지에게서 도망쳤읍니다. 오델로는 모르인이어서 베네

마드리드

치아의 백인들에게는 낯설었읍니다. 종족 문제는 그 당시에도 있었읍니다. 그렇다면 데스데모나는 그의 아버지에게 속하지 않았었던가요? 딸이 복종의 의무를 거절했기 때문에 그 아버지가 분격해서 그의 딸을 죽여도 좋을까요? 어린이는 부모의 소유물이 아니라고 우리는 말할 수 있읍니다. 어린이는 자유를 가지며 부모는 어린이에게 그 자유를 허용해 주어야 합니다.

좌우간 데스데모나는 그녀의 아버지의 소유물은 아니었읍니다. 그런데 애인이나 남편의 소유물이 될 수 있을까요? 그럴 수는 없읍니다. 누가 누구의 소유물이 될 수는 없읍니다. 그런데 데스데모나는 자기의 의지와는 관계없이 아버지의 딸이 되었으나 오델로의 부인이 된 것은 자신의 의지였읍니다. 오델로가 그녀를 소유한 것이 아니라 자신이 그에게로 달려가 그의 소유가 되려고 했던 것입니다.

그녀가 만일에 자기 자신을 되찾으려고 했다면 사람들은 그것을 허용해야 합니다. 그러나 문제가 있읍니다. 타인에게 보낸 신의 헌신을 스스로 취소할 수가 있을까요? 오늘날은 전보다 훨씬 그럴 가능성이 많습니다. 파혼이나 이혼의 격증이 그것을 증명합니다.

스웨덴에서는 여자가 비록 결혼을 했더라도 여자에게 완전한 성의 자유를 부여한다고 합니다. 누구나 타인과 어떤 관계라도 맺을 수 있는 현대 사회라면 어떤 질투도 존재할 수는 없읍니다. 그런 사회에서는 새로운 도덕이란 자신의 자유의 원칙에 근거를 두고 있기 때문입니다. 그런데도 불구하고 질투라는 것이 있지 않습니까? 그리고 그것이 있다는 것이 다행한 일이 아닙니까? 그러나 질투는 무언가 악한 것, 무언가 나쁜 것이 아닌가요?

질투 그 자체는 좋지도 나쁘지도 않습니다. 그것은 자연의 본능입니다. 사슴은 자기의 영역을 침입하는 이리에 대하여 질투를 느껴 그를 죽입니다. 그런 질투는 암놈에 대한 사랑과 관계가 있는 것이 아니라 힘에 대한 요구와 관계가 있읍니다. 대부분의 사람들에게는 만일 그가 사기를 당했다면 자신의 위신 문제가 아닐까요? 자기 부인에 대한 절대적 사랑 때문이 아니라 이 세상 사람들의 눈에 자기가 오쟁이 진 남자로 보이기 싫어하기 때문에 질투를 하는 남자들이 많습니다. 근본적으로 명예욕과 똑같은 질투가 있읍니다. 그리하여 부하는 윗사람의 너그러움에 대하여 질투하고, 부모는 자기 자식들의 사랑에 대하여 욕심을 부리며, 예술가는 대중의 박수에, 승려나 여승은 고위 성직자의 애호를, 성직자들은 신의 은총에 대하여 욕심을 부립니다. 심지어 동물들도 질투를 합니다. 개는 언제까지나 주인의 마음을 사로잡으려고 하고 새 아이가 태어나 자기의 자리를 빼앗기면 큰 아이는 어린애를 깨뭅니다. 어린애들은 양친에 대한 질투 때문에 병이 들거나 노이로제가 될 수도 있읍니다. 전쟁 동안에 대부분의 아이들은 어머님과 함께 출정 나간 아버지의 침대에서 잠을 잤읍니다. 휴가이건 아주 돌아왔건 아버지가 돌아오면 아이들은 아버지에게 그 자리를 양보해야 했읍니다. 그런데 대부분 그날밤 아이들은 오줌을 싸거나, 그 뒤에는 범죄 행위를 저지르게 됩니다.

우리들은 알고 있읍니다. 질투란 기초적인 생의 감정이며 인생의 활동력이 될 수도 있읍니다. 만일에 질투가 도덕적 가치를 지니지 않는 순수한 자연적 감정이라고 한다면 저는 이제 그 말에 이렇게 덧붙여야 되겠읍니다. 능동적 가치를 지닌 질투도 있다고 말입니다. 독점을 원하는 것은 인간의 성애(性愛)의 본질입니다. 사랑에는 하나더하기 하나는 둘이 아니고 하나라는 공식이 성립합니다. 즉 떼어 놓을 수 없는 새로운 전체가 생겨납니다. 사랑이란 그렇게 생각되었고 또 사랑하는 사람들은 사랑의 시초에 그렇게 생각했읍니다. 일부다처제가 존재했었고 지금도 존재한다는 사실이 일부다처제가 일부일처제와 똑같이 선하며 인간적이라는 얘기는 아닙니다. 현재 상황으로는 일부다처제는 점차 사라져가고 있읍니다. 사랑이란 어떻든 두 인간 사이에 성실해지려는 의지입니다.

인간은 경험에 의해 감정이란 영구적이 아님을 알고 있으므로 그는 상대방을 의심하거나 또는 그 약점을 계산합니다. 그리하여 상대방에 대하여 질투를 느끼게 됩니다. 상대방의 사랑이 소홀해지는 것을 그는 불성실의 시초로 봅니다. 그래서 질투는 사랑하는 자들로 하여금 성실을 지키게 하는 방편도 되면서 그 질투가 근거 없고 과장되고 병적일 때는 상대방을 죽이는 요소도 됩니다. 앞일을 아는 자였더라면 오델로는 데스데모나를 결코 죽이지는 않았을 것입니다. 모르긴 해도 보다 큰 사랑 때문에 고통스러운 결혼생활이 지속되었을지도 모릅니다. 오델로의 행위는 한 여자가 원할 수 있는 가장 큰 사랑의 증명이 될런지는 모르지만 그러나 저는 그 경우에 대하여 그것을 질투라고 하기보다는 어떤 다른 변론을 내세우고 싶습니다.

저는 질투없는 사랑을 생각할 수는 없읍니다. 상대방이 옆길로 가고 있을때 마음 편히 지낼 수 있는 사랑이 도대체 무슨 사랑입니까! 저는 질투를 인정합니다. 하나 질투를 자제할 줄 알아야 한다고 생각합니다. 애인으로 하여금 자기는 어떤 값진 것이라도 어떤 다른 사람과는 단 하룻밤이라도 나누지 않겠다는 생각임을 분명히 알도록 해야 합니다. 남자는 근본적으로 그런 식으로 사랑받기를 바라면서도 자신을 죄수로 취급받기는 싫어합니다. 저는 이렇게 말하고 싶지는 않습니다. 자유롭게 처신하는 남자가 질투심에 사로잡힌 남자보다 불성실하다고는 말하고 싶지 않습니다. 그런 비교는 그렇게 간단하지 않습니다. 그러나 상대적으로 자유를 지킬 줄 아는 남자들이 오히려 질투로 부인을 의심하는 사람보다는 훨씬 쉽게 성실을 지킬 수 있다고 저는 생각합니다.

결론적으로 말하자면, 성애에 있어 사람은 질투를 해야 되고 또 질투를 할 수도 있지만 그러나 그것을 현명히 처리할 줄 알아야 합니다. 다른 처방은 없읍니다. 그리고 주어진 처방도 얻기가 몹시 어렵습니다. 질투를 넘어선다는 것은 순수한 믿음과 파트너의 완전한 자유 속에 있다고 하겠읍니다. 그러나 그런 것은 성숙한 인간에게나 가능하며 또 성공되는 일이 드뭅니다. 그와 같은 것은 노력의 결실이라기보다는 오히려 신의 은총이기 때문입니다. — 루이제 린저

● 허영심

우리들은 사람들의 호평을 중요하게 여기고 있읍니다. 첫째는 그것이 유익하기 때문이고, 둘째는 우리들은 남들을 기쁘게 하고 싶기 때문입니다. 이익이 된다든지 기쁘게 하고 싶다는 기분을 떠나서 사람들의 호평을 소중히 여기는 경우, 우리들은 이를 허영심이라고 부릅니다. 이 경우에는, 우리들은 스스로 자기 자신을 기쁘게 하고 싶은 것입니다. 그리고 다른 사람들에게 혼란을 일으켜서 자신을 잘못 판단하게 하거나 모든 사람이 고통을 느낄 정도의 「호평」을 겨누거나 해서 남들을 희생시키며 이와같이 하는 것입니다. 사람들은 흔히 자신에 대한 자신의 의견을 남의 의견에 의해 시인하거나 확신하려고 합니다.

한편, 권위에 의존하려는 완고한 습성—인간 역사만큼 오래 된 습성—때문에 많은 사람들은 자신에 대한 자신의 신념을 권위에 의해 지탱하고, 따라서 그들은 자신의 판단력보다는 남의 판단력을 더욱 신뢰하는 것입니다.

허영심이 강한 자에게 있어서는 자기 자신에 대한 관심과 자신을 기쁘게 하려는 욕구가 매우 강합니다. 자기에 대해 잘못된 평가를 하도록 남들을 혼란시켜 놓고, 그 후에는 남의 권위에 기대는 것입니다. 다시 말해서 오류를 만들어 놓고 그 오류에 신뢰를 마련해 주는 것입니다.

따라서 우리는, 허영심이 강한 자는 남이 아니라 바로 자신에게 아첨하고 있는 자기 자신이며, 이 때문에 자신의 이익에조차도 소홀할 정도임을 자백해야 합니다. 자기 자신에 대한 기쁨이나 자기 향락에 도취하기 위해 자신에 대한 악감정, 적의 질투, 곧 해치려는 의사를 남의 마음속에 심어 놓기 때문입니다. — 니이체

● 또 다른 허영심

가령 아무도 죽지 않는다고 합시다. 그러면 나만은 죽어보겠다고 하면서 죽음을 기도하는 사람이 반드시 나올 것입니다. 사람의 허영심

이란 죽음까지 대상으로 삼을만큼 지독합니다. 사람들은 그가 허영심 때문에 그런다고 바로 알고 비웃을 것입니다. 그러나 그보다도 더 허영적인 사건이 많다는 것은 쉽게 깨닫지 못합니다. —三木清

• 참된 아름다움이란

　겉모습을 손질하면 영혼도 따라 변할 수가 있읍니다. 열등감에서 해방된 밝은 표정은 매우 아름다우며 유행감각을 개성있게 살리는 것도 여성의 매력입니다.
　「그런 일이 가능하다면 나는 영혼을 위한 미장원을 열고 싶다. 내 영혼이 아름다와서도, 기적을 행하고 싶어서도 아니다. 찾아오는 손님의 마음 속을 아름답게 손질하기 위해서이다.」
　시인 장 콕토의 말대로 모든 미장원에 영혼을 매만지고 품성을 손질하는 기능이 갖춰진다면…….
　마음가짐과 겉모습은 긴밀한 연관이 있읍니다. 아름다운 영혼과 기품있는 감정, 그리고 부드러운 진실이 여성의 얼굴 모습 자체를 바꿀 수는 없을 것입니다. 하지만 여성의 영혼에 부드러움을 넘치게 하고 눈동자를 빛나게 하기에는 충분합니다.
　호감이 가는 미소를 띠면 약간 큰 입일지라도 시원하게 보일 테니까요.
　정신적인 아름다움이 이렇게 육체적인 결점을 덮어 주는 반면, 천한 영혼은 아름다운 얼굴조차 마주 볼 수 없도록 만들고 맙니다. 냉혹한 눈길과 꾸민 듯한 표정, 남을 깔보는 모습은 육체적으로는 거의 완벽한 여성의 얼굴에서 아름다움을 걷어가는 것입니다.
　영혼과 육체의 강력한 상호작용은 때로는 겉치레에 의해 심성을 바꿔놓기도 합니다. 관심이 없거나 돈이 없거나 간에 옷치장이나 머리 손질에 게을렀던 여성도 옷 고르는 요령을 깨달아 자신에게 맞는 빛깔과 모양을 선택할 수 있게 되면 몰라보게 달라집니다.
　겉모습이 바뀌면 영혼도 변합니다. 그 이유는 열등감에서의 해방입니다. 거울을 보았을 때, 자신의 얼굴에서 두려움과 절망이 아닌 어떤 변화를 발견한다면 우선 스스로 놀라고 그 다음에는 기뻐할 것입니다. 웃고 있는 치아는 사람을 즐겁게 만듭니다. 피의 순환도 좋아져서 얼굴은 생기있는 분홍빛을 띠며 건강의 표시이기도 한 그 얼굴빛은 보는 이의 기분을 좋게 합니다.

　이렇게 되면 지금까지 시큰둥하던 친구들이 그녀의 변화에 관심을 갖고 가까이 대할 것입니다. 다른 사람의 호감을 사는 것은 물론, 남자 친구와의 나들이도 즐겁기만 합니다. 진실한 친구를 몇 명 더 사귀게 되고, 그러는 가운데 사랑도 싹틉니다. 괴로움과 비난도 햇볕을 받는 눈처럼 녹아내리는 것과 같습니다. 한 마디로 그녀는 선량해진 것입니다. 겉모습이 바뀌면서 심성도 바뀌고 그로 인하여 그녀는 비뚤어진 마음에서 해방되었기 때문입니다.

　유행이란 제멋대로이자 값비싼 환상만은 아닙니다. 이 사회의 공감대를 형성하는 놀라운 수단이 되기도 합니다. 때로 유행은 여성 뿐만 아니라 남성에게도 친근감을 느끼게 하기 때문에 해마다 새로운 형태, 새로운 빛깔의 모드가 유행하는 것입니다.

　일류 양장점이나 기성복 시장 어디서든지 여성들은 유행 색조를 발견합니다. 유행은 차별을 없앱니다.

　철학자 알랭은 「17세기엔 가발을 쓰는 일이 가발을 쓰지 않으면 안 되는 사람, 즉 대머리 같은 사람들에 대한 일종의 예의였다.」고 말한 적이 있습니다. 이처럼 유행은 예의이기도 합니다.

　또한 유행은 공통의 언어입니다. 그런 의미에서 우리에겐 사투리가 없읍니다. 젊은 아가씨들은 자기와 비슷한 유행 헤어스타일의 여배우를 보고 안도의 숨을 내쉴 것입니다.

　그렇다고 획일적인 유행을 통해 모든 독창성을 없애야 한다는 뜻은 아닙니다. 그 유행을 마음 속에서 자신의 각도로 굴절시킬 것을 제안하며, 그것이 진실로 유행을 살리는 방법이라고 덧붙이고 싶습니다.

　한꺼번에 여러가지의 모드가 유행을 하는데 그것을 쫓는 데도 여러가지 방법이 있읍니다. 속이 훤히 비치는 가운처럼 대담한 무늬의 바지에 강렬한 빛깔의 스웨터를 받쳐 입을 수도 있지만 검소한 여성은 그것을 스포티한 차림으로 변형시킬 것입니다. 유행을 따르면서도 얼마든지 개성을 살릴 수 있는 데도 불구하고 문제가 되는 것은 유행을 막무가내로 받아들이는 대부분 여성들의 자세입니다.

　모든 사람들이 언어를 사용하면 할수록 그 언어를 잘 다룰 수 있게 됨은 인간의 품성에는 역설적인 면이 있음을 시사하는 것입니다. 위대한 작가의 작품을 다시 읽어 보십시오. 나름대로 독창성과 개인적인 감정을 갖고 있음에도 불구하고 위대한 작가들은 일상의 언어로 즉 우리들, 나와 당신의 언어로 이야기하고 있읍니다. 뜻을 전달하는 데에 이상한 언어가 필요하다면 그는 사상이 빈곤한 철학자이며, 일반적으로 통용되는 형식을 거부한다면 상상력이 부족한 작가일 것입니다. 독창성에는 반드시 공통적으로 받아들여지는 유사성이 있기 때문입니다.

옷차림의 독창성도 마찬가지로 그 독창성 안에는 누구에게나 적용되는 공통점이 있기 마련입니다. 같은 옷을 입어도 어떤 스튜어디스는 기품이 있고 어떤 스튜어디스는 그렇지 못하고……. 이것은 유행을 보완하고 변형시키는 개인의 취미에 달려 있읍니다.

유행을 알맞게 따르는 여성에게 있어서 유행은 옷차림에 대한 부담을 없애 줍니다. 자신의 옷차림에 마음을 놓을 수 있으므로 얼굴 표정까지 더불어 안정된 느낌일 수밖에. 남성이거나 여성이거나 일부러 흐트러진 옷차림을 하는 사람은 오히려 조심할 일입니다. 언뜻 보아 깔끔하지 못하게 보이는 이런 사람들은 의외로 남을 깔보는 구석이 있어서 사물을 온전한 시각으로 사고(思考)하지 않는 사람이 대다수입니다.

유행을 소화시킬 취미가 있는 사람은 행복합니다. 공연히 들뜨거나 비관하지 않기 때문입니다. 영혼을 손질하는 미장원의 첫째 목적은 그에 따른 것입니다. 겉모습을 손질함으로써 마음까지를 아름답게 만드는 미장원. 그곳에선 때로 영혼의 성형수술이 필요할지도 모릅니다. 영혼 또한 여성의 두 뺨처럼 나이와 함께 늙어가는 것이니까요. — 앙드레 모르와

● *남녀간의 화해에 대하여*

남녀 사이에서 생기는 우정은 남자들 사이에서 생긴 우정과 같은 그런 차원의 우정은 존재할 수 없다고 말합니다. 즉 남녀간의 우정에는 어떻게 육체적 욕망이 따르지 않을 수가 있겠는가 하는 것입니다. 만일 성애(性愛)가 전혀 발생하지 않는다면 가장 근엄한 여자도 그런 우정에 일종의 굴욕을 느끼지 않을까 생각됩니다. 여성과의 자유교제에 있어서 전혀 색정을 일으키지 않는다는 것은 남성의 모든 본능에 모순되는 일일 것입니다. 색정이 일어나면 정열의 전 기능은 즉시 활동을

103

개시할 것입니다.

　여자를 정복하려는 남자는 성실성을 버립니다. 질투심이 쌓여 우정에 필요한 평정과 명랑을 소란시키기 때문인데, 그러므로 우정에는 상호간의 신뢰와 사랑과 추억과 희망의 공유가 있어야 할 것입니다. 연애의 경우에는 사랑받으려는 욕망이 신뢰와 바꾸어집니다. 즉 사상이나 추억이 불안정한 정열의 감정에 억눌리게 됩니다. 우정은 확실한 분별과 순수를 생명으로 합니다. 그러나 연애는 용기와 쾌락과 모험을 생명으로 합니다. 또 연애에 있어서는 사소한 무성의보다 더 큰 무분별조차도 관대히 봅니다.

　가치를 지닌 평정과 명랑성은, 연애의 처지에 있어서는 사랑하는 사람을 잃어버리지 않으려고 하는 노력도 됩니다. 큰 정열에 불타는 사람이 어떻게 지적 조화나 상호 신뢰에 관심을 가질 수가 있겠읍니까. 그것은 사랑을 받지 못하는 인간 또는 아직 연애를 해보지 못한 사람일 것입니다.

　하지만 남녀간에도 순수한 우정이 존재할 수 있다는 실례를 우리는 역사 속에서 봅니다. 반대자라고 해도 이 사실만은 인정하지 않을 수 없을 것이나 그들은 이것을 세 가지 모호한 그룹으로 나누려고 주장할 것입니다. 제1그룹에 속하는 사람들은 희망이 없는 연애를 감정의 연옥에 의해 눌리고 있는, 연애에 버림받은 로맨티스트들입니다. 부루스트는「이 용기없는 약자들은 여자들한테 쉽게 발등을 밟혀서 그 친절한 말씨와 태도에 이용당하고 있다.」고 말했읍니다. 여자들은 이러한 사람들한테 친절한 듯한 모습을 보여 줍니다. 그러나 언제든지 그들은 그 여자들의 연인들한테 희생이 되어버릴 것입니다.

　또 여자가 로맨틱한 경우, 자주 호색적인 우정이 맺어집니다. 이러한 우정은 사실 연애에 가까우면서 그렇지도 않은 것이었고 자주 혹독하게 취급당해 왔던 것입니다. 그것은 오래 계속된다 해도 결국은 무의미한 것입니다.

　이러한 감정의 연옥에서 떠도는 제2그룹에 속하는 사람들은 연애하기에는 너무나 나이가 많아 우정 속에 안전한 근거지를 구하려는 사람들입니다. 그런데 노년기가 남녀간의 우정에 있어 제일 좋은 시기임은 웬일일까요? 생각하면 그들은 벌써 남자이며 여자인 것도 중단되었기 때문입니다. 그들한테 남아 있는 것은 아름답고 고운 모습에 대한 질투의 추상적인 관념 뿐입니다. 그렇지만 지적인 우정에 매력을 보내는 데는 충분할 것입니다. 또 남녀 두 사람 중 어느 쪽이 나이가 많은 때도 있으나, 이런 경우의 사정은 한결 복잡해집니다. 그러나 늘 상 비꼬는 젊은 사람과 사교계에서 은퇴한 우아한 여성과 또는 젊은 여성과 이해심 깊은 노인과의 진정한 우정을 상상할 수도 있읍니다. 그러나 번민은 항상 두 사람 중 나이가 많은 쪽에 있게 마련입니다.

끝으로 조금 비통하고 단순성을 띤 우정을 가진 제3그룹에 속하는 사람들이 있는데, 그들은 과거엔 서로 연애하는 사이였으나 싸우고 헤어진 것도 아닌, 그냥 우정으로 전환한 사람들입니다. 이것은 이성간의 우정 중 제일 자연적인 것입니다. 성적 욕망은 벌써 사라졌으나 완전한 결합을 원했던 과거의 추억이 그들로 하여금 서로 타인이 아니게 하는 것입니다. 즉 과거의 감정이 미움이나 질투의 무서운 작용에 의해서 그들에게 면역성을 주어, 이제 그들의 관계는 연애와는 전혀 다른 위치에 놓여 있게 된 것입니다. 그것은 한층 남성적이고 상호간의 깊은 이해가 보통 이상의 우정을 가능하게 하고 있는 것입니다. 하지만 이상에서 열거한 관계는 감정의 흥미에서 발단된 것일 뿐 순수하고 단순한 우정과는 아주 다릅니다.

이상이 연애적인 우정에 대한 반박론입니다. 그리고 이러한 종류에 대한 설명은 비교적 쉽게 할 수 있읍니다. 남녀 관계의 친구는 그 근저에 육체적인 욕망이 없이는 인정할 수 없다는 것은 좁은 견해일 것입니다. 지적인 우정은 이성간에도 가능할 뿐만 아니라 동성간에 있어서 보다 더 쉬울 때도 있읍니다. 괴테는 「젊은 이성간의 우정은, 남자가 가르치고 여자는 배우는 경우에 그것은 한결 아름다운 것이다.」라고 했읍니다. 처녀의 호기심이란 그 여자의 육체적 욕망의 무의식적인 표현에 불과하다고 말할지 모르나 이 욕망이 정신을 날카롭게 하며 허위를 없애게 한다면 그것으로써도 괜찮지 않을까요. 남자와 여자 사이에는 상호 부조와 상호 존경의 정신이 다투는 감정보다 자연스럽습니다. 여성은 스스로 제2의 역할을 하는 데에 만족합니다. 그리고 남성에게 용기와 도덕적 도움을 줍니다.

만일 이러한 우정이 두 사람의 청춘남녀를 결혼에까지 이끌어간다면 그들의 연애가 가진 열정은 모든 불확실성을 떨쳐버리는 것이 될 것입니다. 어떤 종류의 협동은 그들의 사이를 견고하게 하는 요소가 되기도 합니다. 그것은 한가한 시간을 적게 함으로써 유해한 생각의 발생을 방지하고 상상에 규율을 부여합니다. 우리들은 많은 행복한 결혼이 수년 뒤에는 최고의 덕성을 구비한 우정으로 바뀌는 것을 보았읍니다. 만일 결혼은 하지 않더라도 남자나 여자가 서로 신뢰한다면 서로 존경하는 마음의 친구가 되는 것을 방해할 이유는 없을 것입니다. 하지만 이 관계는 결코 연애의 대응으로는 되지 않습니다.

나는 D.M 로렌스가 말한, 지적 또는 정신적 우정이라는 것은 여자에게는 기본적인 감정이 될 수 없다고 한 말에 찬성합니다. 여자는 그 여자가 생각하고 있는 것보다 더 한층 육체에 의존하고 있기 때문입니다. 그 여자들이 육체적으로 사랑하는 남자가 언제든지 그 여자들 위에 절대적인 적으로 군림할 것이고, 어쩌다 그 남자가 요구한다면 가장 완전한 우정이라도 그 남자를 위해서는 포기해야 할 것입니다.

여자에게는 정신적인 우정에 육체적인 것을 대하려고 하든지 또는 미래를 가지고 남자들과 접촉하든지 또는 육욕을 말로써 감추려고 하는 것처럼 위험한 일은 없을 것입니다. 이런 일은 남자들에게도 위험한 일입니다. 그 결과, 그는 행복한 연애가 주어지는 자신을 잃어버리게 됩니다. 「연애의 참다운 가치는, 연애가 우리들에게 주어지는 생활력의 일반적인 증대이다.」라고 발레리는 말했읍니다. 반대로 지적 우정이라고 생각한 것도, 그것이 연애의 공허한 그림자인 때는 생활력의 감퇴를 가져옵니다. 인간은 이제 조금만 더 하면 정복될 듯이 보이면서도 그것이 가능하지 못할지도 모르겠다고 의문을 품기 시작하면 갑자기 불안해져서 자신을 잃게 됩니다.

남녀간의 우정에 따르는, 이러한 복잡한 문제에 대한 해결 방안은 적어도 두 가지가 있읍니다. 첫째, 연애와 우정을 같이 한 것, 즉 정신적인 동시에 육체적인 관계를 형성하는 것입니다. 둘째, 남녀 모두가 각자의 완벽한 성생활을 가져야 하는 것입니다. 이런 경우, 여자는 우정을 불완전한 연애로 전환시키려고는 하지 않습니다. 남녀 어느 쪽이든지, 어쩌면 육체를 가지고 있지 않은 듯한 생활 방법을 구하려는 것은 비인간적일 것입니다.

많은 남녀는 진실된 우정 속에서만 그들이 추구하고 있는 초인적인 것을 이야기할 상대를 찾아냅니다. 신앙을 가지지 않은 사람, 즉 종교가 없는 사람도 자기 직업에 관해서는 놀랄 만한 고백이라도 객관적으로 아무 편견도 없이 들어 줄 수 있는 의사에게서 해방을 얻을 수가 있을 것입니다.
 이에 대해서는 의사는 예술가가 아니면 안됩니다. 즉 그가 병자를 이해하려면 철학자나 소설가의 수법을 적용하지 않으면 안된다고 말하고 싶습니다. 명의(名醫)는 육체를 통해서 정신을 진찰할 것입니다. 때문에 의사도 또한 참다운 정신적인 친구라고 할 수 있읍니다.
 또 때로는 선택받은 친구가 철학자가 아니고 행동인일 때가 있읍니다. 사람들은 그와 함께 그의 명령대로 움직이는데 이러한 우정도 보기가 아름답습니다. 목적이 같기 때문에 질투심에서 해방되며, 누구든지 분망하여서 나쁜 감정의 발생 시간을 주지 않으므로 그곳에는 행복한 우정만이 발전합니다. 하루에 일한 결과를 서로 이야기하려고 밤에 모이는 것은 더없이 유쾌한 일일 것입니다. 그들은 희망도 실망도 각자 공유합니다.
 넓은 사회는 그 기본적 구성체라고 볼 수 있는 부부나 가족에 의해 이루어지지 않으면 안됩니다. 인체에 근육이나 피부의 조직이 있을 뿐만 아니라 상호 연결되어 있는 한층 복잡한 신경세포가 존재하는 것과 같이 사회도 그 기초를 가족에 둔 것이라고 생각합니다. 이 가족은 서로 이끌면서 결국에는 아주 미묘하게 확장됩니다. 여기에서 우리들은 우정과 사랑을 사회조직에 있어서 한결 복잡한 조직이라고 인정하지 않을 수가 없읍니다. 정신적인 사랑이 육체적인 사랑의 직물 속에 연약하고 미묘한 씨줄을 가지고 있지만 그것 없이는 사회도 존재할 수가 없는 것입니다. — 앙드레 모르와

● 바다와 조개
 썰물 때의 숨죽인 고요가, 인간이 보통 접할 수 있는 세계보다 심층에 있는 또다른 삶을 보여주는 여기 바닷가에 오면 그것을 비교적 쉽게 이해하게 됩니다. 이 긴장의 수정체 같은 순간에 사람들은 해저에 건설될 비밀왕국의 갑작스런 출현을 보게 되는 것입니다. 여기 얕은 바다 밑에 잔잔한 파상을 그리며 개펄을 기어간, 그리고 외다리로 축을 받치고 선 커다란 조개껍질을 발견합니다. 흰 바닷게,'진창에 새겨진 대리석같이 번들거리는 둥근 무늬, 그리고 물거품 속에 반짝이는 화려한 빛깔의 무수한 대합조개를 발견합니다. 그 조개의 껍데기들이

마치 나비의 날개처럼 열렸다 오무라졌다 하는 것을 보게 됩니다. 바닷물이 빠진 정적의 시간은 그렇듯 아름답습니다. 그것은 밀물이 시작되어 파도가 해변을 치고 지난번 만조 때 남긴 검은 해조의 얽힌 덩굴까지 닿으려 압박을 가하는 때의 아름다움에 못지 않습니다.

아마도 이것이 내가 해변생활에서 얻어가지고 돌아갈 가장 귀중한 소득일 것입니다. 모든 간만의 주기도 분명한 근거가 있으며, 모든 파도의 주기도, 모든 인간관계의 주기도 분명한 근거가 있다는 단순한 기억, 그것은 참으로 중요한 소득입니다. 그리고 내가 주운 돌도? 나는 그걸 내 호주머니에 다 쓸어넣을 수 있읍니다. 조개는 나에게 바닷물이 들어 왔다 나갔다 하는 일을 영원히 되풀이 한다는 사실을 되새기게 해줄 뿐만은 아닙니다. ―린드버그

• 해돋이 조개

이 섬에서는 보기 힘든 조개입니다. 이런 완전한 모양을 갖춘 해돋이 조개를 찾아 내기란 거의 불가능할 일입니다. 이 묘한 쌍각 조개의 두 쪽을 오무리면 빈틈없이 짝 맞붙게 됩니다. 두 쪽이 한 데 맞붙은 금빛 부분에서 갈라져나온 장미 빛깔의 세 줄을 제외하면 마치 나비의 날개처럼 생긴 조개의 두쪽은 투명한 눈빛깔의 똑같은 무늬로 되어 있읍니다. 번질번질하고, 전체가 고스란히 홈집이 없는 이 조개를 보며 나는 이 깨어지기 쉬운 조개가 어찌하여 해변의 그 많은 파괴자들한테 부서지지 않고 견디어 왔는지 신기합니다.

그건 결코 흔한 일이 아님에도 누군가가 내게 그것을 공짜로 주었던 것입니다. 이곳 해변에 사는 사람들은 한결같이 그렇습니다. 해변에서 처음으로 만나는 사람들도 당신과 마주치면 미소를 머금고는 가까이 다가와 이렇다할 이유도 없이 가벼운 마음으로 조개를 건네주고는 홀쩍 되돌아섬으로써 당신을 다시금 혼자 있게 해줍니다. 당신한테서 무슨 댓가를 바라는 것도 아니고, 사교적인 예의를 다하기 위함도 아니며, 그것으로 친교가 맺어지는 것도 아닙니다. 그것은 상호간의 신뢰에서 출발하는, 댓가 없이 주고 또 댓가 없이 받는 하나의 선물인 것입니다. 여기서는 마치 어린애들처럼 사람들은 마주치기만 하면 미소를 짓게 되는데, 이는 그런다고 해서 툇자를 맞을리 없을 뿐 아니라 상대방도 미소로 답해 주리라는 확신에서 비롯됩니다. 그리고 당신도 당신의

그런 행동이 다른 어떤 저의도 숨기고 있지 않다는 것을 아는 한 그렇게 행동하게 마련입니다. 이런 미소와 행동과 상호관계는 즉흥적이고 순수한 현재의 것이며, 그 현재라는 것은 덩그라니 공간에 매달려 있읍니다. 여기와 지금이라는 정지된 지점 위에, 그리고 통풍공을 통해 내다 보이는 갈매기처럼 균형을 잡고 하늘에.

  순수한 관계, 그것은 얼마나 아름다운 것인가! 그것은 얼마나 쉽사리 생채기를 입으며, 혹은 관련도 없는 일에―아니 관련이 있다손치더라도―생활 그 자체이자 생활과 시간의 퇴적물에 눌려 짓밟히고 마는 것인가. 그것은 친구든 연인이든, 남편이든 자식이든 간에 모든 인간관계란 처음에는 순수하게 맺어지기 때문입니다. 순수하고 단순하고 부담이 되지 않기 때문입니다. 그것은 마치 예술가가 가지고 있는 형상화하기 이전의 상상과 같은 것이며, 아니면 애정이 무르익어 차츰 자리를 굳힘에 따라 책임이라는 무거운 열매를 맺기 전의 사랑의 싹틈과 같은 것입니다. 모든 인간관계란 시초에는 단순한 것으로 보입니다. 첫사랑이나 우정의 단순함, 호감으로 시작되는 상호관계란 그것이 이루어지기 시작할 즈음에는―비록 그것이 단순히 식탁을 사이에 두고 화제에 열중하는 것일지라도―그 자체만으로 하나의 완전한 세계가 이루어진 것같이 보입니다. 두 사람이 서로 이야기를 들어주고, 조개의 두 쪽이 마주 합쳐지고, 그래서 그들 사이에는 하나의 세계가 이루어집니다. 그 순간의 융화에는 다른 사람들이나 다른 사물, 다른 관심이 끼어들지 않습니다. 그것은 온갖 세상사와의 인연이나 악다구니로부터의 해방이며 책임이나 미래에 대한 근심 혹은 지난날에 대한 채무라는 무거운 짐을 벗는 것입니다.

  그런데 이 완전한 결합이 어쩌면 그렇게도 빨리, 그리고 피할 수조차도 없이 공략당하고 마는가. 상호관계는 변질되어 버립니다. 세상과의 접촉으로 말미암아 복잡하고 거치적거리는 것이 되고 맙니다. 나는 대개의 친구 사이라든가 부부 사이, 부모와 자식 사이라는 인간관계에 있어서 그것은 진실이라고 생각합니다. 그러나 그런 변질을 가장 선명하게 드러내 보여주는 것은 결혼이라는 인간관계입니다. 그것은 결혼에 의해 맺어지는 인연이 인간 관계 중 가장 깊숙이 맺어지는 것이며, 그러면서도 유지해 나가기가 가장 힘들기 때문입니다. 그리고 어찌된 영문인지 우리는 우리가 맺은 최초의 형태를 조금도 변함없이 그대로 유지하는 데 실패하면 곧 비극이라고 생각하는 그릇된 관념을 갖고 있기 때문입니다.

　말할 필요도 없이, 인간관계의 첫출발이 매우 아름다운 것은 사실입니다. 그 자체만으로도 완결되는 극치의 상태는 봄날 아침의 신선함과 같은 분위기를 자아냅니다. 여름이 다가온다는 사실을 잊어버리고, 과거도 미래도 없이 두 사람이 하나의 개인 대 개인으로 서로 마주 쳐다볼 때에는 누구나 때로 사랑의 이른 봄을 끝없이 연장시킬 수 있었으면 하고 생각하게 됩니다. 어떤 변화, 아니 변화란 어쩔 수 없는 것이며, 인생행로의 한 부분이며, 살아가는 데서 오는 하나의 부산물이라는 것을 비록 이미 알고 있다손치더라도 변화, 그것은 원망스러운 것입니다. 육욕(肉慾)과 같이 서로가 다같이 갈구하는 인간관계에서는 초기의 꿈결 같은 황홀경이 언제까지고 같은 열기로 격렬함을 지속해 나아갈 수는 없읍니다. 그것은 차츰 원숙해져서 발전의 다른 단계로 접어드는 것이므로 우리는 그것을 두려워할 것이 아니라 다른 사람들처럼 봄이 가고 나면 여름이 오는 것을 환영해야만 합니다. 그러나 잘못된 평가방법과 습벽, 인생에 어두운 그림자를 던져주는 정신적인 부담이 쌓이고 쌓여 우리를 질식하도록 짓누릅니다. 인간관계에서와 마찬

코펜하겐

가지로 인생에 있어서 끝없이 벗어붙여야만 하는 것은 이 숨막히게 우리를 휩싸고 있는 외투입니다.

살아가다 보면, 그리고 생활이 점점 더 복잡해짐에 따라 남성들쪽에서건 여성들쪽에서건 다같이 일찌기 인연을 맺을 때의 그 돈독함이 변질되어 버린 것을 느끼게 마련이며, 그래서는 처음의 그 꿈결 같은 때에 대한 향수에 젖게 됩니다. 그것은 상호관계가 지속됨에 따라 아무리 방관하는 사람이라 하더라도 적어도 어느 정도까지는 남성쪽이든 여성쪽이든 각자가 져야 할 직무상의 역할에 어쩔 수 없이 말려들어가기 때문입니다. 남성에게 그것은 개인적인 것이기보다는 더 사회적인 역무(役務)가 되겠고, 여성에게 있어선 가족과 집안을 돌보는 전통적인 임무가 부여됩니다. 이 두 다른 분야를 가짐으로써 두 사람의 관계는 초기의 열렬한 개인 대 개인의 관계로부터 직능적인 상호관계로 대치되게 됩니다. 하지만 여성의 경우는 아기를 낳을 때마다 적어도 거기에만 전심전력을 기울이므로 어딘가 초기의 순수한 인간관계와 비슷한 느낌을 제한된 형태로나마 다시금 맛봅니다. 아기를 낳아 며칠 동안 외부와 격리된 단조로운 시간을 보내는 동안 사람들은 아기에게 젖을 물리는 어머니의 얼굴에 반영되는 평화로운 천공(天空)과 같은 표정에서 저 마법사의 동그라미, 두 사람이 다같이 상대만을 위해 존재한다는 기적과 같은 느낌을 다시 보는 것입니다. 그렇지만 이것은 단지 한 순간의 짤막한 막간에 지나지 않으며 원래의 보다 충만된 상호관계로 대치되는 것은 아닙니다.

그러나 남성과 여성이 제가끔 자신에게 부여된 역할에 열중하면서 초기의 상호관계에 대해 아쉬움을 갖는다 하더라도 이 경우 그들이 갖는 아쉬움에는 굉장한 차이가 있읍니다. 남성의 경우, 그는 자신의 왕국에서는 여성보다는 개인 대 개인관계를 맺는 기회를 덜 갖는 대신 자신의 직업에 스스로의 창조적 역량을 쏟아부어야 할 기회를 더 많이 갖는 편입니다. 반면에 여성은 개인 간의 접촉을 가질 기회는 남성쪽보다 많지만 이런 행위들이 여성으로 하여금 자신의 창조적 개성에 대한 지각을 갖도록 하거나 자신이 품고 있는 무엇을 말하고 줄 수 있는 개인으로서의 의식을 갖게 하지는 않습니다. 한 쌍의 부부가 제가끔 다른 이유로 해서 부족감에 허덕이는 상대방의 필요를 그릇 인식할 때, 두 사람의 사이가 벌어지거나 늦바람에 빠지기가 쉽습니다. 부부는 이럴 때 그 책임을 상대방 한테로 돌리고는 새롭고 보다 이해심이 많은 짝을 만나면 모든 문제를 해결해 줄거라는 안이한 결론을 내리는 유혹에 빠집니다.

그러나 여성쪽이건 남성쪽이건 사귀기 시작한 초기니까 모든 문제를 손쉽게 풀 수 있을 것처럼 느껴지기 마련인 또다른 상대와의 관계에서 만족한 상태에 이르는 것같지 않습니다. 그런 정사(情事)가 진실로 개성에 대한 지각을 되찾게 해줄 수는 없는 것입니다. 명백히 그는 한 개 기능덩어리로서가 아닌 한 개체로서 사랑 받는 자신으로 발견하게 될 것이라는 환상에 빠집니다. 그러나 실제로 사람이 타인 속에서 자기자신을 발견할 수 있는 것인가? 타인의 애정 속에서 자신을? 아니면 자기를 위해 타인이 들어 주는 거울을 본다고 해서 그 속에서? 나는 진정한 개성이란 자신의 내면을 천착하여 스스로를 아는 데서 찾아진다고 믿고 있읍니다. 그것은 내부로부터 우러나오는 창조활동에서 발견되는 것입니다. 역설적이지만 그것은 사람이 자기 스스로를 상실할 때에 비로소 발견됩니다. 개성을 찾기 위해선 스스로의 생활을 상실해 버려야만 합니다. 여성은 스스로가 역량을 발휘할 수 있는 어떤 창조적 활동으로 자기 자신을 망각함으로써 자신을 가장 쉽게 다시 찾을 수 있읍니다. 여기에서 그녀는 자신의 역량을 재발견 할 수 있는데, 그 역량이란 그녀가 문제의 나머지 절반—간과해 버린 순수한 인간관계—을 주의 깊게 검토하고 그것을 위해 작업할 수 있게 하는 힘, 그것입니다.

하지만 해돋이 조개의 두 쪽과 같은 순수한 관계가, 한번 어둠 속으로 사라져 버리고 난 뒤에 다시 찾아질 수 있을까? 어떤 종류의 인간관계는 명백히 어떻게도 회복될 수 없는 경우가 있읍니다. 서로 이해하면서 충족되어야 할 상이한 필요를 가졌다는 것만이 문제는 아닙니다. 다른 형태의 임무를 지는 가운데 두 사람의 짝은 서로 상이한 방향으로 걷거나 서로 다른 속도를 가지기 십상입니다. 짤막한 하나의 해돋이 조개 일화는 어쩌면 그들이 섭취할 수 있는 전부일지도 모릅니다. 그것은 그것 자체로서 곧 완결이며 보다 깊은 관계로 발전할 토대가 되지는 못합니다. 그렇지만 관계가 발전하면서 최초의 요체가 상실되는 것이 아니라 생활의 중앙에 깔려 있을 따름입니다. 실체의 중핵(中核)은 여전히 거기 남아서 단지 재발견되고 재확인되기를 기다리고 있을 뿐입니다.

　해돋이 조개와 같은 관계를 다시 찾는 한 가지 방법은 어딘가 그 조개의 환경과 닮은 생활을 하는 것입니다. 남편과 아내는 혼자서 휴가를 떠날 수 있고, 또 「단둘이」 떠나도 좋습니다. 여성이 혼자 휴가를 떠나 스스로를 찾아낼 수 있는 것이라면 최초의 상호관계가 때로 「단둘이」 휴가여행을 떠남으로써 찾아질 수 있다는 것은 똑같이 가능한 일입니다. 대부분의 결혼한 남녀는 이러한 휴가여행 중에서 예기치 않았던 즐거움을 맛보게 됩니다. 자식들과 집과 직장, 그 밖의 모든 일상생활, 그 속박을 벗어버린다는 것은 얼마나 근사한 일입니까. 함께 떠나서, 한 달도 좋고 한 주말이라도 좋으며, 아니면 단 하룻밤만이라도 여관에서 그들끼리만 지낸다는 것은.

　해돋이 조개의 기적이 되풀이 된다는 것을 발견하게 되는 것은 얼마나 놀라운 일인가? 사랑하는 남자와 단둘이서 아침 식사를 하는 뜻하지 않은 즐거움이 있읍니다. 여기 조그마한 식탁을 사이에 두고 단 두 사람이 얼굴을 마주하고 앉아 있읍니다. 남편과 함께 단둘이서 아침 식탁에 마주 앉는다는 것은 확실히 담백하기 이를데 없는 즐거움이지만 결혼한 사람들이 생활에 쫓기면서 이런 기회를 얻는다는 것은 얼마나 힘든 일입니까.

　우리는 누구나 사랑을 독차지하고파 합니다. 「사과나무 아래 아무하고도 말고 나하고만 앉아 주세요.」하고 옛 가요는 노래합니다. 어쩌면 이는 미국의 시인 오든이 노래한 것처럼 인간이 지닌 근본적인 결함인지도 모릅니다.

　　　여자나 남자나 제가끔
　　　타고난 착각으로 하여
　　　가질 수 없는 것일수록 갈망하며,
　　　만유(萬有)의 사랑이 아닌
　　　사랑은 나 혼자만 받고 싶다.

　이것이 죄가 될까요? 한 인도의 철학자와 이 시편에 대해 이야기를 나누는 가운데 나는 하나의 광명을 던지는 대답을 들었읍니다.
　「혼자만 사랑을 차지하고 싶어하는 마음에는 잘못이 없지요.」하고 그는 말했읍니다. 「두 사람 사이의 사랑이 사랑의 본질입니다. 거기에는 제 삼자가 끼어들 수 없읍니다. 두 사람 사이의 사랑이 옳지 못하다는 것은 시간관념으로 볼 경우만이죠.」우리가 끝없이 혼자서만 사랑받고자 할 때 우리는 잘못을 저지르는 것입니다.

우리는 혼자만—혼자만의 사랑, 혼자만의 상대, 혼자만의 어머니, 혼자만의 안정—을 낭만적인 신앙심으로 주장할 뿐 아니라, 이 혼자만이라는 주장이 현재에 그치지 않고 언제까지고 영원히 계속되기를 바랍니다. 내가 보기에 끝없이 사랑을 독차지하고 싶어 하는 욕망은 인간의 타고난 오신(誤信)인 것 같습니다. 언젠가 내 친구 중의 하나와 이와 비슷한 이야기를 나누었을 때, 그는 이렇게 말했읍니다.

「혼자만의 차지란 있지 않고, 다만 혼자만의 순간들이 있을 뿐이야.」

혼자만의 순간을 가진다는 것에는 정당한 이유가 있읍니다. 비록 그것이 잠시에 지나지 않는다 하더라도 그런 순간으로 되돌아 간다는 것은 근거있는 행위입니다. 잼과 살짝 구운 빵조각을 앞에 놓은 순간은 근거가 있읍니다. 아기에게 젖을 물리고 있는 순간은 근거가 있읍니다. 뒤에 다 자란 그 아이와 해변에서 뛰놀며 조개잡이를 하고, 밤을 줍고, 주운 보물을 나누어 가지는, 이 모든 단둘이만이 갖는 순간은 항구적이 되지 못한다는 것 뿐 그 자체로선 정당한 것입니다.

사람들은 결국에 가서 항구적인 순수 인간관계란 존재하지 않으며, 또 있어서도 안된다는 것을 납득하게 됩니다. 바랄 만한 성질의 것조차도 아니라는 것을. 순수한 인간관계란 시간과 공간 어느쪽에 있어서도 유한한 것입니다. 순수한 인간관계는 본질적으로 배타적인 면을 함축합니다. 그것은 직접 관련이 없는 생활의 나머지 면, 다른 인간 관계, 성격의 차이, 다른 일에 대한 책임, 장래에 달라질 가능성 같은 것을 배격합니다. 심지어 발전도 거부합니다. 문이 닫힌 아기방 밖에선 나머지 아이들이 소란을 떨고 있읍니다. 그 아이들도 역시 귀엽습니다. 전화벨이 울립니다. 친구들과 이야기를 나누고 싶습니다. 빵이 떨어지면 다음의 끼니를 생각해야 합니다. 이런 것들도 역시 현실이며 배척할 수가 없읍니다. 생활은 계속해 나가야 하니까요. 그렇다고 해서 단 두 사람이 함께 지내는 경험을 갖는 짧은 휴가 동안의 휴양이 시간 낭비라는 뜻은 아닙니다. 반대로 이런 단 둘만의 순간은 새로운 신선감과 보상을 가져다 줍니다. 자그마한 아침 식탁에 비껴들어 온 빛은 하루종일, 아니 여러 날 동안을 밝혀 줍니다. 둘이서 바닷가를 달음박질 친 기억은 바닷물 속을 자맥질하던 시절을 새롭게 해줍니다. 그러나 우리는 이제 어린애들이 아니며, 인생의 현장은 해변이 아닙니다. 영원히 되돌아갈 수 있는 방법은 없으며, 단지 있다면 신선감을 불어넣어 주는 것 뿐입니다.

　사람들은 옛날의 아기자기했던 상호 관계로 영원히 되돌아간다는 것은 불가능하다는 사실을 알아차리게 됩니다. 그리고 한 인간 관계를 보다 더 깊은 변함 없는 형태로 유지해 나갈 수 없음도 깨닫게 됩니다. 이는 비극이 아니며 생활과 발전의 끝없이 되풀이되는 기적의 일부일 뿐입니다. 살아있는 모든 인간관계란 변모와 발전의 과정 중에서 찾아지며, 관계 자체를 영구히 새로운 형태로 재구성해야만 하는 것입니다. 그러나 그러한 변화되는 인간 관계를 표현할 만한 고정된 한 개의 형태란 없읍니다. 아마도 각개의 달라진 상태가 지닌 상이한 형태는 있을 겁니다. 결혼생활중의 제가끔 다른 상태—혹은 그뿐만이 아닌 어떤 다른 상태의 인간관계—를 상기하기 위해 나는 내 책상 위에다 제 각각 다른 모양을 가진 조개들을 한줄로 늘어놓아 봅니다.

　해돋이 조개가 맨 먼저 놓입니다. 나는 그 조개가 첫 상태에 아주 알맞는 상징이 되리라 생각합니다. 흠집이라곤 전혀 없는 두 쪽의 껍데기가 한 개로 이어지는 띠를 두르고, 어느 부분이든 어긋나지 않고 꼭 맞물리며, 표정마다에 밝아 오는 새날의 여명을 예비한 조개. 그것은 그 자체로서 하나의 완벽한 세계입니다. 이것이 바로 시인들이 언제나 묘사해 보려 시도해 온 점이 아닐런지.

　　지금은 우리를 깨우는 상쾌한 아침
　　두려움 없이 마주 쳐다보는 잠깬 영혼,
　　사랑을 위해 아름다운 풍경에 보내는 모든 사랑도 자제하리니,
　　그리고 작은 방을 하나의 우주로 만들지니,
　　탐험가들은 새 세계를 찾으러 떠나게 하라.
　　또다른 세계가 그려진 지도일랑 다른 사람한테 넘겨주게 하고
　　우리로 하여금 한 개의 세계만 소유하게 하라.
　　제가끔씩 하나를 가져, 그래서 둘은 하나가 되리라.

그렇지만 시인 존 단은 「조그마한 방」이라 불렀고 그것은 불가피하게, 그리고 다행히도 더 커질 하나의 조그마한 세계입니다. 아름답고, 깨어지기 쉽고, 덧없는 해돋이 조개. 그러면서도 그것은 결코 허망한 것만은 아닙니다. 그것이 영원한 생명을 지니지 않았다 해서 우리가 냉소적인 함정에 빠져 허깨비라 해서는 안되기 때문입니다. 지속성이 곧 진실과 허위를 재는 기준은 아닙니다. 잠자리의 하루낮과 불나비의 하룻밤은 그들의 생애가 짧기 때문에 결코 무의미한 것이 아닙니다. 타당성을 요하는 것은 시간이나 생존기간, 계속성과는 무관합니다. 그것은 다른 면에 있으며 다른 표준에 의해 판단되는 것입니다. 그것은 시간과 장소에 따른 실제적인 순간과 관련을 갖습니다. 그리고 실제적이라는 것은 어떠한 시간과 한 장소만을 위해 존재하는 것을 말합니다. 해돋이 조개는 이 모든 아름답고 덧없는 것들에 대한 영원한 수긍을 지니고 있읍니다. —린드버그

● 母性

아마도 모든 것 위에 공통의 동경으로서 위대한 모성(母性)이라는 것이 있을 것입니다. 처녀의 아름다움, 즉 당신의 표현처럼 아직 아무 것도 하지 아니한 존재의 아름다움은 예감하고, 준비하고, 불안해 하고, 또한 동경하고 있는 모성인 것입니다. 그리고 어머니의 아름다움은 헌신하는 모성이며, 노파의 마음에는 위대한 추억이 되어 있읍니다. 그리고 남성 속에도 모성이, 육체적인 모성과 정신적인 모성이 있는 듯합니다. 그의 생식작용도 역시 일종의 분만이며, 또한 그의 가장 내적인 충실에서 창작할 때, 그것도 분만입니다. 아마도 양성(兩性)은 일반적으로 생각되고 있는 것보다 훨씬 친근한 것이며, 세계의 커다란 헌신은, 아마도 남성과 소년과 모든 그릇된 감정이나 혐오감에서 해방되어, 서로 대립되는 것으로서가 아니라, 오누이로서 이웃으로서 서로를 찾아, 인간으로서 결합하여 소박하게, 진지하게, 끈기 있게, 그들에게 과해진 어려운 성을 함께 감당하는 데서 성립될 것입니다. — 릴케

● 달팽이

이것은 마로니에의 열매처럼 동그마하고, 땅땅하고, 윤택이 있는 나새류(裸鰓類)의 일종입니다. 생김새가 그럴듯하고 단단한 이놈은 고양

이처럼 내 손바닥 안에 몸을 틀어 올리고 앉아 있습니다. 우유빛깔의 어두침침한 그것은 곧장 비가 쏟아질 듯한 여름 저녁 하늘처럼 발그스레합니다. 적당하게 균형잡힌 얼굴은 껍데기의 뾰쪽한 중심점— 눈으로 말하자면 눈동자에 해당하는 것으로 그 가무잡잡한 첨단의 핵(核)을 향해 빈틈없는 나상(螺狀)을 이루며 말려 올라가 있습니다. 그 신비스런 외눈이 나를 빤히 올려다 봅니다—그리고 나도 그것을 응시하고.

그것은 위엄에 찬 모습으로 외로이 떠 있는 둥근 달입니다. 그것은 밤중에 긴 풀숲을 소리없이 휙 지나가는 고양이의 눈입니다. 그것은 한없이 넓게 소용돌이치는 파도에 둘러싸여서도 홀로 말없이 침착하게 버티고 있는 섬이기도 합니다.

결국 따지고 보면 우리는 모두가 외톨이입니다. 그리고 고독이라는 이 기본적인 상태는 달리 어떻게 선택할 여지도 없는 어쩔 수 없는 것입니다. 릴케는 「택할 다른 무엇도 없고 버릴 수도 없다. 우리는 언제나 고독하다. 우리는 잘못 알고 그렇지 않았던 것처럼 시치미를 뗀다. 그뿐이다. 그러나 우리가 고독하다는 것을 깨닫고, 그렇다, 그런 척만이라도 한다면 그것은 얼마나 다행한 일인가……. 당연히 우리는 현기증을 일으킬 것이지만.」하고 말했습니다.

당연히. 어느 누가 자신을 외톨이라고 생각하려고 하겠습니까. 누가 그걸 기피하지 않겠습니까. 외톨이란 말에는 버림받는다든가 인망이 없다는 암시가 숨어 있는 것같이 느껴집니다. 무도회에서 춤을 청해주는 상대자가 없어 쩔쩔매던 옛 처녀시절의 무서운 기억이 아직도 떠나지 않습니다. 인기 있는 처녀들은 벌써 뽑혀 남자들의 뜨거운 손을 마주 잡고 무도장을 휘젓고 돌아가는데 혼자만 뒤에 떨어져서 벽가에 놓인 수직 등받이 의자에 앉아 있어야만 했던 그 당혹스러움. 우리는 오늘에 와서 또다시 그런 경우가 생겨 외톨이로 떨어지게 될까봐 몹시 두려워하는 것 같습니다. 가족이나 가까운 이웃들마저 놓치고 영화관에도 가지 못할 때에는 심지어 라디오나 텔레비젼으로 공허감을 메꾸려듭니다. 버릇처럼 적적한 시간에 대해 불평하던 여자들은 이제 더 이상 혼자 남아 있지 않아도 되게 되었습니다. 우리는 비누회사가 제공하는 연속방송극 주인공들과 더불어 집안 일을 할 수 있습니다. 하지만 비록 백일몽일망정 이런 것들이 없던 옛날의 생활이 한결 더 창조적이었읍니다. 그런 옛 생활은 스스로에게 뭔가를 요구하였으며 그래서 정신적 생활을 윤택하게 해주었읍니다. 오늘날의 우리는 고독이라는 정원에 꿈나무를 심는 대신에 끝없이 계속되는 음악과 재담, 듣고 싶지 않아도 필히 들어줘야 하는 의리 있는 우정으로 해서 주어진 시간을 질식시켜 버립니다. 이러한 일은 단순히 공백을 메꾸는 것일 뿐입니다. 소음이 그쳐도 그에 대신할 내적 음악이 없읍니다. 우리는 다시금 고독을 배우지 않으면 안됩니다.

오늘의 우리에게 있어 그것은 어려운 교과목입니다—한 시간이나 하루, 혹은 한 주일을 고독의 기술을 닦기 위해 일부러 친구와 가족을 떠나 단련을 쌓는다는 것은, 내 경우에는 헤어지는 일이 가장 어려운 일입니다. 이별이란 비록 짧은 시간일지언정 고통스럽지 않을 수 없읍니다. 그것은 내게 있어선 절단수술과도 같습니다. 그게 없어서는 내가 아무 일도 할 수 없는 수족의 잘려나감. 그러면서도 그 과정을 일단 그치고 나면 나는 혼자서 지낸 시간이 믿기 어려울 만큼 고귀한, 값진 것임을 깨닫게 됩니다. 절단과 같은 공허의 빈터에는 새로운 생명이 되살아나 보다 살찌고, 보다 생동감이 넘치고, 전보다 더 알차게 됩니다. 작별이 실제로 팔 하나를 잃는 것이라 할지라도 그러고나면 마치 불가사리처럼 그 자리에 새로운 팔이 돋아나는 것입니다. 완전하고 원숙하게 모든 것을 되찾게 됩니다—다른 사람들에게 자신의 일부를 넘겨주고 있던 때보다도 더욱 완전무결한 자신을.

대지와 바다와 하늘의 아름다움이 내게 주는 의미는 더욱 큰 것이었읍니다. 마치 성당을 꽉 메운 신도들의 찬송가 합창에 압도되어 이성을 잃은 사람처럼 나는 그것들과 어울려 그 우주 속으로 녹아들고 말았던 것입니다.

「신을 찬미할지어다. 너희 바다에 사는 온갖 물고기들이여, 하늘을 나는 모든 새들이여, 모든 인간의 아들들이여—신을 찬미할지어다.」

그렇습니다. 나는 인간과 동떨어진 고독 속에서 오히려 인간에 대한 더욱 짙은 연민을 느끼는 것이었읍니다. 실제로 사람과 사람 사이를 떼어놓는 것이 실질상의 고독이 아니고, 그것은 육체적 격리가 아닌 정신적 격리에서 오기 때문입니다. 당신을 당신이 사랑해 마지않는 사람들로부터 떨어지게 하는 것은 무인도에 유폐당하는 것도 아니며, 돌투성이의 황야에 내던져지는 것도 아닙니다. 당신을 외롭게 하는 것

베른

은 당신이 길을 잃고 이방인으로 헤매는 정신적 황야, 마음 속의 사막에서 옵니다. 사람이 스스로 타인시(他人視)할 때 그는 다른 사람들로부터도 멀어지는 것입니다. 만약 사람이 자기 자신과의 접촉이 없으면 다른 사람들과 더 접촉할 수 없읍니다. 대도시에 살면서 친구들과 손을 맞잡고 흔들 때마다 나는 우리들 사이에 가로놓인 황무지를 얼마나 자주 느꼈던가. 우리는 다같이 우리를 살찌게 할 샘터를 잃은—아니면 그 우물이 말라버린 것을 알게 되는 불모의 황야를 헤매고 있었던 것입니다. 나는 사람이 자기 자신의 심중과 교류를 가질 때만이 타인과의 교류도 가질 수 있다는 것을 납득하고 있는 중입니다. 그리고 나의 경우, 마음 속 내면의 샘은 고독을 통해 가장 잘 재발견될 수 있읍니다.

여성에게 닥쳐오는 난관이란 이런 것인가? 여성은 스스로를 끝없이 쏟아 버리고 싶어합니다. 여성으로서의—자식과 남성과 사회의 영원한 양육자로서의—본능은 자기 자신을 제공할 것을 요구합니다. 여성의 시간, 여성의 정열, 여성의 창조적인 능력은 기회만 있으면, 그리고 빠져나갈 구멍만 있으면 이런 통로를 따라 흘러 없어지고 맙니다. 필요한 데에다 당장 주는 것을 우리는 전통적으로 배웠으며, 또 본능적

119

으로 그러기를 갈망합니다. 여성은 주전자를 가득 채울 시간과 고요함과 평화를 거의 가지지 못하고 목마른 자를 위해 영원히 스스로를 조금씩 조금씩 쏟아 버리고 있읍니다.

그게 왜 나쁜가? 하고 누가 반문할지 모릅니다. 주는 것이 여성의 할 일인 이상 여성이 스스로 쏟아 버리는 것이 왜 나쁜가? 하고. 해변에서 꼬박 하루해를 보내고 돌아온 내가 왜 나의 이 귀중한 것을 잃지나 않을까 하고 두려워하는 것일까요? 그것은 내가 예술가이기 때문만은 아닙니다. 예술가란 물론 스스로를 조금치도 주려고 하지 않습니다. 예술가는 가득차 있지 않아선 안 됩니다. 그러나 그뿐만이 아닙니다. 뜻하지 않게 인색해진 내 속에 도사린 여성 역시도 충일을 지키지 않으면 안 됩니다.

여기 하나의 미묘한 역설이 있읍니다. 여성은 본능적으로 주고파하지만, 그러나 자신을 부분적으로 주는 것은 싫어한다는 사실 말입니다. 이것은 풀 수 없는 갈등일까요? 아니면 여러 가닥으로 얽힌 복잡한 문제를 지나치게 단순화시킨 것일까요? 여성은 스스로를 편린으로 떼어주는 것보다는 목적 없이 자신을 주는 것을 더 싫어한다고 생각합니다. 우리가 두려워하는 것은 우리의 정력이 조그마한 구멍으로 새어나가 버리는 것보다는 방수로(防水路)에 쏟아져내리는 것입니다. 우리는 남성들이 그들의 활동에서 얻는 것처럼 그렇게 뚜렷한 결과를 우리가 준 것으로부터 얻지 못합니다. 가정주부라는 직업에는 우두머리가 승진을 시켜주는 일도 없고 집안 일을 잘 처리했다고 누가 칭찬해주는 일도 드뭅니다. 아기 낳는 일을 빼곤 여성의 창조물이란 눈에 보이지 않기 일쑤입니다. 우리는 집안 일, 가족관리, 사회생활 등에서 연유하는 온갖 자질구레한 일들을 적절하게 정리하면서 처리해 나갑니다. 그것은 곧 보이지 않는 실을 가지고 손가락으로 다루는, 복잡하게 얽힌 실뜨기 놀이와 같은 것입니다. 이 성가시고 잔손 가고, 인간관계에서 사소한 일들이 파생하는 가정생활의 끝없이 계속되는 뒤엉킴을 창조라고 이를 수야 있겠읍니까. 대부분의 일들이 기계적인 처리로 끝나므로, 그것은 의미있는 행위로 보기조차 어렵습니다. 그러므로 여성은 스스로를 전화교환수나 세탁기 세놓는 사람처럼 느끼기 시작합니다.

여성의 주는 것이 의미를 지닐 때라면 여성이 지닌 자원이 고갈되어

간다고 보기 어렵습니다. 고갈시키는 행위임에도 불구하고 바친다는 것이 곧 다시 채워진다는 의미를 갖는 것은 자연의 섭리에 속합니다. 바치면 바칠수록 바칠 것이 생기는 법, 마치 어머니의 것처럼. 여성의 주는 일은 결코 쉽지 않지만 뜻깊고 불가결한 것입니다. 비교적 생활이 안락해진 오늘날, 많은 여성들은 생존을 위한 원시적인 안전고투나 가정의 수양의 원천으로서나 간에 자신이 없어서는 안 될 위치에 있다는 생각을 거의 저버리고 있읍니다. 필요불가결한 존재라는 의식이나 목적의식이 사라져 버린 오늘날의 우리는 굶주리고 있으며, 무엇 때문에 굶주리는지 모르면서 언제나 우리를 성가시게하는 온갖 주의산만한 것들─불필요한 용건과 억지로 얽매이는 임무, 사교상의 자질구레한 일들─로 공허감을 메우고 있읍니다. 이런 일들은 거의가 의미 없는 것들입니다. 샘은 마르고 수원(水源)은 끊어져 버립니다.

물론이려니와 굶주림은 단지 자신이 없어서는 안 될 존재라는 의식만으로 해결될 수 없읍니다. 비록 뜻있는 바침일지라도 거기에는 샘을 다시 채울 수원이 있어야만 합니다. 젖가슴의 젖은 음식을 섭취함으로써만 다시 채워지는 것입니다. 주는 것이 여성의 역무(役務)라면 그 역시 다시 채워지지 않으면 안 됩니다. 하지만 어떤 방법으로?

「고독」이라고 달고둥은 말합니다. 모든 사람, 그 가운데서도 특히 모든 여성은 연중의 일정기간, 주간의 한 때, 하루의 일정 시간을 홀로 지내야 합니다. 얼마나 혁명적인 말이며 얼마나 실현 불가능한 이야기입니까. 대부분의 여성들에게 있어 이런 계획표는 전혀 바랄 수조차 없는 것으로 생각되게 마련입니다. 그들은 홀로 휴가를 즐길 과외수입을 갖고 있지 않습니다. 매주 계속되는 고단한 집안 일에서 벗어날 단 하루의 시간을 쪼개낼 수도 없읍니다. 매일매일의 부엌일, 청소, 세탁에 시달리고 나면 단 한 시간의 창조적 고독을 즐길 기력조차 없읍니다.

그렇다면 이는 오로지 경제적인 문제 때문일까요? 나는 그렇게 생각하지 않습니다. 모든 봉급노동자들은 경제적인 수준에 관계 없이 한결같이 일주일에 하루를 쉬고 연간 한 번의 휴가를 얻었으면 하고 바랍니다. 전반적으로 말해서 어머니와 가정주부들만이 정규적인 휴가를 갖지 못하는 노동자들입니다. 그러면서도 그들은 불평조차 하는 것같지 않으며 스스로가 정당한 필요에 의해 이따금씩의 시간을 가지려고도 하지 않음이 명백합니다.
 문제의 열쇠는 바로 여기에 있읍니다. 만약 여성들이 하루의 휴가나 한 시간의 호젓한 시간을 갖는 것이 타당한 열망이라는 확신을 갖는다면, 그것을 성취하는 방법도 찾아낼 것입니다. 그들 스스로가 자신의 요구가 부당하다고 생각하기 때문에 그것을 얻기 위한 노력을 별로 기울이지 않는 것 같습니다. 경제적으로 중류계급 이상이거나 고독을 즐길 수 있는 시간과 정열을 가진 여성들이 실제로는 그것을 이용하지 않는 것을 감안하면 이 문제가 반드시 경제적인 이유에서만 연유하는 것이 아니라는 것을 알게 됩니다. 물론 외적인 압력도 있지만, 그러나 그보다는 내적인 확신의 문제가 더 한층 문제를 곤란하게 만들고 있읍니다. 고독을 탐색하는 일에 관한 한 우리는 팔월 하오의 불쾌지수 높은 더위처럼 눈에 보이지 않고, 머리를 아프게 하며, 무기력한 부정적 분위기 속에 살고 있읍니다. 오늘의 세계는 남성이건 여성이건 간에 고독의 필요성을 이해하지 못합니다.
 그것은 정말 이해하기 어려운 현상입니다. 그밖의 것은 그래도 그럴 듯한 구실로 받아들여질 수 있읍니다. 직업상의 약속, 미용실 출입, 사교를 위한 용무나 쇼핑 나들이를 위해 시간을 제쳐놓더라도 그런 시간은 침범할 수 없는 것으로 받아들여집니다. 그러나 누가 만일 그런 일을 할 시간에 「나는 지금 혼자 있을 시간이므로 그런 일을 할 수 없다」라고 한다면 그 사람은 교양이 없다거나 이기적이라거나 이상한 사람으로 취급 당합니다. 혼자 있는 것이 혐의를 받다니, 그렇게 하는 것을 사과해야 하고, 변명해야 하며, 마치 몹쓸 짓이라도 저지른 것처럼 숨겨야 하다니, 우리의 문명에 대해 뭐라고 말해야 할까요?
 실제로 사람이 혼자 있는 시간이란 우리의 생애 중에서 가장 중요한 시간의 하나입니다. 어떤 샘은 우리가 홀로 있을 때에만 물이 솟읍니다. 예술가는 창조를 위해 홀로 있지 않으면 안 된다는 것을 압니다. 작가는 사색의 연습을 위해, 음악가가 작곡을 위해, 그리고 성자(聖者)는 기구(祈求)를 위하여. 그러나 여성들은 스스로의 실재를 재발견하기 위해 자기만의 시간을 필요로 합니다. 그런 시간에 찾아진 든든한 실마리의 가닥은 거미줄처럼 얽힌 모든 인간관계에 형평을 유지하는 불가결의 중심이 되는 것입니다. 찰스 모건이 말하듯이 여성은 「구르는 바퀴의 축이 움직이지 않는 것처럼 정신과 육체가 활동하는 한가

파리

운데서 영혼이 갖는 평정」을, 그러한 내면의 평정을 찾아내야 합니다.

나는 이 아름다운 심상은 모든 여성들이 언제나 눈앞에 그리고 있어도 좋다고 생각합니다. 이것은 우리가 노력하는 하나의 목적입니다. 인간관계와 의무와 활동이라는 구르는 바퀴의, 움직이지 않는 축이 되기 위한. 그러나 이렇게 되는 데는 고독만이 해결책은 아닙니다. 그것은 여성들이 아직 세상에서 스스로의 위치를 굳힐 여력이 없을 적에 요구하는 「자기 방」과 같이 해결을 지향하는 최초의 한 걸음, 기계적인 도움에 지나지 않습니다. 찾아 누리기가 어렵고 그러면서 동시에 필수적인 것이면서도 자기 방·자기 시간을 찾아 가지는 것만이 문제되는 것은 아닙니다. 활동의 과정에서 어떻게 영혼의 평정을 유지하는가가 더욱 큰 문제입니다. 사실인즉 문제는 어떻게 영혼을 살찌게 하는가에 있읍니다.

왜냐하면 부족한 것은 기계적인 수단이 아니고 여성의 마음상태가 메말라가고 있기 때문입니다. 자기 방과 자기 시간이란 중산층의 저변이 보다 확대된 오늘날에 있어서는 옛날의 그 어느 때보다도 가질 수 있는 가능성이 커졌읍니다. 그러나 우리는 우리가 갈망하고 필요로 한다는 것을 알아차리고는 있으면서도 여전히 무엇이 그것을 충족시켜 줄 것인지 알지 못합니다. 획득한 자유의 시간을 가지고도 우리는 우리의 창조의 원천을 다시 채우기는커녕 갈수록 고갈시키기 쉽상입니다.

내 생각으로는 지난 한 세대 동안에 우리는 물질적으로 소득이 있었지만 정신적으로는 뜻하지 않게 손해를 입었읍니다. 그전에는 그래도 여성들이 깨닫고 있었든 아니든 간에 그들의 생활은 보다 박력이 있었고, 의식적으로 창조의 샘을 추적했든 그렇지 않았든 간에 그들에 자양분을 주는 원천을 갖고 있었읍니다. 그러나 현대화가 구가되고 있음에도 불구하고 그와는 달리 고해로 정력만 소모시키는 성가신 대부분의 일들만 남아 오고 있읍니다. 인생의 다른 면과 마찬가지로 집안에 있어서도 머리와 손 사이에는 기계화라는 장막이 가려져 있읍니다.

교회도 역시 여성들에게는 하나의 위대한 중심력이 되어 왔읍니다. 여성이 교회의 대들보가 되어 왔다는 것은 조금도 이상한 일이 아닙니다. 여성으로 하여금 자신만의 보금자리, 혼자만의 시간, 고요, 평화가 하나로 뭉개져서 가족과 사회 모두로부터 찬동을 얻도록 편의를 주는 곳이 바로 교회였읍니다.

아무도 「어머니」『마누라』『주부」 하고 함부로 불러내어 방해할 수 없는 곳이 바로 교회였읍니다. 그리고 보다 중요한 것은 여성이 헤아릴 수 없는 많은 일들로 산만해지는 일이 없이 완전히 한가지 생각만 할 수 있는 곳이 바로 교회였다는 점입니다. 여성의 그 시간은 찬송과 기도와 교회 안의 모임에 스스로를 완전히 던질 수 있고, 또 그러는 것이 허용되는 곳이었읍니다. 그리고 스스로를 내던지는 것과 그 허용을 통해 여성은 재생되었읍니다. 샘은 다시 충만하는 것이었읍니다.

교회는 아직도 남성과 여성 모두에게 위대한 정신적 중심점이 되어 있읍니다. 아니 그 어느 때보다 더 필요한 곳입니다. 계속 늘어가는 신도의 숫자가 보여 주듯이, 그러나 교회에 나가는 사람들 가운데 과연 그전처럼 스스로를 내던지거나 그런 계시를 받아들일 사람이 있을까요? 우리의 일상생활은 우리로 하여금 관조할 수 있는 여유를 주지 않습니다. 일 주일에 단 한 시간 교회에 나가는 것이 도움이 되면 얼마나 되겠읍니까? 그 한 시간을 상대로, 우리를 둘러싸고 있는 정신 어지러운 일주간의 그 많은 시간을 중화시킬 수 있단 말인가요? 만약 우리가 집에서도 명상에 잠기는 시간을 가진다면 교회에 가서 더욱 더 거침없이 우리 자신을 내던지게 되고, 더욱 완벽하게 재생한 우리 자신을 발견하게 될지도 모릅니다. 아직도 재생되어야 할 필요성은 남아 있으니 말입니다. 완전한 인간으로 인정받고픈 욕망, 한 개의 기능덩어리가 아닌 하나의 인격체로 받아들여지고픈 욕망, 언제나 스스로를 완벽하게 내던지고 의미 깊게 우리를 추구하고픈 욕망은 우리를 더 주의산만하게 만들거나 허망한 연애사건 아니면 병원 입원실 또는 의원 진찰실로 몰아넣는 원인의 하나가 됩니다.

그러나 그 해결책이 옛날로 되돌아가 여성을 집안에 처박아 놓고 다시금 빗자루와 바늘을 들게 하는 것은 아닙니다. 많은 기계화된 생활도구가 그런 일을 할 시간과 정열을 그밖의 의미 없는 일들에 탕진하고, 단순화했으면 좋을 생활을 더 부담가게 하는 것들을 끌어모으고, 사용하고 즐길 시간도 없는 재물들을 사들이고, 공백을 메꿀 더 많은 파한잡기를 갖는 것 역시도 이 문제에 대한 해결책이 되지 못합니다.

다시 말하면 해답은, 마침내는 생활의 분해로 이끌어가는 원심력적인 활동을 열정적으로 추구하는 것으로는 얻어지지 않는다는 말입니다. 오늘날의 여성 생활은 산산조각으로 찢겨진 상태에 점점 가까와지고 있읍니다. 그러나 여성이란 언제까지고 그런 상태로 살아갈 수는 없읍니다. 그렇게 된다면 여성이란 결국 산산이 부서지고 말 것입니다.

그와 반대로 여성은 오늘날의 여러 원심력적인 요소들에 대항하는 일을 의식적으로 추구하지 않으면 안됩니다. 혼자서 조용한 시간을 갖는다든가, 명상에 잠긴다든가, 기도를 한다든가, 음악을 듣는다든가, 사색이나 독서, 연구나 일로 쌓아올린 무지개문을 만드는 일 등으로서. 그것이 육체적인 것이든 지적인 것이든, 아니면 예술적인 것이든, 자기 스스로가 짠 창조적 생활이면 어떤 생활이어도 관계없읍니다. 그것이 거창한 계획이거나 위대한 작업이어야 할 필요는 없읍니다. 그러나 그것은 반드시 자기 자신의 것이어야만 합니다. 아침에 화분을 다듬는 일도 복잡한 하루를 보내는 데 안식을 줄 수도 있읍니다. 한 편의 시를 쓰거나 기도를 드리는 것과 마찬가지로. 문제는 비록 잠시 동안이라 하더라도 마음 속으로 경건해지는가 어떤가에 달려 있읍니다.

「고독」이라고 달고둥은 말합니다. 생활의 중심을 찾으라고 어느 성자들은 말합니다. 플로티누스는 자기 자신을 스스로가 점유하는 것이 내편으로 향하는 길이라고 외칩니다. 또 누구는 자각의 작은 집이란 순례자가 다시 태어나야만 하는 마굿간이라고 합니다. 모두가 옛 성현들의 말입니다. 실제로 옛날 사람들은 이런 것들을 추구했고, 또 그러는 것이 미덕이었읍니다. 그러나 오늘날에는 자각하고 눈을 뜨고 의식적으로 추구합니다. 옛날처럼 시대 양식의 한 부분으로 끝나지 않습니다. 누구나 그러고 있기 때문도 아닙니다. 아니 그러고 있는 사람은 거의 아무도 없읍니다. 사실 거의 대부분의 경향과 압력, 외부로부터의 모든 갈파는 이 새로운 내면적인 생활방식에는 반대가 되기 때문입니다.

여성은 이 힘을 얻기 위해 내면으로 전환하는 데 있어서 선구자적인 역할을 하지 않으면 안 됩니다. 하나의 느낌으로는 여성은 언제나 선구자였읍니다. 한 세대 전까지만 해도 여성이 외적 활동에 뛰어든다는 것은 쉽게 상상할 수 없었기 때문에, 바로 그런 생활의 제약이 여성으로 하여금 내면에로 관심을 돌리도록 강요하였읍니다. 그리고 내면으로 시선을 돌림으로써 여성은 남성이 외면의 활동적인 생활로 찾을 기회가 없었던 하나의 내면적인 힘을 얻었던 것입니다. 그러나 최근, 우리 여성을 해방시키고, 우리도 남성과 동등하다는 것을 증명하려는 노력은 물론 당연히 있을 법한 일이긴 하지만, 외면적인 활동을 하는 남성들과 경쟁하는 데 골몰하는 동안 우리는 우리 자신의 내면의 샘을 소홀히 해왔읍니다.

우리는 왜 남성들의 유한한 외면적 힘에 대결하기 위해 우리의 이 무한한 내면적 힘을 포기하는 유혹을 받아 왔을까요? 남성의 외면적 힘은 물론 생활의 거푸집에서 없어서는 안 될 요소이긴 하지만, 그 남성의 순수한 외향적 문제해결 방식의 힘도 오늘에 와서는 약화되어 가는 것 같습니다. 남성들 역시도 눈을 내면으로 돌리도록 강요당하고 있는 것입니다. 외면적인 방법을 동원하는 동시에 내면적으로도 문제를 해결할 수 있는 방법이 없을까? 하고. 이런 변모는 아마도 현대의 외향적이고 행동적이며 물질지상주의인 서양의 남성들이 하나의 새로운 성숙단계를 맞고 있다는 의미일지도 모릅니다. 그것은 남성도 천국이 인간의 내부에 존재한다는 것을 깨닫기 시작하고 있음을 의미하지 않을까요?

달고둥, 누가 붙인 이름일까요? 어떤 직관적인 여성이 지었을 거라고 나는 생각하고 싶습니다. 나는 또 하나의 이름을 지어 주고 싶습니다—섬고등. 나는 이 섬생활을 언제까지나 계속할 수는 없다. 그러나 너를 내 집 책상으로 데려갈 수는 있다. 너는 내 책상위에 앉아 하나밖에 없는 눈으로 나를 응시하겠지. 너는 그 조그마한 정점을 향해 안쪽으로 감기어 올라가 완만한 원형의 모습으로, 내가 두어 주일 보낸 섬에서의 일들을 떠올리게 해주겠지. 그러면서 너는 내게 「고독」이라고 외치겠지. 너는 내게 나의 중핵(中核), 내가 보낸 섬의 질(質)을 고수하기 위해선 한 해의 한 주간 아니 며칠 만이라도, 하루에 한 시간 아니면 몇 분 만이라도 혼자 있도록 애쓰라고 일러주겠지. 너는 내가 그 섬의 질을 내 마음 속 어딘가에 손상 없이 지니고 있는 한, 내 남편이나 내 아이들, 친구들 혹은 세계 전체에 대해서도 내가 바칠 수 있는 것은 거의 없다는 것을 깨우쳐 줄 게다. 그리고 너는 내게 여성이란 여성으로서의 온갖 활동의 와중에서도 수레바퀴의 중심과 같이 정밀을 지켜야 함을 알려 줄 게다. 자기 자신의 구제를 위해서 뿐만 아니라 가정생활을 구하기 위해, 사회생활을, 아니 어쩌면 우리의 문명을 구원하기 위해서도 여성은 기필코 이 정밀을 획득하는 선구자가 되어야 하는 것임을. —린드버그

● 낡을 바라보는 안과

우리 인생의 온갖 장면은 거친 모자이크 그림과 같은 것입니다. 가까이에 있으면 아무런 인상도 주지 않으며, 따라서 아름다움을 알려면 떨어져 있지 않으면 안됩니다. 그러므로 바라던 것을 드디어 손에 넣고 보면 허망하다는 것을 알게 될 뿐 우리는 끈덕지게 더 좋은 것을 기대하면서 살고 있읍니다. 때로는 지나가 버린 것에 대한 후회 섞인 동경을 품기도 합니다. 그러나 현재 있는 것에 대해서는 우선 가정적인 것으로 감수할 뿐, 목표에 이르는 과정으로밖에 보지 않습니다. 그러므로 대부분의 사람은 인생의 종착점에서 돌이켜 볼 때 자기가 일생 동안 「임시적인」 생활을 해 왔다는 것을 발견하고 자기가 그렇게 막연하게 맛보지도 않고 살아 온 그것이야말로 사실은 자기의 생명이었던 것이며, 그것이야말로 자기가 고대하며 소망하고 살아 온 바로 그것이라는 것을 알고 놀랍니다. 이렇듯 인간의 생애는 일반적으로 희망에 우롱당한 끝에 죽음의 신의 팔에 뛰어들어가게 되는 것입니다.

또한 개체적 의지는 지칠 줄 모르고 그로 인해 모든 만족은 새로운

소망을 낳고 의지의 욕구는 영원히 채워지지 않은 채 무한히 계속되는 것입니다. 이것은 의지라는 것이 만물을 그 지배하에 두고 있는 세계의 주인인 것으로 단순한 부분을 가지고서 만족하는 일이 없고 무한한 전체만이 이것을 만족시켜 줄 수 있다는 사실에 기초해 있읍니다. 이런 왕성한 세계의 주인으로 볼 때, 개체적 현상에 있어서의 의지 같은 것은 궁상맞기 그지없으며, 개체적 육체를 지탱하기에 족할 만큼 인색한 것으로 되어 있는 것을 볼 때 동정하지 않을 수 없읍니다. 여기에 개체의 가장 깊은 고민이 있는 것입니다.—쇼펜하우어

• *자기포기는 미덕*

　모든 수긍은 자기포기에 안성마춤입니다. 무릇 그대가 자기 자신 속에서 포기하는 것은 사는 것, 무릇 자기 자신을 긍정하고자 하는 자는 자기 자신을 부정하고, 무릇 자기 자신을 포기하는 자가 자기 자신을 긍정합니다. 완전한 소유권을 나눠 주는 일 이외에는 입증되질 못합니다. 무릇 그대가 줄 수 없는 것은 그대를 포로로 삼는 일이요, 희생이 없는 곳에선 부활은 있을 수 없읍니다. 희사(喜捨)에 의존하지 않고 피어나는 것은 아무것도 없읍니다. 그대가 자기 자신 가운데서 돌보아 기르려고 하는 것은 오히려 상처를 입고 아프게 됩니다.
　그대는 무엇을 보고서 과실의 성숙을 아십니까?—그것이 나무에서 떨어지는 것에 의해서입니다. 만물은 증여를 위해서 익고, 희사에 의해서 완성되는 것입니다.
　모든 미덕은 자기 포기에 의해서 완성됩니다. 극단적으로 과실의 맛있는 미각은 싹을 틔우기 위한 것입니다.
　진정한 웅변은 웅변을 포기하고, 개인은 자기를 망각한 때만큼 자기를 긍정, 주장할 때가 없읍니다. 자기에 구애되는 자는 자기를 방해하여 저지하는 자입니다. 미인이 스스로 아름다운 줄 모르는 때만큼 우리의 마음을 감동시키는 적은 없읍니다. — 지이드

IV
사랑은 꿈을 꾸듯

아테네

• 자아의 존중

 자신을 사랑하지 않고는 어느 누구도 사랑할 수 없다는 말이 이제는 무슨 유행어처럼 되어 버렸읍니다. 그 말은 진실이지만 그것은 현실의 한 부분에 불과합니다. 만일 우리들이 자신을 사랑하지 않는다면 어느 누구도 「나」를 「사랑」한다고 완전히 믿기는 거의 불가능한 일입니다. 사랑을 「받아들이기」란 거의 불가능한 일입니다. 사랑을 「받기」란 거의 불가능한 일입니다. 상대방이 관심을 두고 있음을 보여주기 위해서 무엇을 하든지간에 우리들은 스스로 자신이 사랑스럽다고 느끼지 않기 때문에 그런 헌신을 믿음직하다고 경험하지는 않습니다. 자아 존중의 수준이 높은 사람들은 역시 자아 존중의 수준이 높은 다른 사람들에게 이끌리는 경향이 있고, 자아 존중의 수준이 보통인 사람들은 역시 자아 존중의 수준이 낮은 다른 사람들에게 이끌리는 경향이 있읍니다. 「이끌린다」는 얘기는 일시적 성적인 반응이 아니라 「사랑」이라고 설명해야 더 옳은 그런 애착심을 의미합니다.

 엄청나게 많은 인간들이 어느 정도의 자아 존중 결핍이라는 감정 때문에 고통을 받고 있다는 것을 이해하지 못하면 우리들은 대부분의 관계들이 지닌 비극적인 양상을 이해하지 못합니다. 이것은 다른 요소들 이외에도 그들이 심리적으로 마음 속 깊은 곳에서 「충분하다」고 느끼지를 못하고, 있는 그대로는 사랑을 받지 못하리라고 느끼고, 다른 사람들에게 사랑을 받는다는 것이 「자연스럽다」거나 「정상적이다」라고 느끼지 못함을 의미합니다. 그렇다고 해서 그들이 꼭 의식적으로 그런 태도를 취하는 것은 아닙니다. 의식의 차원에서 그들은 이렇게 말할지도 모릅니다. 「물론 나는 사랑을 받으리라고 기대합니다. 물론 나는 사랑을 받을 자격이 있읍니다. 그렇지 못할 이유는 없지 않습니까?」 하지만 보다 깊고 부정적인 느낌이 만족을 달성하려는 노력을 저지시키려는 활동을 폅니다.

삶의 분야에서 자아의 존중을 간직함이 얼마나 필수적인지를 우리들은 앞으로 점점 더 분명히 깨닫게 될 것입니다. 자신의 존재를 즐긴다는 것, 우리들이 누구와 함께 있느냐에 대해서 깊은 행복을 인식한다는 것, 타인들에게 사랑을 받고 가치를 인정받는 존재의 보람을 경험한다는 것 — 이런 것들이 낭만적인 사랑의 성장을 위한 첫 조건들입니다. — 나다니엘 브랜든

● 사랑과 죽음

우리가 완전히 그리고 깊이 자기 자신의 것, 특유의 것이라고 느끼고 있는 사랑의 순간이, 개개의 인간을 넘어서 완전히 미래 — 미래의 아이 — 에 의해서, 그리고 다른 한편으로는 과거에 의해서 규정되어 있을지도 모른다고 가정하는 것은 무서운 일입니다. 그러나 그때에도 이 사랑의 순간에는 아직도 자기 자신에게로 빠져 나갈 길로서, 그 말로서는 다할 수 없는 깊이가 남아 있을 것입니다.

이 사실을 믿는 것이 지극히 타당한 일로 생각됩니다. 그것은 우리들의 가장 깊은 황홀이라는 전혀 비길 데 없는 존재가 시간적 지속이나 경과와는 완전히 무관계하다는 경험과 일치하는 것 같습니다. 이 황홀한 사실이 삶의 방향과 수직으로 서 있읍니다. 마치 죽음이 삶과 수직으로 서 있듯이. 그것은 우리 생활력의 다른 모든 목표나 운동보다도 죽음과 공통점을 가지고 있습니다. 오직 죽음의 입장에서만 — 죽음을 단순한 사멸이라고 보지 않고, 우리를 완전히 능가하는 강한 힘이라고 생각한다면 — 사랑에 대해서 공정한 태도를 취할 수 있다고 저는 생각합니다. 그러나 여기에도 도처에 이들 숭고한 힘에 대한 인

습적인 견해가 있어서 우리를 방해하고 현혹케 하고 있읍니다. 우리들의 전통에는 이제 사람을 지도할 힘이 없읍니다. 이제는 뿌리의 힘으로 부양되고 있지 않은 말라 버린 가지와 같은 존재입니다. 그리고 그 밖에 남성의 산만과 일탈(逸脫)과 조급성 등을 들 수 있고, 또 극히 드문 행복의 관계에 있어서만 많은 것을 주는 증여자라는 사실, 그리고 이처럼 서로 떨어져서 동요하고 있는 두 사람 곁에서, 어린아이가 언제나 다음에 올 자로서 이미 그들을 추월하고서는 역시 마찬가지로 어찌할 바를 모르고 서 있다는 것 등을 생각하면 — 그때에는 사실 겸허하게, 우리는 상당히 어렵다는 것을 인정하지 않으면 안됩니다. — 릴케

● 첫사랑

그것은 남자의 가슴에 평생에 걸쳐 낙인을 찍어놓는 것입니다. 어쩌다 그 사랑이 행복한 것이었다면, 결국 맨 처음 청춘의 감정을 싹트게 해준 여성이 그러한 감정에 호응하고, 성실한 태도로 대해 주었다면 그 남성의 전생애는 믿음과 평온한 분위기 속에서 이루어져 갔을 것입니다. 이와는 반대로 최초로 몸과 마음을 바치고 모든 생각을 털어놓으려고 마음먹었던 찰라 깨끗이 딱지를 맞고 싸늘한 배반을 당한 남자의 깊은 상처는 단시일내에 회복될 기미는 없고, 그의 정신은 언제까지나 손상된 채로 그 꼬리를 감출 줄을 모를 것입니다.

그렇다고 이 실망의 상처가 계속 변하지 않는다는 것은 아닙니다. 사랑은 고질적인 질환은 아닙니다. 병약한 탓으로 마리 안 샤워스에게 멸시당한 바이런은 엽색가가 되어 첫사랑 여자의 잔인한 대가를 다른 모든 여성들에게서 보상받았읍니다. 가난이 죄가 되어 마리아 비도넬에게 거절당한 딕킨스는 난폭한 싸움의 명수가 되었으며, 단 한 번도 만족을 느껴보지 못한 남편이 되었읍니다. 두 사람 다 최초의 좌절이 행복한 부부형성의 장애물이 되었던 것입니다.

첫사랑에서 불행을 경험한 사나이의 대부분은 시적이고 애정은 섬세하며, 숫처녀이면서도 모성적이고, 귀여우면서도 관능적이며, 이해성이 깊으면서도 온순한 여성을 평생 꿈꾸기 일쑤입니다. 그러면서 이러한 남성이 불행해지는 것은 그런 이상적인 여성만을 찾아 헤매기 때문입니다. 현실적이며, 불안전하며, 복잡하면서도 싱싱한 여성을 받아

들이지 않고, 그는 낭만과 시인의 입에서나 오르내리는 천사를 뒤쫓으면서 자신은 야수로 변해가는 것입니다.

 어쩌다 같은 나이 또래의 여성에게서 실망한 청년이 사십 고개의 여자에게 달려가는 경우도 있읍니다. 그녀의 사랑에는 모성애와 같은 미묘한 요소가 함유되어 있으므로 청년을 따뜻하게 맞아 줄 것입니다. 나이가 위인데다 곧 노년기에 접어들 운명을 자각하는 그녀는 청년을 놓칠세라 끈질긴 노력을 기울일테니 따뜻하지 않을 까닭이 없겠지요. 발자크는 나이많은 여자와의 애정생활이 그 시발점을 이룸으로써 그 고통스러운 투쟁 속에서도 그의 지주를 이루었던 자신과 다소 소박한 자만벽을 평생을 두고 보유해 나갈 수 있었던 것입니다. 그러니까 삼십오세 또는 사십세의 여성은, 세상일이나 자기의 장애물에 대해서 전혀 무지한 젊은 아가씨들보다 인생에 관해서는 더 안정된 안내역이라는 사실도 첨부해 두겠읍니다.

 하지만 그와 같은 남녀 사이의 균형은 장구한 세월을 유지해 가기가 곤란합니다. 행복이란 관점에서 보면 거의 비슷한 세대―남자는 연령에 있어서 약간 위이고, 두 사람이 다 같이 성실하고, 정숙이라는 의지를 굳혀나가고, 상호 이해의 다짐을 세우고, 서로의 사랑을 받아들이고, 서로 흉금을 털어놓는 부부―이런 것에 견줄만한 것은 없을 것입니다.

 첫사랑이 시작이자 마지막이 된다면 그야말로 멋진 인생이 되겠지요. 고통스럽기는 하겠으나 바람끼의 달콤한 맛만 포기한다면 그러한 멋진 인생도 기대할 수 있는 일입니다. 아마도 바이런의 불행한 생애를 읽어 본다면, 여성들에게는 별로 해롭지 않을 것으로 생각되는 하찮은 잔인한 행위가 얼마나 위험한 것인가를 알게 될 것입니다. 천재적 인물의 첫사랑의 상대가 된다는 것은 이처럼 무서운 책임까지 따르게 합니다. 다른 어떠한 남성에게도 사정은 비슷하겠지만. ―앙드레 모르와

● 사랑의 정의를 찾아서

 가장 보편적인 의미에서의 사랑은 우리들이 고귀하게 여기는 것에 대해서 나타나는 감정의 반응입니다. 그렇기 때문에 그것은 가까이 있다는 기쁨, 서로 작용하거나 연결되는 기쁨, 사랑하는 대상이 존재한다는 기쁨의 경험입니다. 사랑한다는 것은 사랑하는 이의 존재에서 기쁨

을 느끼고, 그 존재가 같이 있음으로 해서 즐거움을 경험하고, 그 존재와의 접촉을 통해 만족감과 충일감을 느끼는 현상입니다. 우리들은 사랑하는 대상이 중요하고도 심오한 욕구를 충족시키는 원천임을 경험합니다 ─ 사랑하는 어떤 사람이 방으로 들어오면 우리들은 눈과 마음이 밝아집니다. 우리들은 이 사람을 보고 마음 속에서 기쁨이 솟구치는 의식을 경험합니다. 우리들은 손을 뻗어 만지고, 충일감과 행복을 느낍니다.

하지만 사랑은 감정에서 그치는 것이 아니라 판단이나 가치의 평가, 행동하려는 경향이기도 합니다. 정말로 모든 감정이란 가치 평가와 행동의 방향을 설정합니다.

감정에 대해서 우리들이 제일 먼저 인식해야 할 점은 그것이 가치에 대한 반응이라는 사실입니다. 감정이란 우리 자신에 대해서 현실의 어떤 양상이 지니는 관계가 이로우냐 아니면 해로우냐 하는 것을 파악하는 인간의 잠재 의식에 의한 평가를 놓고 정신적인 기능과 심리적인 기능을 다같이 동원하여 자동적으로 반응하는 심리적 반응입니다.

만일 사랑에서부터 두려움이나 분노에 이르기까지 어떤 정신적인 반응을 잠시 고찰해 본다면 우리들은 곧 모든 반응이 「이원적」인 가치 판단을 내포하고 있음을 깨닫게 됩니다.

사랑은 「나를 위한」, 「나에게 좋은」, 「내 인생에 보탬이 되는」 자질들의 가장 높고 가장 강렬한 평가의 표현입니다. 사랑하는 어떤 사람의 인간성에서 우리들은 사람들이 알고 있고 경험하고 있는 삶에 가장 적절하다고 느끼는 많은 특성과 기질들을 놀랄만큼 높은 정도로 보게 되고, 따라서 우리 자신의 행복과 삶에 있어서 가장 훌륭한 대상으로 갈구합니다.

모든 감정은 고유의 행동 경향, 그러니까 그 특별한 감정과 관련된 어떤 행동을 실현하려는 추진력을 내포합니다. 자신의 가치관을 위협하는 것에 대해서 사람들이 나타내는 반응은 두려움이라는 감정이며, 그것은 두려운 대상으로부터 도망치거나 피하려는 행동 경향을 유발합니다. 사랑이라는 감정은 서로 사랑하는 존재와의 어떤 형태의 접촉을, 어떤 형태의 상호간의 작용과 유대를 이루려고 하는 행동 경향을 유발시킵니다 ─ 이해가 갈 만한 일이지만 때때로 사랑하는 사람은 「당신은 나를 사랑한다고 말하지만, 당신이 하는 행동을 보면 전혀 그런 것 같지 않습니다. 당신은 나하고 단 둘이서만 시간을 보내기를 원하지 않고, 나하고 얘기를 나누고 싶어하지도 않으니 말로는 사랑한다고 하면서도 행동은 다르지 않습니까?」라고 불평합니다.

보다 근본적인 의미에서, 우리들은 사랑을 순간 순간 달라지는 어떤 감정이나 기분의 변화보다도 훨씬 영구적이고 지속적인, 사랑하는 대상에 대한 심리 상태나 자세라고 할「방향 설정」이라고 설명할 수도 있을 것입니다. 방향 설정으로서의 사랑은 굉장히 중요한 개인적인 가치관의 실현이라는 형태로 사랑하는 상대를 경험하려는 성향을 나타내고, 그 결과는 기쁨의 현실적이거나 잠재적인 원천이 됩니다. ― 나다니엘 브랜든

● 우리는 사랑을 소유할 수 있는가

구애(求愛) 기간 중에는 어느 쪽도 아직 상대방에게 자신이 없으며, 각기 상대방을 자기의 것으로 삼으려고 애씁니다. 양쪽 다 살아 있어 매력적이고 흥미를 끌며 아름답기까지 합니다 ― 살아 있다는 것은 항상 얼굴을 아름답게 하는 이유입니다. 어느 쪽도 아직 상대방을 소유하고 있지는 않습니다. 따라서 각자는「존재」하는 것, 즉 상대방에게 주고, 상대방을 자극하는 데 정력을 쏟습니다. 결혼이라는 행위에 의해서 사태는 가끔 근본적으로 변합니다. 약혼은 각자에게 상대방의 육체, 감정, 관심의 독점적 소유를 인정합니다. 이미 사랑은 그가〈소유〉하고 있는 어떤 것, 즉 하나의 재산이 되었기 때문에 누구의 환심도 살 필요가 없습니다. 두 사람은 사랑스러운 인간이 되려고 노력하거나 사랑을 연출하려는 노력도 하지 않게 됩니다. 따라서 그들은 권태를 느끼게 되며, 따라서 그들의 아름다움은 사라지고 맙니다. 그들은 실망하고 당혹하게 됩니다. 그들은 이제 옛날의 그 사람들이 아니란 말입니까? 그들은 처음부터 잘못되어 있었을까요? 대개의 경우 각자가 상대방 속에서 변화의 원인을 찾으며 속은 것 같은 느낌을 갖습니다. 그들은 서로가 사랑하던 때의 그들과 똑같은 사람이 아니라는것을 알지 못합니다. 즉 사랑을 소유할 수 있다는 생각이 사랑하지 않게끔 한 잘못임을 알지 못합니다. 이제 그들은 서로 사랑하는 대신에 그들이 가지고 있는 것, 즉 돈과 사회적 지위, 가정, 자식 등을 공동으로 소유하는 것으로 만족합니다. 이리하여 어떤 경우에는 사랑에 바탕을 두고 시작

한 결혼이 사이가 좋은 소유의 형태로 변모해 버립니다. 그것은 두 개의 자기 중심주의를 하나의 합동 자본으로 삼은 회사, 즉 「가정」이라는 회사입니다.

어떤 부부가 지난날의 사랑한다는 감정을 회복하고 싶다는 열망을 억제할 수 없게 될 때, 두 사람중의 어느 한쪽이 새로운 상대 — 또는 상대들 — 라면 그 간절한 소망을 충족시켜 주리라는 환상을 가질는지도 모릅니다. 그들은 자신이 갖고 싶은 것은 오직 사랑뿐이라고 느낍니다. 그러나 그들에게 있어서 사랑이란 그들 존재의 표현이 아니라, 그 이전에 복종하기를 스스로 바라는 여신입니다. 그들은 물론 사랑에 있어서 좌절하지만 그것은 사랑은 자유의 아들 — 프랑스의 옛 노래에 있듯이 — 이기 때문입니다. 그리고 결국 사랑의 여신을 숭배하는 사람은 너무나 수동적으로 되기 때문에 무료한 인간이 되어 그 또는 그녀에게 남겨진 지난날의 모든 매력을 잃어버리고 맙니다.

이러한 말은 서로 사랑하는 두 사람을 위한 가장 좋은 해결책이 결혼일 수 없다는 것을 말하려고 하는 것은 아닙니다. 곤란은 결혼에 있는 것이 아니라 남편과 아내의, 그리고 결국은 그들 사회의 소유 및 존재 구조에 있읍니다. 집단 결혼, 파아트너 교환, 집단 섹스 등과 같은 현대적인 형태의 공동 생활을 제창하는 사람들은 내가 이해하는 한에서는 단지 사랑을 한다는 것의 어려운 문제를 피하려고 끊임없이 새로운 자극으로 지루함을 잊으며, 비록 한 사람이나마 사랑할 수 있기를 바라지 않고 보다 많은 「애인들」을 「소유」하기를 바라고 있는 데 불과합니다. — 에리히 프롬

• 사랑은 어디에 있는가

슬픔이 그치지 않는데 어떻게 사랑이 있을 수 있읍니까? 이상하게도 우리는 슬픔과 사랑을 연결시켜 왔읍니다. 내가 사랑하는 사람이 죽으면 나는 슬픔에 싸인다 — 슬픔을 우리는 사랑과 결합시키는 것입니다. 자, 어떻습니까, 괴로움이 있는데 과연 사랑이 있을 수 있읍니까? 대체 사랑이 욕망입니까? 사랑이 쾌락입니까? 그래서 그 욕망이, 그 쾌락이 부정되면 괴로운 것입니까? 우리는 질투, 집착, 소유의 괴로움을 모두 사랑의 부분이라고 여깁니다. 그것은 바로 우리가 그렇게 길들여진 때문인 것입니다. 그렇게 교육된 것입니다. 그것은 우리가

받은 유전, 전통의 일부인 것입니다. 자, 사랑과 슬픔은 아무래도 공존할 수가 없읍니다. 이것은 독단적인 주장이기는 하나 그럴 듯하게 꾸민 말은 아닙니다. 누구든 슬픔을 깊이 들여다 보고, 속에 쾌락, 욕망, 집착 그리고 그 집착의 결과가 들어 있는 슬픔의 움직임을 분명히 알 때, 어떤 치우침도 없이, 어떤 움직임도 없이, 슬픔의 본성을 의식할 때, 과연 사랑이 뭔가 전혀 다른 것이 아닐까요? 어떤 사람에 대한 헌신, 어떤 상징에 대한 헌신, 가족에 대한 헌신은 포상이 아님을 우리는 분명히 해야겠읍니다. 만약 내가 여러 가지 이유로 당신에게 헌신한다면, 그 헌신의 배후에는 동기가 있읍니다. 사랑에는 동기가 없읍니다. 동기가 있으면 분명히 사랑이 아닙니다. 당신이 내게 쾌감을 준다면, 성적(性的)으로나 어떤 다른 만족을 준다면, 그러면 거기에는 의지하는 마음이 있읍니다. 당신이 내게 무엇인가를 갚아 주기 때문에 내가 당신에게 기대는 것이며, 그것이 동기입니다. 그리하여 나와 당신이 같이 살면서 나는 그것을 사랑이라고 부릅니다. 그것이 사랑인가요? 이 모든 것을 살피고 이렇게 묻게 되는 것입니다. 「동기가 있는 곳에 사랑이 존재할 수 있는가?」하고.

　죽음이란 무엇일까? 우리는 함께 이 문제로 들어가 봅시다. 이것은 아마 별로 기분이 좋지 않을 것입니다. 당신은 어쩌면 이 문제를 대하고 싶지 않을지도 모릅니다. 당신은 지금 쾌락과 공포와 근심을 맛보면서 건강하게 살고 있고, 내일에의 희망도 있으니 그 모든 것의 종말 같은 것을 살펴보고 싶지 않을 것입니다. 그러나 우리가 슬기롭고 온전한 정신이고 이성적이라면, 삶과 삶이 내포하는 모든 의미만이 아니라, 죽음의 의미 또한 반드시 살펴보아야 합니다. 우리는 그 둘을 다 알아야 하는 것입니다. 그것이 분별없는 완전한 삶입니다. 그러니 죽음이란 무엇일까요? 술이나 마약 같은 것에 빠지고 멋대로 과욕을 부리거나 금욕과 극기로 그릇되게 살아온 한 유기체의 육체적 종말과 전혀 다른 죽음이란 과연 무엇일까요? 육체는 방종과 금욕이라는 두 극단 사이의 끊임없는 투쟁을 겪어 나가면서 조화로운 생활을 갖지 못하고 그저 그 어느 한쪽에 쏠리고 맙니다. 또한 육체는 생각이 자아내는 큰 스트레스를 감당해 나갑니다. 생각이 명령을 하고 육체는 그 명령에 따라 조종됩니다. 그런데 생각은 제약되어 있기 때문에 부조화를 낳습니다. 생각은 몸을 몰아세우고 조종하고 강압하면서 우리가 육체적으로 부조화 속에서 살게 해 버립니다. 이것이 우리 모두가 하는 짓입니다. 정치적 또는 종교적 이유로 단식을 하는 것까지 포함해서 말입니다. 그것은 폭력입니다. 몸은 노령에 이르지만 그래도 노쇠하지 않고 용케 오랜 세월 동안 그 모든 것들을 견디어낼지도 모릅니다. 그러나 몸은 언젠가는 불가피하게 종말에 이르게 됩니다. 유기체는 죽는 것입니다. 이것이 죽음입니까? 어떤 병으로, 노령으로 또는 사고로 유기체에 종말이 오는 것, 이것이 우리가 관심을 쏟는 죽음 그것입니까? 생각은 스스로를 몸과, 이름과, 모양과, 그 모든 기억들과 동일화시키고 「죽음은 피해야 한다.」고 하는 것입니까? 우리는 우리가 돌보고 보살펴 온 육체의 종말이 오는 것을 두려워하는 것입니까? 우리는 특별히 두려워하지 않고 아마 은근히 남몰래 그것을 걱정하겠지요.

그러나 이런 것은 대수롭지 않습니다. 우리에게 훨씬 더 중요한 것은 우리가 가져온 인간관계가 끝나는 일입니다. 여태껏 가져 온 쾌락이, 기분 좋은 것이든 기분 나쁜 것이든 여태까지의 기억이 끝나는 일입니다. 그 모두가 우리가 생활이라고 부르는 것을 형성하고 있는 것들입니다. 회사나 공장에 가서, 뭔가 손에 익은 일을 하고, 가족을 거느리고, 그 가정이라는 단위 속에서, 내 아들, 내 딸, 내 마누라, 내 남

마인츠

편 하며 식구들의 그 모든 기억을 가지고 가족에 집착하는 나날의 삶, 그것이 급속히 사라져 버리는 것입니다. 거기에는 누군가와 연결되어 있다는 느낌이 있읍니다. 그 관계 속에는 큰 고통과 근심 걱정이 있기는 하지만 누군가와 허물없이 지낸다는 또는 누군가와 껄끄럽게 지낸다는 느낌이 있읍니다. 그것을 잃는 것을 우리는 두려워하는 것입니까? 나의 인간관계, 내가 집착하는 것의 끝남, 내가 알고 있는 그 무엇인가가, 내가 매달려 온 그 무엇이, 평생 동안 내가 전문으로 해오던 그 무엇의 끝남, 이런 모든 것들의 종말을 두려워하는 것입니까? 그것은 바로 모든 「나」라는 것의 종말입니다. 가족, 이름, 가정, 전통, 유산, 문화적 교육과 종족적 유전, 그 모든 것이 「나」, 바득바득 애를 쓰거나 느긋하거나 한 「나」입니다. 그것이 우리가 두려워하는 것입니까? 「나」의 끝남, 그것은 심리적으로 내가 지금 하고 있는 생활의, 그 아픔과 슬픔과 더불어 내가 잘 알고 있는 생활의 종말입니다. 그것이 우리가 두려워하는 것인가요?

 만약 우리가 그것을 두려워하고, 그리고 그 공포를 해결하지 못했다면, 죽음은 필연적으로 옵니다. 그럼 그 의식에는 무엇이 일어날까요? 당신의 의식이 아니라, 인간의 의식, 거대한 인류 전체의 의식에 말입니다. 내가 한 개인으로서 나의 제약된 의식으로 두려워한다면, 내가 두려워하는 것은 바로 그것입니다. 과연 그것들에 나는 겁을 내고 있는 것입니다. 한 사람이 깨닫습니다. 자기의 의식이 다른 사람의 의식과 완전히 떨어져 있다는 말은 사실이 아님을. 모두가 따로 따로 분리되어 있다는 것은 망상이며, 그것은 비논리적이고 불건전하다는 것을 압니다. 그리하여 그 사람은 깨닫습니다. 아마도 가슴 속에서, 느낌 속에서, 한 사람이 곧 인류 전체라는 것을. 개체 의식, 개인 의식이 아닙니다. 그런 것은 아무 의미도 없읍니다. 그런데 사람은 그대로 고통이요, 슬픔이요, 불안인 그런 삶을 삽니다. 그러면서 사람의 두뇌가 그런 모든 것들을 완전히 바꾸어 놓지 못한다면, 그 삶은 그저 전체 생명에 보다 큰 혼란을 보태는 것일 뿐입니다. 그러나 만약 누군가가 자신의 의식, 곧 한 사람의 의식이 온 인류의 의식임을 깨닫고, 인간의 의식에 대해, 자기 곧 한 사람 한 사람에게 전적인 책임이 있다는 것을 알면, 그 한 사람의 의식이 제약에서 벗어나 자유로와지는 일이 엄청난 중요성을 갖게 됩니다. 그렇게 자유로와질 때 그 한 사람은 인류의식의 한계를 부수어 버리는 일에 공헌하고 있는 것입니다. 그때는 죽음은 완전히 다른 의미를 띱니다.

우리는 이른바 개인생활이라는 것을 살아 왔읍니다. 자기 개인을 걱정하고 자기 한 사람의 문제를 조심하면서 말입니다. 그 문제들은 결코 끝이 없고, 늘기만 합니다. 우리들, 한 사람 한 사람이 그런 삶을 살아 왔읍니다. 그런 종류의 삶에 맞게 키워지고 가르쳐지고 길들여져 온 것입니다. 그러다가 당신이 내 친구가 됩니다. 당신이 나를 좋아하거나 나를 사랑하는 것이지요. 당신이 내게 말합니다.「이봐, 자네의 의식은 자네 것이 아니야. 자네는 다른 사람들이 괴로와하는 것처럼 괴로와하고 있어.」하고. 나는 그 말을 귀 기울여 듣고, 그것을 물리치지 않습니다. 왜냐하면 그 말은 이치에 맞고 온전하니까요. 그리고 당신이 내게 말해 준 말 속에 어쩌면 세계의 평화가있을 수 있다는 것을 나는 느낍니다. 그리하여 나는 스스로에게 말합니다.「자, 그럼 나는 공포에서 풀려날 수 있을까?」하고. 나는 전체 의식에 대해 내게 전적인 책임이 있다는 것을 깨닫습니다. 내가 공포를 살펴 나갈 때, 나는 전체 인류의 의식을 도와 공포를 감소시키고 있는 것입니다. 그리하여 죽음은 전혀 다른 의미를 가지게 됩니다.

나는 더이상 신의 다음 자리에 앉게 된다든가, 어떤 기묘한 별무리를 통해서 천국으로 간다는 따위의 환상을 갖지 않습니다. 나는 나만의 삶이 아닌 삶을 살고 있읍니다. 나는 인간 전체의 삶을 살고 있으며, 그리고 내가 죽음을 이해한다면, 내가 비통을 이해한다면, 나는 바로 인류의 의식 전체를 깨끗하게 하고 있는 것입니다. 그렇기 때문에 죽음의 의미를 이해하는 것이, 그리고 아마도 죽음이 거대한 속내를 가지고 있으며 사랑과 크게 관계가 있다는 것을 알아내는 것이, 중요한 것입니다. 당신이 무엇인가를 끝내는 데에 사랑이 있는 것입니다. 당신이 집착을 완전히 종식시킬 때 사랑이 나타나는 것입니다. — 크리슈나무르티

● 사랑은 영원한가

아마 한 사람이 느낄 수 있는 가장 심한 절망은 자기의 모든 것을 한 사람에게 집중시킨 상태에서 그 사람을 잃게되는 경우입니다. 물론 기본적인 삶을 공유하는 사랑이라는 의미가 특별한 가치를 지니지 않

는다는 뜻은 아닙니다. 하지만 다른 관계를 희생하는 모험을 안고 단 한사람 하고만 친밀한 관계를 유지하는 것은 자칫 편협한 삶이 되기 쉽습니다.
　사람에 대한 관계 이외에도 여러가지 바람직한 접촉의 차원이 있을 수 있읍니다. 거쉬윈은 애정의 소망을 노래로 표현하고 있읍니다.
　「로키산맥이 무너지고, 지브랄타가 사라질 수도 있겠지. 모두 흙으로 빚어졌으니까. 하지만 우리 사랑은 영원하리.」
　글쎄, 오히려 그 노래를 불렀던 수많은 사람들이 사라졌지만, 로키산맥과 지브랄타는 여전히 남아있지 않습니까. 그들이 열렬히 사랑했던 연인들도 이별보다 죽음에 의하여 모두 사라졌을 것입니다.
　그렇다고 사람보다 바위를 더 사랑하라는 뜻은 아니지만, 나는 두 가지 제안을 하고 싶습니다. 첫째 어떤 관계이건 일시적일 수 있다면 가능성을 배제하지 말라는 것이며, 둘째 몰두하는 대상을 좀 더 지속적이고 영원한 것에 둔다면, 삶의 변화나 흔들림에도 우리는 좀 더 확고하게 서 있을 수 있다는 점입니다.

　떠오르는 태양을 보았읍니다. 그 아름다운 빛깔과 정상의 장엄한 모습…… 공기는 세상의 구석구석까지 볼 수 있을 만큼 맑았읍니다. 순간 외롭고 비참하다는 생각은 사라지고, 내가 그것의 일부라는 인식이 짜릿하게 퍼져오는 것이었어요. 그 장엄함에 대한 인식은 나를 미미한 존재로 느끼게 해주는 대신, 더욱 커다란 존재라는 느낌 속으로 몰아넣었읍니다. 나무와 바다, 그리고 절벽과의 만남이 계속되었죠…… 항상 그런 것들과 접하게 되면 난 허무하고 불안한 느낌에서 벗어날 수가 있었어요.

　태양이 상처받은 사람의 관계를 대신 할 수는 없었읍니다. 그러나 그것들은 한번 사람이 받아들이기를 허용한 후에는 마음놓고 의지할 수 있는 버팀목이 되어줍니다. 많은 사람들이 자연의 순수함에서 안정감을 찾고, 그리고 그 위대한 모습의 일부가 된 것같은 느낌을 발견합니다. 은하수의 무한한 거리와 로키산맥의 위엄이 주는 자연의 웅대함 속에서 사람들은 특정한 인간에 의지하지 않고도 존재에 대한 현실적인 시각을 갖는 법을 배웁니다.

이외에도 시간을 초월하는 대상에 애착을 느끼는 방법은 많습니다. 어떤 친구처럼 멋진 경치와 변함없는 태양, 광활한 우주에서 그것을 경험하는 이들이 있는가 하면 「살아있는 모든 생명체」에게서 소속감을 느끼는 사람들도 있읍니다.

우리가 단순한 만남보다는 영원한 만남의 대상을 찾으려고 하는 것은 어쩌면 가치를 향한 추구 때문인지도 모릅니다. 구체적으로 말하면 그것은 사랑이나 열정, 지식의 성취, 그리고 교우관계와 같은 것으로서 당신이 높이 평가하고, 성취하기를 갈망해왔던 「추상명사」입니다. 이런 가치와의 만남은 인간의 고립감과 절망을 상당히 덜어줍니다.

또한 창조적인 표현방법을 전개함으로써 허무감과 상실감을 극복하는 길도 있읍니다. 창조적인 활동을 통해서 우리는 어렸을 때의 행복감을 맛볼 수 있읍니다. 그리고 사랑이라는 인간관계에 전혀 의존하지 않는 심오한 자아를 경험하게 됩니다. 얼마나 달콤한 역설입니까! 전에는 결코 존재하지 않던 것을 창조함으로써 자신의 삶을 다시 창조할 수 있다는 가능성에 접근할 수 있으니 말입니다.

자아에 눈뜨고 주변의 많은 관계에서 보살핌을 얻기 위해서는 그것이 영원한 것이든 일시적인 것이든 간에, 한 사람에게 모든 것을 거는 유아적인 태도를 지양하고 좀 더 성숙한 현실감각을 갖고 대처해야만 합니다.

아마도 당신은 그 유아적인 관념에 고집스럽게 매달릴지도 모릅니다. 그것을 포기하는 것은 당신의 근본적인 신념에 어긋나는 것이기 때문입니다. 다시 말하면 「엄마와 나는 하나」라는 관념은 당신에게 존재와 행복의 필수적인 요소로서 인식되어 왔읍니다. 이제 그 관념을 포기한다는 것은 그 존재와 행복의 의미 자체를 잃는 것과 다름이 없다고 생각할 것입니다.

이제 인간의 기본적인 유대감에 대해 좀 더 어른스런 감각을 갖고 부딪쳐봅시다. 과거의 맹목적이고도 불행한 관계에서 벗어나 더욱 자유스러워질 수 있을테니까…… —하워드 엠 할펀

● 나병의 공정함

사람들이 마치 사랑은 공정보다도 훨씬 숭고한 것으로 생각하고 공정을 포기하면서까지 사랑을 과대평가하며 최상급의 찬사를 아끼지

않는 것은 무슨 까닭일까요? 사실 사랑이란 것은 공정이라는 것보다 훨씬 더 우매한 것이 아닐까요? —분명코 어리석은 일이지만 바로 그 때문에 점점 더 만인에게 더욱 좋은 것이 되는가 봅니다.

사랑은 어리석지만 보물이 가득 담긴 뿔을 갖고 있읍니다. 사랑은 이 뿔에서 선물을 꺼내어 여러 사람에게 나누어 줍니다, 비록 그만한 가치가 없는 사람들에게도, 게다가 이에 감사할 줄 모르는 자들에게도, 사랑은 성경에 의해서든 경험에 의해서든, 올바르지 못한 사람만 아니라 올바른 사람들도 흠뻑 적셔주는 비처럼 공평합니다.—니이체

• 사랑의 대상(對象)

사랑이란 본디 특정한 사람에 대한 관계가 아닌 것입니다. 그것은 하나의 태도, 곧 어떤 사람이 사랑의 어떤 대상에 대해서가 아니라, 전체로서의 세계에 대한 관계를 결정하는 성격의 방향인 것입니다. 만일 어떤 사람이 다른 한 사람만 사랑하고 나머지의 자기 동료들에게 무관심하다면, 그의 사랑은 사랑이 아니고 편협된 애착이든가, 혹은 확대된 자기 중심주의에 지나지 않습니다. 그런데, 대부분의 사람들은 사랑이란 그 능력에 의해서가 아니라, 그 대상에 의해서 이루어진다고 믿고 있읍니다. 사실, 그들은 자기들이 사랑하는 사람 말고는 그 아무도 사랑하지 않는 것이 자기들 사랑의 강력한 증거라고 믿기까지 합니다. 이것은 그릇된 생각입니다. 왜냐하면, 그 사람은 사랑이란 활동적인 것이고 정신력이라는 것을 알지 못하고 있기 때문입니다. 그리고 필요한 것은 올바른 대상을 찾아내는 것 뿐입니다.—그리고 모든 것은 그 배후로 물러 서는 것이라고 믿고 있기 때문입니다. 그 태도는 그림을 그리고 싶은 사람이 기술을 배우는 대신에 올바른 대상을 얻지 않으면 안되고, 또한 그것을 찾아내면 아름답게 그릴 것이라고 주장하는 것과 견줄 수가 있읍니다. 만일 내가 한 사람을 진실로 사랑한다면, 나는 모든 사람을 사랑하고, 세계를 사랑하고, 생명을 사랑하는 것입니다. 만일 내가 누군가에게「나는 당신을 사랑한다」라고 말할 수 있으면,「나는 당신들 누구라도 사랑한다. 나는 당신을 통해서 세계를 사랑한다. 나는 당신을 사랑하고 또한 나 자신을 사랑한다」라고 말할 수 있어야만 합니다.

그러나, 사랑이란 한 사람에게서가 아니라, 모든 것에 관계하는 방향

제시라고 말하는 것이, 사랑 받는 대상의 종류에 따라 바뀌는 여러 가지 사랑의 형식 사이에 차이가 없다는 생각을 뜻하는 것은 아닙니다.
— 에리히 프롬

● 사랑의 성찰(省察)

　사랑한다는 것은 역시 좋은 것입니다. 그것은 사랑이 어렵기 때문입니다. 인간이 인간을 사랑한다는 것, 이것은 어쩌면 우리에게 주어진 가장 어려운 것, 궁극적인 것, 최후의 시련이자 시험으로서, 다른 모든 일은 단지 그것을 위한 준비작업에 지나지 않을 것입니다. 그러므로 모든 일에 있어서 초보자인 젊은 사람들은 아직 사랑을 할 수가 없읍니다. 그들은 그것을 배우지 않으면 안됩니다. 고독하고 불안하지만, 모든 것을 걸고 위로 향해서 맥박치는 심장 주위에 집중된 모든 힘을 다하여 그들을 사랑하는 법을 배우지 않으면 안됩니다. 그러나 학습기간은 언제나 길고 고립된 시기입니다.

　그러므로 사랑한다는 것은 개개인에게 있어서 성숙하는 것, 자신의 내부에서 무엇이 되는 것, 세계가 되는 것, 다른 한 사람을 위해서 그 자신이 세계가 되는 것에의 숭고한 동기입니다. 개개인에 대한 크고 엄청난 요구입니다. 그를 선택하여 광대한 것에 초빙해 가는 그 무엇입니다.「과제로서 자기 자신을 만든다, 밤낮 없이 귀를 기울이고 망치로 친다」는 그런 의미에서만, 젊은 사람들은 그들에게 주어진 사랑을 사랑해도 좋은 것입니다. 몸을 개방하고 바치는 것이라든가 하는 모든 종류의 결함은 젊은 사람들을 위한 것이 아니고—그들은 아직도 긴긴 세월을 저축하고 모으지 않으면 안됩니다—궁극의 것입니다. 그것은 아마도 인간의 생활이 현재로는 아직 도달할 수 없는 것이 아닌가 합니다.

　그러나 젊은 사람들은 이 점에서 매우 자주, 매우 심하게 과오를 범하고 있읍니다. 인내심이 없다는 것이 특징이기도 한 그들은 사랑이 그들을 엄습할 때 서로 몸을 내던지고, 난잡, 무질서, 혼란 속에 있는 자신을 흩뿌려 버립니다……. 그러나 그 결과는 어떻게 되겠읍니까? 그들이 그들의 결합이라고 부르고, 가능하면 그들의 행복, 그들의 미래라고도 부르고 싶어하는 이 반쯤 부서진 더미를 향하여 인생은 어떻게 하면 되겠읍니까? 그 경우 한 사람은 다른 한 사람 때문에 자기를 잃고, 또 그 상대를 잃고, 그리고 앞으로 오려고 하는 많은 사람들도 잃어버립니다. 그리고 넓이와 가능성을 잃고 희미한 예감에 찬 사물의 접근과 도피를, 더 이상 아무것도 올 희망이 없는 비생산적인 흥분과 교환해 버립니다. 남은 것이라고는 약간의 혐오와 환멸과 빈곤밖에 없고 일반적인 도피처의 움막처럼 이 위험한 길바닥에 수없이 설치되어 있는 많은 인습 중의 하나로 도피할 수밖에 없읍니다. 인간 체험의 그 어떠한 영역도 이 사랑의 영역만큼 인습을 갖춘 것은 없읍니다. 여러 가지로 고안된 구명대와 보트와 부대가 있읍니다. 사회의 통념은 갖가지 종류의 피난처를 만드는 법을 알고 있읍니다. 왜냐하면 사회는 사랑의 생활을 하나의 오락으로 보는 경향이 있으므로, 그것을 공동의 오락처럼 손쉽고 값싸고 위험이 없는 안전한 것으로 만들 필요가 있었던 것입니다.

물론 그릇되게 사랑하고 있는, 즉 간단히 몸을 바치고 고독하게 사랑할 줄 모르는 많은 젊은 사람들—대개의 사람들은 언제나 그러한 곳에 머물러 있읍니다만—도 과오의 중압감을 느끼고는 있읍니다. 왜냐하면 사랑의 문제는 다른 모든 중요한 것보다도 훨씬 공적인 성격이 희박하고 이런저런 협조 등으로는 해결되기 어렵다는 것을, 그리고 저마다의 경우에 따라서 새롭고 특별한, 오직 개인적인 해답을 필요로 하는 인간과 인간 사이의 절실한 문제라는 것을 그들의 천성이 그들에게 알려 주기 때문입니다. 이미 서로 몸을 내던져 결합해 버렸고, 서로의 경계도 없고 구별도 할 수 없는, 따라서 이제는 자기만의 것을 가지고 있지 않은 그들이 어떻게 자기 자신에게 출구를, 이미 파묻혀 버린 고독의 밑바닥에서 출구를 찾아낼 수 있겠읍니까?

그들은 다같이 의지할 바 없는 데서 행동합니다. 그리고 그들의 뜻에 맞지 않는 인습—이를테면 결혼 같은—을 어떻게든 피하려고 하지만, 결국은 그보다는 덜 요란하지만 역시 같은 치명적인 인습적 해결에 빠집니다. 왜냐하면 그때 그들의 주위는 모두가 온통 인습 투성이이기 때문입니다. 일찍 합류한, 불투명한 결합에서 나오는 것은 어떠한 행동도 모두 인습적인 것입니다.

그러한 혼란의 결과인 모든 관계는, 그것이 아무리 관습에 없는—즉, 일반적인 의미로 부도덕한—것이라 할지라도 인습에 젖어 있는 것입니다. 그렇습니다. 이혼조차도 그 경우에는 인습적인 조치로서, 힘도 결심도 없는 비개성적인 우연의 결심에 지나지 않을 것입니다.

 진지하게 보는 사람은 괴로운 죽음과 마찬가지로 괴로운 사랑에 대해서도 역시 아무런 해명도 해결도 암시도 길도 인식되지 않았다는 것을 알 수 있을 것입니다. 그리고 우리가 싼 채로 가지고 다니다가 열어보지도 않고 다른 사람에게 주어 버리는 이 두 가지 과제에 대해서는 어떠한 공통적인 규칙, 합의에 의거한 규칙을 얻어낼 수가 없을 것입니다. 그러나 우리가 개개의 인간으로서 인생을 시도해 감에 따라서, 우리들 개개의 인간은 이 위대한 두 가지 일을 차츰 몸 가까이에서 만나게 될 것입니다. 사랑이라는 어려운 작업이 우리들의 발전에 과하는 요구는 힘에 겨운 것으로서 초보자인 우리는 그것을 이겨낼 수가 없습니다. 그러나 우리가 견디내고, 사람들이 자기 존재의 가장 진지한 진심을 피해서 그 배후에 몸을 숨겨 온 모든 안이하고 경박한 유희에 자기를 잃는 대신, 이 사랑을 짐으로써 학습기로 젊어진다면─적은 진보를, 얼마간의 짐의 경감을, 우리들의 훨씬 뒤에서 올 사람들이 아마도 느낄 수 있을 것입니다. 이것은 대단한 것이라고 생각합니다. ─릴케

• 사랑은 노할 방법의 길이 아나다

 어떤 사람이든지 사랑의 감정 속에서 삶의 온갖 모순을 해결할 수 있고, 그것에 대한 희구가 인생 그 자체인 완전한 기쁨을 사람에게 줄 수 있는 일종의 특별한 것이 있다는 것을 알고 있읍니다.

 「그러나 그 감정은 극히 드물게밖에 일어나지 않으며, 오래 지속되지도 않으며, 또 그 뒤에는 흔히 더욱 좋지 않은 고뇌가 따르게 마련이다.」하고 참된 생명을 터득하지 못한 사람들은 말합니다.

 그러한 사람들에게 있어서는 그 같은 훌륭한 사랑의 감정이 이성에 눈 뜬 의식이 생각하는 것 같은 유일하고도 진정한 생명의 나타남으로는 보이지 않고, 고작해야 생명의 수천 우연사 가운데 하나─사람이 자기의 생존 중에 경험하는 수천 가지 기분 가운데 하나─에 지나지 않는 것처럼 보입니다. 사람은 때로는 자신을 자랑하고, 때로는 과학이나 예술에 힘을 기울이고, 때로는 근무·명예·이득에 골몰하고, 또한 때로는 누군가 특정한 존재를 사랑합니다. 참된 생명을 터득하지 못한 사람들에게는, 사랑의 기분은 인생의 본질로 보이지 않고, 자기가 한평

생 끊임없이 봉착하는 다른 모든 기분과 같이 자기의 의지에서 독립된 우발적인 기분과 같이 생각합니다. 아니 그 뿐만 아니라, 사랑은 생명의 정상적인 흐름을 파괴하여, 쓰라린 변칙적 기분을 느끼게 한다는 단정까지 빈번히 듣기도 읽기도 합니다. 이것은 마치 해가 뜰 즈음에 부엉이가 느끼는 그러한 감회와 같습니다.

  그러나 사실은 비록 이런 사람들일지라도 다른 모든 상태에 있는 것보다도 더욱 중요하고 독특한 무엇인가가 사랑의 상태에 있다는 것을 느낍니다. 그러나 그들은 인생을 이해하고 있지 못하므로 사랑을 이해하는 일에도 실패합니다. 그리하여 이 훌륭한 사랑의 상태도, 그들에게는 다른 모든 상태와 마찬가지로 비참하고 속기 쉬운 것으로 보여집니다.

    사랑한다고?······ 그러나 누구를?
    한 순간의 것이라면 무의미하다.
    하지만 영원히 사랑할 수는 없다······.

  이러한 싯귀는, 사랑 속에 인생의 불행으로부터의 구원과 참된 행복과 비슷한 유일한 그 무엇이 있다고 믿는 사람들의 막연한 의식과, 그와 동시에 인생을 이해하지 못하는 사람들에게 있어서는 사랑이 구원의 닻이 될 수 없다는 고백을 참으로 적절하게 표현하고 있읍니다. 만일 사랑할 사람이 없다면 모든 사랑은 지나가 버립니다. 그러므로 오직 누군가를 사랑할 때에만, 영원히 사랑할 수 있는 사람이 있을 때에만 사랑은 행복이 될 수 있읍니다. 그러나 그런 것은 없기 때문에, 사랑 속에 구원이 없고, 또 사랑은 다른 모든 것과 마찬가지로 기만이고 고통입니다.

  인생을 동물적 생존 이상의 것이 아니라고 배우고, 자신도 그와 같다고 설교하는 사람들은 사랑이라는 것을 이와 같이 이해할 수밖에 없읍니다.

  이러한 사람들에게 있어서 사랑이라는 개념은, 우리들 모두가 부지불식간에 사랑이라는 말에 부여하고 있는 개념과는 상당히 다릅니다. 그것은 사랑하는 사람과 사랑받는 사람들에게 행복을 주는 선량한 활동이 아닙니다. 자기의 삶을 자신의 동물적 자아 속에만 있는 것이라고 생각하는 사람들의 개념 속에서의 사랑은, 한 어머니가 오로지 자기 아기의 행복을 위해서 다른 굶주리는 아기로부터 그 어머니의 젖을 빼앗아 가면서까지 자기 자식만 잘 키우겠다고 끊임없이 부심하고 있는 것과 같은 결과를 초래하는 감정에 지나지 않습니다. 그리고 그것은, 이 세상 아버지가 자기 자식의 안전을 염려한 나머지, 굶주린 사람들로부터 마지막 한 조각의 빵을 탈취하려고 고심하는 감정과도 같고, 더 나아가 그것은 한 여자를 사랑하는 한 남자가, 그녀를 유혹하면서 그 사랑 때문에 자신도 괴로워하고 그녀까지 괴롭히며, 질투 때문에 자신이나 그녀도 파멸로 치닫고 마는 감정과 같습니다. 그리고 그것은 한 남자가 사랑 때문에 여자를 폭력으로 범하는 죄악을 짓기까지 하는 감정과 같습니다. 그것은 어떤 당파의 사람들이, 자기들의 이익을 옹호하기 위해서 다른 당파의 사람들을 해치는 감정과 같습니다. 좋아하기 때문에 스스로 괴로와하고 또한 그 일에 의하여 주위 사람들에게 슬픔과 걱정을 끼치는 감정과 같습니다. 사람들로 하여금 사랑하는 조국에 대한 모욕을 견뎌 내지 못하고 들판을 피아(彼我)의 전사자와 부상자로 덮이게 하는 감정과 같은 것입니다.

　사랑은 논할 성질의 것이 아니다, 사랑을 논하는 것은 사랑을 파괴하는 것이다—라고 하는 그들의 견해는 옳습니다. 그러나 중요한 것은, 이미 자신의 삶의 뜻을 이해하기 위하여 이성을 사용하고 개인적인 삶의 복지를 거부해버린 사람들만이 사랑은 논할 성질의 것이 못된다—하는 데에 있읍니다. 아직 삶을 이해하지 못하는 사람들, 자기의 동물적인 자아의 복지를 구하며 사는 사람들은 그것을 논하지 않을 수 없읍니다. 그들은 자기들이 사랑이라고 일컫는 감정에 몸을 맡길 수가 있게 되기 위해서는 논하지 않을 수 없읍니다. 그들에게 있어서, 논하는 일 없이는, 해결할 수 없는 문제를 해결하는 일 없이는, 이 감정의 나타남은 모두 불가능합니다.

　장래의 사랑이라는 것은 존재하지 않습니다. 사랑이란 오로지 현재의 활동입니다. 현재에서 사랑을 나타내 보이지 않는 사람은, 결국 사랑을 가지고 있지 않는 사람입니다.

　참된 생명을 가지고 있지 않는 사람이, 삶에 대해서 품는 생각에서도 이와 동일한 현상이 일어납니다. 가령 사람이 동물과 같이 이성을 가지고 있지 않는다면, 그들도 또한 동물과 같이 삶에 대하여 생각해 보는 일 없이 생존할 것입니다. 그리고 그들의 동물적 생존은 정당한 것이고, 또한 행복한 것으로 될 것입니다. 사랑에 관해서도 마찬가지입니다. 즉, 만일 사람이 이성이 없는 동물이었다고 한다면, 그들은 자기네가 사랑하는 것—즉, 자기의 새끼 이리, 자기의 무리—을 사랑할 것입니다. 그리고 자기가 그런 것을 사랑하는 것도 모르고, 또 다른 이리들이 각각 자기의 새끼 이리나 무리를 사랑하는 것도 모르고, 그리고 또 다른 가축의 성원들이 자기 동료를 사랑하는 것도 모를 것입니다. 그리고 그들의 사랑은, 그들이 현재 갖는 의식의 단계에 있어서 가능한 사랑이고 삶일 것입니다.

그러나 인간은 이성적 존재로서 다른 존재도 역시 자기와 똑같은 사랑을 가지고 있다는 것, 따라서 이러한 여러 사랑의 감정이 서로 충돌하여, 사랑이라는 관념과는 정 반대가 되는 행복하지 못한 무엇인가를 틀림없이 낳는다는 것을 보지 않을 수가 없읍니다.

만일 사람들이 그들이 사랑이라고 일컫는 이 해로운 동물적 감정을 터무니 없이 신장시키고 이를 정당화하고 강력하게 하는 데 그들의 이성을 사용한다면 그런 감정은 더욱더 선량하지 못한 것으로 될 뿐만 아니라, 사람들을 더욱 흉악하고 무서운 동물로 만들 것입니다. 그리고

룩셈부르크

복음서에 씌어 있듯이 「네게 있는 빛이 꺼지면 그 어둠이 얼마나 하겠느냐?」고 하는 현상이 일어날 것입니다. 이 인간에게 자기와 자기 자식에 대한 사랑뿐이 없다면 현재 사람들 사이에 일어나는 죄악의 99퍼센트까지 없앨 수 있었을 것입니다. 사람들 사이의 죄악의 99퍼센트는, 그들이 사랑이라고 찬양하면서 일컫는 동물적인 삶이, 인간의 삶과 비슷한 정도로 사랑과 비슷한 허위의 감정에서 생기는 것입니다.

인생을 이해하지 못하는 사람들이 사랑이라고 일컫는 것은, 자아로서의 자기에게 행복을 가져다 주는 어떤 조건을 다른 조건보다 좋아한다는 감정에 지나지 않습니다. 인생을 이해하지 못하는 사람이, 자기의 아내나 자식이나 친구를 사랑한다고 말할 경우, 그것은 다만 그의 생활에 아내·자식·친구의 존재가 그의 개인적 복지를 증진시킨다는 것을 말해 주는 것에 지나지 않습니다.

이러한 선호(選好)의 감정의 사랑에 대한 관계는, 동물적 생존의 삶에 대한 관계와 같습니다. 그것은 인생을 이해하지 못하는 사람들이 생존을 인생이라고 부르는 것과 같은 것으로, 이 사람들이 사랑이라고 말할 때 그 말의 뜻은, 그들의 개인적 생존의 특정한 조건의 다른 조건에 대한 선호를 뜻합니다.

이러한 감정—예를 들면 특정한 대상, 즉 자기의 자식에 대한 선호의 감정이라든가, 과학이나 예술과 같은 특정한 직업에 대한 선호의 감정과 같은 것도 우리는 사랑이라고 일컫고 있지만, 그러나 무한히 변모하는 이와 같은 감정, 이와 같은 선호는 인간의 눈으로 볼 수 있고 손으로 만질 수 있는 착잡한 동물적 삶으로 전체를 구성하고 있고, 사랑의 주요한 표지—즉 목적으로서, 결과로서 복지 활동—를 가지고 있지 않기 때문에, 사랑이라고 일컬을 수 없습니다.

이러한 선호가 나타날 때에 따르는 정열은 동물적 자아의 정력을 나타내는 것에 지나지 않습니다. 어떤 사람들은 다른 사람들보다 더욱 좋아하는 정열은 잘못된 사랑이라고 일컬어지고 있지만, 그러나 그것은 참된 사랑을 접목(接木)하여 열매를 맺게 할 가능성이 있는 야생의 사과나무에 지나지 않습니다. 그러나 야생의 사과나무가 사과나무가 아니어서 열매도 맺지 못하거나 혹은 달콤한 열매 대신에 쓰디쓴 것만을 맺는 것과 마찬가지로 편애의 감정도 사랑이 아니고, 또 사람들에게 선을 행하지도 못합니다. 아니 그것은 오히려 더욱 큰 악을 낳습니다. 따라서 과학·예술 및 조국에 대한 사랑은 말할나위도 없고, 부녀자·어린이·친구 등에 대한 그처럼 찬미받아 마땅할 사랑까지도 동물적 생존의 특정한 조건을 한때 다른 조건보다 더 좋아한다는 감정에 지나지 않고, 또한 세계에 최대의 악을 가져다 주는 요소에 불과합니다. ―톨스토이

● *삶을 생각하며 사랑을 이야기하며*

　다른 사람들을 사랑하려면 우선 자기 자신을 사랑해야 합니다. 누구에게 무엇인가를 주려면 그 무엇인가를 가지고 있어야만 합니다. 누구에게 사랑을 주려면 그 사랑을 지니고 있지 않으면 안됩니다. 가지고 있지도 않은 사랑을 다른 이에게 줄 수는 없는 것입니다. 사랑은 물건이 아니기에 다른 이에게 준다고 없어지는 것도 아닙니다. 사랑은 여러 사람에게 나누어 주고도 자기 것으로 고스란히 남아 있는 신비스러운 것입니다. 다른 사람을 사랑하려면 우선 사랑이 무엇인가를 알고 있어야 합니다. 그리고 자기 자신부터 사랑을 해야만 합니다.
　자기 자신을 사랑하는 일은 결코 뽐내기 위한 이기주의가 아닙니다. 자기 중심적인 자기애(自己愛)는 동화 백설공주에 나오는 늙은 마녀의 일그러진 사랑과 같은 것입니다. 그녀는 매일같이 요술거울 앞에 서서 「거울아, 거울아, 세상에서 누가 가장 아름답지?」하고 묻습니다. 세상에서 자기보다 잘난 사람을 봐주지 못하는 병적인 자기애입니다. 진정 자신을 사랑하는 것은 자기에 대해 순수한 관심을 가지고, 자기를 돌보며, 염려하고, 스스로 존경하는 것입니다. 이 자기 존중은 흔히 자존심과 혼용되는 의미격하를 당하고 있읍니다.
　우리는 각자가 독특합니다. 자연은 똑같음을 매우 싫어합니다. 들판에 핀 꽃에도 똑같은 꽃은 없읍니다. 풀잎 모양조차도 같은 것이 없읍니다. 두 송이의 똑같은 장미를 본 일이 있읍니까? 같은 종류에 속하는 장미라도 똑같은 모양을 찾을 수 없읍니다. 똑같은 얼굴은 사실상 없읍니다. 일란성 쌍동이라 해도 똑같진 않습니다. 인간의 지문도 백이면 백 가지, 천이면 천 가지입니다. 그런데 이상하게도 우리는 다양함, 「이질성」을 싫어하는 것이 아니라 두려워 합니다. 인간이란 정말 묘한 존재입니다. 변화의 도전을 받아들이기 무서워하고, 변화의 즐거움과 신기로움을 거부합니다. 변화로부터 도망치려고 할 뿐 아니라, 자기가

가진 남다른 「독특함」마저 남과 「같은 것」으로 구겨 넣습니다. 그렇게 억지로 남과 같은 것으로 자기를 맞춰 넣은 다음에야 겨우 마음을 놓습니다.

자기를 사랑하는 것은 자기의 독특함을 다시 발견해서 키워 가려는 싸움입니다. 이 땅 위에서 당신은 유일한 당신입니다. 당신과 같은 사람은 두 번 다시 이 땅에 나타나지 않습니다. 당신이 죽으면 당신이 가진 모든 것도 함께 갑니다. 그런데도 당신은 자기 자신을 모르고 있읍니다. 속에서 잠자코 있는 당신의 모습을 전혀 깨닫지 못합니다.

발견하고 싶어하는 가능성은 언제나 여기 있읍니다. 언제든 발견될 자리에 머물러 있으며, 늦게 시작했기 때문에 가버리고 없는 일은 없읍니다. 가능성은 우리의 가장 커다란 도전입니다. 자기를 발견하기 위해 떠나는 여행. 그것은 해봄직한 오딧세이(긴 여행)입니다. 자기의 방과 방을 샅샅이 뒤지고, 뒤져 낸 것을 정돈하는 모험 여행. 그 여행은 우리를 좋은 사람, 사랑하는 사람, 느끼는 사람, 지성적인 사람으로 변하게 할 것입니다. 그저 좋은 사람, 사랑하는 사람, 느끼는 사람이 아니라 가장 좋은 사람, 가장 많이 사랑하는 사람, 빼어나게 지성적인 사람, 가장 잘 느끼는 사람으로 만들어 줄 것입니다. 그러나 이 탐구여행은 다른 사람과 다투거나 경쟁할 것은 아닙니다. 자기발견은 자기만의 독특한 개인적인 것입니다. 각자 다른 자기만의 도전입니다.

이처럼 자기를 사랑한다는 것은 자기 안에 있는 진정한 경이를 발견하는 과정입니다. 지금 이대로의 모습과, 이대로의 모습보다 수십 배 큰 감추어진 모습을 찾아내는일입니다. 자기를 사랑하는 것은 세상 사람과는 다른 독특함을 쉬지 않고 실현시켜 가는 것입니다. 인생을 발견·발전·나눔으로 이끌어 가는 것입니다. 물론 이렇게 사는 일은 쉽지는 않습니다. 지금의 모습에서 변화하고 성장해 자꾸 달라져 가고 있는 당신을 보는 주위 사람들은 위협을 느낄지도 모릅니다. 그들에게 낯이 익은 당신의 모습으로 다시 돌아오길 기대할지도 모릅니다. 하지만 당신은 변화하고 성장하며 달라져 가는 당신의 모습에 흥분을 느낄 것입니다. 스스로 항상 성성하고 참신한 기분을 느끼며 모든 것이 새로와 보일 것입니다. 둔하거나 지루한 느낌은 거의 없을 것입니다. 「당신에게 가는 여행」처럼 장엄하고 재미있고 오래 끄는 여행은 다시 없읍니다. 자기 모습에 가까이 가는 이 여행의 비용 또한 아주 쌉니다.

쉬지 않고 배우고, 경험하고, 평가하고, 훈련하고, 그리고 새로운 행동을 시험하기만 하면 됩니다. 당신에겐 무엇이 옳은가, 어떤 것이 좋은가에 따라서, 당신에게 옳은 것과 당신에게 좋은 것은 역시 당신에게는 옳고 좋은 것입니다. 무엇이 좋고 바른가 하는 판단은 당신만이 판단할 일입니다.

당신을 사랑하는 것은 「당신만이 당신일 수 있다」는 것을 아는 일입니다. 당신이 다른 사람과 같은 사람이 되려 하면 아마도 그 사람에게 가까운 사람은 될 수 있을 것입니다. 그러나 언제나 그 사람보다 못한 「두 번째 인간」밖에 되지 않습니다. 당신은 「최고의 당신」이 될 수 있읍니다. 세상에서 단 하나뿐인 최고의 당신으로 당신이 되는 일은 가장 쉽고, 가장 실질적이며, 가장 보람찬 일입니다. 당신이 당신으로부터 가장 많은 보답을 받고 싶으면 바로 당신 자신이 되면 됩니다.

자신의 독특함을 높이 평가하게 되면 사람들의 각각 다른 독특성도 받아 주고 인정해 주게 됩니다. 자기 발견에 높은 가치를 두게 되면 다른 사람들의 자기 발견을 부추겨 주게 됩니다. 내가 누구인가를 알기 위해 자유스럽게 되길 바라면, 다른 사람에게도 그들이 누구인가를 알 수 있도록 자유를 줄 수 있읍니다. 내가 나일때 최고가 된다는 사실을 깨우치면, 다른 사람들이 각자 다른 사람일 때 최고가 된다는 사실을 기억할 수 있읍니다. 이 모든 것은 당신에게서부터 출발합니다. 출발하지 못하는 사람은 가장 가엾은 인물입니다. 항상 출발하는 사람만이 모든 것을 이룰 수 있읍니다. 당신 자신을 알게 되는 정도 만큼 다른 사람을 알 수 있읍니다. 당신 자신을 사랑하는 수준만큼 다른 사람을 사랑할 수가 있는 것입니다. ─ 레오 버스카글리아

● 사랑의 힘

사랑으로 모든 것을 극복할 수 있읍니다. 사랑이 없으면 일생 동안 자기 자신이나 남과 전쟁상태에 있게 되고, 그 결과 피로하여 드디어는 염세증, 혐오증에조차 빠지게 됩니다. 그러나 사랑은 언제나 처음에는 어려운 결심이며, 다음에는 그것을 행할 수 있을 때까지 신의 손에 이끌리어 배워나가는 끊임없는 긴 수업으로서, 이것은 결코 저절로 혹은 천성적으로 우리들에게 갖추어진 것이 아닙니다. 드디어 이것을 소유했을 때에 사랑은 무엇보다도 더 많은 힘을 줄 뿐만 아니라, 또한 많

은 지혜와 인내력을 주는 것입니다. 왜냐하면 사랑은 영원한 존재와 생명의 일부이며, 지상의 다른 모든 것과 달라서 노쇠하지 않기 때문입니다.

＊　　＊

자기가 사랑을 가지고 있지 않다는 것, 혹은 염세주의자나 인간 경멸가가 되어 버렸다는 것을 변명하려는 사람은, 언제나 자기가 사랑으로 하여 맛본 경험을 이야기하기 마련입니다. 그렇다고 하더라도 그리고 그들이 사실 진지하게 사랑을 시도해 보았다고 가정하더라도, 그 후에 증오를 하여 보다 나은 경험을 하였을까요?

＊　　＊

사랑에 대해서는 언제나 마음의 문을 열어 두고 있으면 됩니다. 사랑은 신의 영혼이며 세상에 충일하여 있읍니다. 그러나 우리들은 사랑에 대해 마음의 문을 닫는 힘을 지니고 있으며, 또한 오랫동안의 습관이나 유전적인 소질로 하여 언제나 약간은 마음의 문을 닫고 있읍니다.

＊　　＊

사랑이 없으면 이 세상은 아무리 자연미나 예술이나 학문이 있다 하더라도 빈약하고 불만족한 것에 지나지 않을 것입니다. 사람이 현명하면 할수록 보다 더많이 그것을 느끼고, 그것을 깨닫는 것이 빠른 것입니다. 다만 우매한 자만이 잠시동안 그곳에서 그들이 주인일 수 있는 동안만은 이 삶의 향락인 초록빛 목장을 즐겁게 뛰어다닙니다.

＊　　＊

끊임없이 그리고 될 수 있는 대로 많이 당신은 사랑의 씨를 뿌려야 합니다. 이것이 교육기간을 마친 후의 당신 생애의 일입니다.

모든 씨가 다 싹트리라고는 할 수 없읍니다. 이 각오는 하고 있어야 합니다. 그렇지만 모두가 다 돌투성이 지면에 떨어진 씨가 되어서도 안됩니다. 왜냐하면 세계는 사랑을 절실히 요구하고 있기 때문이며, 세계 자신에는 사랑이 없을 때에도 언제나 사랑을 높이 평가할 것이기 때문입니다.

씨를 어떻게 뿌리는가 하는 방법은 매일매일 조금씩 깨달아가는 것이 가장 좋습니다. 일단 그 결심만 하게 되면, 그리고 모든 힘을 독점하는 생의 향락만을 요구하는 생각을 중요시하지 않게 되면 그때에는 사랑의 씨를 뿌릴 기회가 얼마든지 나타날 것입니다.

그러므로 한 번 노력해 보십시오! 가장 위대한 사업이라는 것은 해 봄으로써, 착수해 봄으로써 성취되는 것입니다. —카알 힐티

● ~~삶과 사랑~~

삶은 휴식이 없는 운동입니다. 그러나 세계에 대하여 구태의연한 관계에 머물고, 자기가 이 세상의 삶으로 들어올 때에 가지고 온 것과 같은 정도의 사랑밖에 지니지 않을 때, 그때 사람은 삶의 정지를 느끼고, 거기서 죽음이 우리들 앞에 모습을 나타냅니다. —톨스토이

● ~~삶 못 이루는 밤을 위하여~~

사랑이라는 것은 사람을 기만한다거나 혹은 때로는 실행이 곤란해지는 말이기도 합니다. 인간에 대해서는 동정이, 신에 대해서는 신뢰와 감사가 옳은 감정일 것입니다. 모든 인간을 참되이 사랑한다는 것은 전혀 불가능한 이야기이고, 그것은 심한 기만과 결국에는 염세주의로 이끌 뿐입니다. 그러나 누구에게도 친절하게, 누구에게도 동정을 하고 결코 증오나 공포나 분노의 정을 품지 않는다는 것, 그것은 가능한 것입니다.

애정이 없이 사람들과 자주 교제한다는 것은 영혼의 낭비입니다. 그러므로, 달리 어떻게 할 수가 없으면 교제 회수를 줄이든지, 그렇지 않으면 아주 절교해 버리든지 하지 않으면 안 됩니다.

동정심의 결핍은 여성에게는 위기적인 특징입니다. 또 인간에 대한 지나친 사랑은, 여성에게 있어서는 매우 빠져 나오기 힘든 함정인 것입니다.

※   ※

사랑은 다른 어떠한 것보다도 사람을 현명하게 만듭니다. 사랑만이 인간이나 사물의 본질에 대하여, 또 그들을 돕는 가장 바른 길과 방법에 대한 바르고도 투철한 통찰력을 줍니다.

그러므로 대개의 경우, 무엇이 가장 현명한 방법인가를 묻는 대신 무엇이 가장 깊게 사랑하는 방법인지를 묻는 것이 더 나은 것입니다. 왜냐하면 후자가 전자보다도 훨씬 알기 쉽기 때문입니다. 무엇이 가장 깊게 사랑하는 방법인가에 대해서는, 가장 머리가 둔한 자라도, 스스로를 속이려고 하지 않는 한 그리 쉽게는 자기 기만에 빠지지 않습

니다. 그런데, 아주 재능이 풍부한 사람일지라도 단지 영리한 것만으로는 모든 장래의 일을 올바르게 예측하고 또 판단할 수가 없읍니다. ― 카알 힐티

● 나랑의 천사

우리들의 인생이 태어나는 순간부터 아니 어쩌면 그 이전부터 눈에 보이지 않는 신비로운 힘으로 이미 결정되어져 있다고 하는 것은 결코 진실일 수는 없읍니다. 아름다운 미지의 여성이여, 부분적으로는 그러한 주장도 수긍이 갑니다. 가령 당신이 태어날 때부터 못생겼다면 당신의 인생은 전혀 다른 것이 되었을지도 모릅니다. 당신의 미모는 부모의 염색체의 결합에서 유래한 것으로서 당신의 생각은 그 염색체에게 아무런 영향도 발휘할 수 없으니까요. 그런데 오늘날에 와서는 용모가 외과의사의 손에 의해 마음대로 정형도 될 수 있으며, 아름다운 정신은 스스로 그 아름다움을 촉진시키고, 마음의 평온은 용모의 평온을 낳는다는 사실에도 주의하지 않으면 안됩니다. 마흔살 이후에는 누구든 자기 자신의 얼굴에 책임을 져야한다고 하지 않았읍니까. 그러나 무엇보다도 운명을 수정할 힘을 간직한다는 것은 사전에 대응하는 우리들의 태도 여하에 달려 있는 것입니다.

사건이란 있는 그대로의 것입니다. 당신이 말하는 것처럼, 「어떤 남성이 당신을 사랑하고 있다. 전쟁이 당신으로부터 그 남성을 빼앗아 간다. 공황이 그를 파멸시켜버렸다. 다른 여성이 스쳐간다.」 이것은 사실입니다. 그러나 이같은 있는 그대로의 사실은 당신을 행복하게도 불행하게도 만들 수는 없읍니다. 이러한 사실에 직면했을 때 당신의 태도는 어떠합니까. 가장 중요한 점은 바로 거기에 있읍니다. 많은 상황 아래서 당신이 어느 것을 취하든 자유로운 결단에 따라 당신의 모든 생활 방향이 결정되어지는 순간을 말하는 것입니다.

이것을 나는 운명의 일순이라고 칭합니다. 왜 일순일까요. 좋은 기회는 두번 다시 찾아오는 법이 없기 때문입니다.

전쟁의 경우에도 이것은 적용되며, 섹스의 투쟁에서도 진실은 변함이 없읍니다. 오래 전부터 어느 여자에게 연정을 품어온 남자가 어느 날 갑자기 여자의 눈동자 속에서 승리의 반영이라고도 할 수 있는 안타까운 자기포기라는 미묘한 기미를 엿볼 수 있는 순간이 스쳐 갈 때

가 간혹 있을 것입니다. 나로서는 잘 알 수 없는 일이겠지만, 수많은 원인이 그와 같은 순간을 만들어 놓은 것이겠지요. 적절한 우연, 두 사람만의 고독, 대화의 리듬, 한바탕의 소동, 독서, 태도 등에서 어쨌든 그녀는 그 사람의 것입니다.

하지만 특별히 마련된 축복 받은 그날 밤, 「이러한 기회는 또 올거야, 더 좋은 기회가.」라고 생각하여 챤스를 놓쳐버리면 우리들의 행운은 영원히 다시 찾을 수가 없게 됩니다. 애인은 제 정신을 되찾아 위험을 의식하고 한편으로는 감행할 용기가 없었던 그 남자를 경멸하게 될 것입니다. 더구나 그녀로 하여금 달콤한 행복의 분위기로 빠져들게 한 저 달콤한 교합(交合)의 유혹에서 머나먼 허탈과 수치심으로 빠져들게 하고 말 것입니다. 오늘밤의 승리는 수월했읍니다. 그러나 내일 해가 뜨면 그러한 승리도 물거품이 될 것입니다.

어제 메레디스의 소설 〈우리들은 정복자의 한 사람〉을 읽으면서 운명의 일순에 대해 생각해 보았읍니다. 그것은 페르디난트 라사아르의 이야기입니다. 이 독일의 웅변가는 어느 귀족의 젊은 아가씨를 사랑하게 되었는데 그녀에게는 벌써 약혼자가 있었읍니다. 그러나 그는 미모와 천성으로 그녀의 마음을 사로잡게 되었읍니다. 어느 날 그녀는 그에게 「우리 가족들은 전부 당신에게 적의를 품고 있읍니다. 우리 함께 도망가요.」하고 말했읍니다. 라사아르는 보다 적절한 기회가 다시 없을까 하고 우물우물 시간만 끌었읍니다. 「우리들의 인생을 왜 추문으로 망쳐버리려 하십니까? 몇 달만 참고 부모님의 허락을 얻은 후에 결혼합시다.」

그는 결국 허락도 못받고 여자를 손에 넣을 수도 없었읍니다. 뿐만 아니라 그녀는 그녀의 약혼자와의 결투에서 살해 당하고 말았읍니다.

이것은 긍지와 정열의 참으로 기묘한 대조입니다. 상대방의 소청을 거부한 라사아르는 명예에 집착한 나머지 우둔한 죽음을 초래하고 말았읍니다. 연인은 그의 죽음을 슬퍼했읍니다만 때는 이미 늦었읍니다. 그녀는 결국 라사아르의 하수인과 결혼하고 말았으니까요.

챤스를 놓친다는 것……아가씨! 이 무서운 낱말을 멀리 하십시오. 나는 또 한 사람의 여성을 알고 있읍니다. 전쟁 중에 그녀를 좋아하는 어느 장교가 그녀에게 결혼을 청해 왔읍니다. 그녀는 하룻밤만 생각할 여유를 달라고 부탁한 뒤 다음날 승낙의 편지를 썼읍니다. 그런데 공교롭게도 그날은 적이 공격해온 날이었읍니다. 장교는 전선으로 소집되어 갔고 편지는 공중에 떠 버렸읍니다. 조국과 사랑, 이중의 패배로 절망한 젊은 장교는 죽음을 그리워했읍니다. 물론 여자를 설득해도 소용이 없다고 생각된 경우, 간단하게 포기하는 것은 마음이 약한 인품 탓이기도 합니다. 그러나 이것이야말로 그 여성으로서는 통탄할 일이었읍니다. 그녀는 그 결혼을 원하고 있었으며, 여유를 청한 것은 한낱 예의와 자존심에서였기 때문인데……. 그 자리에서 예스하고 말해 주었으면 얼마나 좋았을까요. ― 앙드레 모르와

● 사랑합니다, 라고 어떻게 말할까

가끔 우리는 자신이 느낀 사랑을 표현해야 할 때, 난처한 경우를 겪게 되는데,「당신을 사랑합니다」라는 말을 하면 상대방이나 혹은 자신을 당황시킬까 두려워 그 생각을 다른 말로 표현해 보려고 애씁니다.

「당신은 나에게 중요한 사람이야. 무슨 일이 일어나든 당신을 보살펴 주겠어. 하지만 그러기에 마음의 ― 또는 육체의 ― 상처를 입는 건 싫어.」

가끔은 명백한 표현이 필요합니다. 그러나 그것을 표현하는 방법 역시 중요합니다. 기쁨을 주는 무례한 표현은, 어색하고 무성의한 표현보다 더 따뜻한 정과 애정을 느끼게 해 줍니다.

친근한 미소와 손을 잡으려는 것은 진실한 마음을 외적으로 나타내는 자연스럽고 영적으로도 우아한 표현 방법입니다. 진실로 충동적인 포옹은 「당신을 사랑합니다. 」라고 말하는 것입니다. 비록 입에서는 「아이구, 이 늙은 염소야.」라는 말이 튀어나올지라도 말입니다.

그러나 가끔은 우리가 사랑하는 상대방에게 「당신을 사랑합니다.」라고 어떻게 말하여도, 그 표현은 어색하기만 하며, 또 어떤 때는 사랑의 표현을 보고 느끼기가 몹시 어려우며, 자신이 사랑을 표현하고 있다는 것을 느끼지 못할 때도 있읍니다.

그렇지만 신학자였던 폴 틸리는 이렇게 말했읍니다.

「사랑의 첫번째 의무는 들어 주는 것이다.」라고.

우리는 「당신을 사랑합니다」라는 표현을 여러 가지 방법으로 나타냅니다. 발렌타인 데이나 생일날에 선물을 하며, 미소나 눈물로, 시(詩)나 과자로, 어떤 때는 침묵으로, 어떤 때는 말로써, 퉁명스럽게 혹은

부드럽게, 들어줌으로써, 생각함으로써, 혹은 충동적으로, 또는 우리가 그에게(그녀에게) 표현한 사랑을 들어 주지 않음을 용서함으로써.

우리에게 있을지도 모르는 가장 어려운 문제는 우리 자신이 사랑을 받아들이기로 하는 그것입니다. 대부분의 우리들은 사랑을 할 사람을 선택하고 사랑을 받아 줄 사람을 선택하길 원합니다. 이것은 자만심의 발로인 것입니다.

실로 자만심을 가지고도 「당신을 사랑합니다」라고 말할 수 있읍니다. 그러나 그것의 의미는 무엇입니까?

사도 바울은 고린도 사람들에게 보낸 첫번째 편지에서 이렇게 쓰고 있읍니다.

「사랑은 뽐내지 아니하며, 사랑은 오만하지 아니하며, 사랑은 무례히 행하지 아니하며, 사랑은 자기 욕심만 차리지 아니하며……」

그러나 우리는 인간 존재란 명예욕과 오만과 무례함과 이기적인 욕심에 사로잡혀 있음을 알고 있읍니다. 그리고 우리가 그러한 욕심에 사로잡혀 있는 한, 우리는 자유스럽게 사랑할 수 없읍니다.

우리는 그러한 욕심들에서 벗어났을 때에 비로소 「당신을 사랑합니다.」라는 표현을 할 수 있읍니다. 비록 그 순간이 짧을지라도. 그리고 상대방을 나 자신보다 더욱 염려할 수 있을 때라야만이, 그때 사랑의 인내와 기쁨이, 사랑의 따뜻함과 희망이 어리석기만 한 우리들에게서 표현될 수 있읍니다. ─ 마조리 셰어리

● 사랑에 빠져서도

처음에는 그의 약점에 대해 전혀 판단을 할 수 없을 만큼 맹목적으로 빠져버리거나, 아니면 그저 다루기 힘든 습관 정도로 가볍게 넘김으로써 그것을 부정하려고 합니다. 그렇지만 때로 당신이 정신적으로나 현실적으로 도움을 기대할 수 없을 만큼 그가 나약한 남성이라는 사실이 번번이 드러나면서 당신은 심한 상처를 입게 됩니다. 그때서야 비로소 당신은 점차로 그에게 뭔가 근본적인 결점이 있다는 사실을 깨닫기 시작할 것입니다. 이것이야말로 전반적인 관계를 다시 생각해 볼 수 있는 좋은 시간입니다. 그러나 당신이 아빠를 도왔던 어린시절의 환상을 다시 회복하고 싶다는 망상에 빠지게 되면, 당신은 순식간에 무엇이든 구조할 수 있는 제복을 걸치게 됩니다. 간호원, 사회사업가,

휴가상담원, 자애로운 엄마, 경찰관 등의 역할을 모두 떠맡는 제복입니다. 그리고는 영혼을 찢는듯한 고통의 시간이 시작됩니다. 떠받들고, 어르기도 하다가, 도와주기도 하고······, 그러다가 어느 순간 포기해 버리기도 하지만, 다시 잠시 동안의 휴식으로 힘을 회복해서 떠받들고, 어르는 작업으로 다시 돌아갑니다······.

 이와 같은 구조작업은 주체가 여성이든 남성이든 간에 어렸을 때 그와 비슷한 부모에게 느꼈던 좌절감을 보상하려는 시도에서 비롯되는 경우가 많습니다. 만약 당신이 그와 같은 역할을 맡고 있다면, 그런 작업이 얼마나 사람을 피곤하게 만드는지 누구보다도 잘 알고 있을 것입니다. 이와 같은 상황들이 공통적으로 안고 있는 것은 그것이 자기 비하의 심리를 그대로 반영하고 있다는 점입니다.

 이들의 사랑이 한결같이 그 근원을 두고 있는 것은 만약 상대방을 강하고, 따뜻한 사람으로 변화시키면, 그가 자신에게 완벽하고, 안정된 행복으로 보답해 올 것이라는 신념입니다. 그러면서도 그 사람이 없으면 자신이 불완전하고, 불안하며, 비참하게 느껴지곤 합니다. 그들이 계속 이런 허황된 환상에 빠져 있는 한 큰 배신감 때문에 상처를 입게 될 뿐입니다. 그것은 영원한 패자의 역할입니다. ―하워드 엠 할펀

● 아름다운 사랑을 위해

「선생님께서는 아름다움과 사랑에 관하여 자세히 말씀해 주셨읍니다. 그런데, 저는 듣긴 들었는데 아직도 아름다움이 무엇이며 사랑이 무엇인지를 잘 모르겠읍니다. 저는 보통 사람이오나, 철학과 문학 계통의 책을 꽤 많이 읽었읍니다. 그런데 그런 책에 담긴 내용과 선생님의 말씀은 아주 다른 것 같아요. 저는 당장이라도 사랑과 아름다움에 관하여 우리 나라 선현들이 하신 말씀과 서양 서적에 나타나 있는 내용을 선생님께 말씀드릴 수 있어요. 하지만 선생님께서는 그런 선현들이 권위 있게 한 말씀을 인용하시려 들지 않는군요. 선생님께서 그러한 성향을 띠고 계신다 해도 우리는 이 문제를 깊숙이 파고들어 다룰 수 있을 것입니다. 그런 다음 저는 아름다움과 사랑의 뜻을 제대로 이해할 수 있었으면 합니다.」

「우리의 삶에서는 아름다움을 거의 찾아 볼 수 없는데, 그 까닭은 무엇일까요? 미술관에는 무엇 때문에 그림과 조각들을 진열해 놓았

을까요? 당신이 음악을 꼭 들어야 할 까닭은 무엇입니까? 풍경을 묘사한 글은 왜 읽나요? 훌륭한 심미안은 배워서 익힐 수도 있고 천성적으로 타고날 수도 있답니다. 하지만 그 심미안 자체가 아름다움은 아니랍니다. 그런 심미안이 사물과 함께 할 수 있을까요? 이를테면, 미끈한 최신형 항공기, 소형 녹음기, 현대식 호텔, 그리이스 신전 같은 것과 말입니다. 다시 말하자면, 이런 것들의 선(線), 아주 복잡한 기계장치 또는 깊숙한 동굴에 걸려 있는 아담한 교각에서 느껴지는 아름다움이 과연 심미안과 융합될 수 있을까요?」

「그렇다면, 아름답게 만들어져 있고 완벽하게 작동하는 물건에는 아름다움이 전혀 없다는 말씀입니까? 최고의 예술 솜씨를 부린 것에는 아름다움이 전혀 없단 말입니까?」

「물론, 그런 것에도 아름다움이 있고말고요. 시계 속을 살펴보면 정말 기막히도록 정교하죠. 이를테면 시계 속이나, 고대의 대리석 기둥이나, 시인의 싯귀에도 독특한 아름다움이 깃들여 있답니다. 그러나 그것을 아름다움의 전부라고 한다면, 그것은 감각의 표면적 반응에 지나지 않습니다. 야자수 한 그루를 본다고 합시다. 저는 태양을 향해 서 있는 한 그루의 야자수, 그 야자수의 색깔과 적막감, 그리고 저녁 나절

스트라스불

의 정적 — 이런 것에서 당신은 아름다움을 느끼게 됩니다. 또한 사랑과 마찬가지로, 아름다움도 촉각과 시각을 초월하여 존재하는 것이 아닐까요? 「이것은 아름답고 저것은 아름답지 않다」라고 한정짓는 것은 교육의 탓이 아닐까요? 「이것은 지저분하지만, 저것은 질서정연하고 선(善)을 꽃피우는 것이다」라고 말한다면, 그것은 관습과 습관과 형식의 탓이 아닐까요? 만약 그것이 모두 조건화의 탓이라면, 그것은 문화와 전통의 산물이지 아름다움이 아닙니다. 만약 아름다움이 그러한 산물이거나 본질적으로 경험에 바탕을 둔 것이라면 서양과 동양 출신의 사람에게 있어서 아름다움은 교육과 전통에 의해 좌우됩니다. 그러한 아름다움과 같이, 사랑에도 동양의 사랑이 있고, 서양의 사랑이 있고, 그리스도의 사랑이 있고, 힌두교의 사랑이 있고, 국가 전용의 사랑이 있고, 이데올로기의 사랑이 있단 말입니까? 분명히 말하거니와 그런 사랑은 사랑이 아닙니다.」

「그렇다면, 그건 무엇입니까?」

「당신도 알다시피, 자아탈피(Self—abandonment)라는 절제가 바로 아름다움입니다. 절제가 없으면 사랑이 있을 수 없고, 자아탈피를 하지 않은 아름다움에는 실감이 나지 않는 법입니다. 여기에서 말씀드리는 절제란 성자나 수도승이나 관리들이 행하는 이른바 엄격한 수련에 의해 얻어지는 것이 아닙니다. 그들은 그러한 가혹한 수련을 통해 자랑스럽게 자기 부정을 하면서 거들먹거리거나 권력과 권위를 확보한답니다. 한 마디로 그것은 절제가 아닙니다. 절제란 가혹하고 엄한 것이 아니며, 수련을 통해 자부심만 부풀게 하는 것도 아니랍니다. 절제는 위안의 거부가 아니요, 청빈과 독신 생활의 서약도 아닙니다. 절제는 지성의 총화입니다. 이러한 절제는 자아탈피가 있을 때에만 존재가 가능하며, 의지와 선택과 고의(故意)에 의해서는 존재가 불가능합니다. 아름다운 행위는 자기를 탈피하거나 포기하는 행위입니다. 철두철미한 절제를 가져다 주는 것이 사랑입니다. 아름다움은 바로 이러한 사랑이므로, 그것을 측정하면 끝장나고 맙니다. 따라서 이러한 사랑이야말로, 절대적인 아름다움입니다.」

「절대적이란 것은 도대체 무슨 뜻입니까? 자아탈피가 이뤄진다면, 그 다음엔 아무것도 행할 것이 없을 텐데요.」

「행한다는 것은 〈있는 그대로의 것〉으로부터 따로 분리하지 않는다는 뜻입니다.(The doing is not separate from what is.) 분리는 갈등(충돌)과 추악함을 가져다 주는 것입니다. 분리가 없을 때에는 생활 그 자체가 사랑의 행위입니다. 순수한 절제는 조금도 이중성이 없는 삶을 마련해 준답니다. 이것이 바로 정신이 행하여야 할 여행입니다. 언어로 표현되지 않고 아름다움을 솟아오르게 하는, 그러한 여행이죠. 이러한 여행이 곧 명상입니다.」— 크리슈나무르티

● 받아들이는 애정과 북돋아하는 애정

열의(熱意)가 결핍되어 있는 주된 원인의 하나는 자기가 사랑을 못 받고 있다는 감정을 들 수 있읍니다. 그런데 이와 반대로, 사랑을 받고 있다는 감정은 다른 어떤 것보다도 한결 열의를 촉진합니다. 자기를 사랑하는 사람이라곤 한 사람도 없을 정도로 자기가 남의 호감을 못 사는 인간이라고 생각하는 사람이 있을지도 모릅니다. 어린시절에 다른 아이에게 기울어진 애정보다도 적은 애정 속에서 견디지 않으면 안 되었던 사람도 있을 것입니다.

혹은 또 실제로 그 누구의 사랑도 받지 못하는 사람일는지도 모릅니다. 그러나 이 후자의 경우에는, 대체로 그 원인은 어린 시절의 불행이 그 원인으로서 자신(自信)을 결핍하고 있었던 것에 있었다고 생각합니다.

자기가 사랑 받지 못한다고 느끼고 있는 사람은, 그 결과로써 갖가지 태도를 취할 것입니다. 그는 모름지기 흔히 볼 수 없는 특별한 친절 행위를 함으로써 애정을 얻으려고 필사적인 노력을 할 것입니다. 그러면서도 그런 일을 하더라도 십중 팔구까지는 성공하지 못할 것입니다. — 이것은 그러한 친절의 동기가 그 친절을 받은 사람으로부터 쉽사리 간파되기 때문입니다. 더군다나 인간성이라고 하는 것은 애정을 너무 요구하지 않는 것처럼 엿보이는 사람에게야말로 가장 따뜻한 애정을 기울이게 되는 것 같은 구조로 되어 있기 때문입니다.

따라서 타인을 위한 것 같은 행위로써 애정을 사서 얻으려고 하는 사람은 인간의 망은(忘恩)을 경험하고 환멸의 비애를 느끼게 됩니다. 또 그러한 경우에는, 그가 사서 얻으려고 했던 애정이 그가 그것을 사들이는 댓가로서 부여하는 물질적 대상 보다도 훨씬 값어치 있는 것이 된다는 것은 절대로 있을 수 없읍니다. 그럼에도 불구하고 그에게는

사서 얻으려는 애정이 가치 있는 것이라고 하는 감정이 그의 행동의 밑바닥에 깔려 있는 것입니다.

안도감을 갖고 인생에 직면하고 있는 사람들은, 그 안도감이 불행으로 인도하지 않는 한, 불안감을 갖고 사는 사람보다는 행복합니다. 거기다가 항상 그러하다고 말 할 수는 없으나, 대단히 많은 경우, 안도감 그 자체가 다른 사람이라면 굴복해 버릴 것 같은 위험으로부터 구제해 줍니다.

당신들이 이 벼랑 위에다 가설해 준 좁다란 판자 위를 걷는다고 합시다. ― 그때, 만일 당신들이 무섭다고 생각한다면, 그렇게 생각지 않았던 때보다도 훨씬 떨어질 위험이 커집니다.

이와 똑같은 일이 인생에 있어서도 들어맞는다고 하겠읍니다. 두려움을 갖지 않는 사람이라도 갑자기 재난에 휩쓸릴 때가 있는 것은 물론입니다. 그럴 경우, 그러면 소심한 사람이 비탄에 잠겨 버리는 것 같은 많은 곤란한 상태에서도 아무런 아픔도 받지 않고 지나쳐 버릴 것이라고 생각합니다. 이와 같은 갑자기 다가오는 재해 앞에서도 두려워하지 않는 자신(自信)에는 무수한 형태가 있는 셈입니다.

어떤 사람은 산에 대해 자신(自信)을 갖고 있읍니다. 어떤 사람은 바다에 대하여, 그리고 어떤 사람은 하늘에 대하여 자신을 갖고 있읍니다. 그러나 인생에 대한 일반적인 자신(自信)이란 다른 어떤 것에 대해서도 뛰어난 것이며, 올바른 의미에서의 애정이 평소에 필요한 만큼 부여되어 있는 것으로부터 생깁니다. 그리하여 내가 진술하고 싶은 것은 열의의 원천으로 생각되는 이와 같은 마음의 습관에 관한 것입니다.

이 안도감을 안겨다 주는 것은 부여하는 애정이 아니라 부여받는 애정입니다. ― 물론 그것은 거의 다 상호적인 애정에서 생기는 것이지만.

엄밀히 말한다면, 이 안도감을 안겨다 주는 것은 애정뿐만 아니라, 또 찬미도 그러합니다. 일반의 칭찬을 받는 것을 일로써 삼고 있는 사람들, 즉 배우·설교자·연설가·정치가와 같은 사람들은 이 일반 사람들로부터의 갈채에 점점 더 크게 의존하게 됩니다. 그들이 일반의 칭찬이라고 하는 기대한대로의 보수를 받으면, 그들의 인생은 강한 열의에 충만되고, 그렇지 않으면 불평 불만을 품고 자기본위가 되어 버립니다.

양친의 귀여움을 받고 자라나는 어린이는 그 부모의 사랑을 자연의 법칙으로서 받아 들입니다. 그 사랑이 그에게 있어선 대단히 중요한 것임에도 불구하고 소중하게 생각하려고는 하지 않습니다. 그는 세상에 관한 일을 생각합니다. 앞날에 있을 모험이라든가, 나아가서는 그가 어른이 되었을 때 만나게 될 좀더 굉장한 모험에 관해서 생각합니다. 그렇지만 이러한 모든 외계에 대한 흥미의 배후에는, 유사시에는 부모의 애정에 의하여 지켜진다고 하는 마음이 모름지기 스며들고 있는 것입니다.

유년 시절에 이룩된 마음의 습관은 일생 동안 계속되는 것 같습니다. ─ 세 살 때 버릇이 백 살까지 간다고. 많은 사람들이 연애에 빠졌을 때, 거기에서 세계로부터 벗어난 안락한 안식처를 구합니다. 거기에서는 자기가 특히 칭찬받을 일을 하지 않았을 때에도 찬양받을 확신을 품을 수 있고, 칭찬받을 만한 가치가 없을 때에도 칭찬받게 됩니다.

최량(最良)의 애정이란 어떤 애정일까. ─ 이것을 말하기란 결코 쉬운 일이 아닙니다. 왜냐하면, 애정이란 것 중에는 명백히 뭔가를 지키려고 하는 요소가 포함되어 있기 때문입니다.

우리들은 자기가 사랑하는 것에 대한 괴로움에 무관심할 수는 없읍니다. 그러나 많은 경우, 그것이 소유욕의 카무플라즈(위장)일 경우가 있읍니다. 그때에는 상대방의 근심을 이용하여 상대방에 대한 보다 완벽한 지배권을 자기 손에 넣으려고 마음 속으로 바라고 있읍니다. 이것이 사나이가 수줍음을 타는 여자를 좋아하게 된 하나의 이유입니다. 이와 같이 하여 남자는 여자를 지킴으로써 자기 것으로 하게끔 이르렀읍니다.

사랑을 받았을 때, 그 얻은 애정이란 이중의 구실을 하게 됩니다. 그 중 한 가지는 안도감을 얻는다는 것입니다. 그러나 어른들의 생활에 있어서는, 애정이란 한층 더 본질적이며 생물학적인 목적까지 갖고 있읍니다. ─ 즉 어버이가 된다는 본성입니다.

성애(性愛)에 불타오를 수 없다는 것은 어떤 남자나 여자에 있어서도 커다란 불행이라고 하겠읍니다. 그것은 인생이 부여하지 않으면 안 될 최대의 기쁨을, 그 남자로부터 혹은 그 여자로부터 빼앗아 가기 때문입니다. 그러면 늦든 빠르든 간에 적극적인 열의라고 하는 것이 상실되고 내향성(內向姓)을 자아낸다는 건 거의 확실하기 때문입니다.

베니스

　또한 유년 시절의 불행이 성격적 결함을 낳고, 그것이 나중에는 사랑을 받을 수 없는 원인이 될 때가 지극히 많습니다. 아마 이것은 여자보다는 남자의 경우에 더 많다고 생각됩니다. ― 왜냐하면, 대체로 여자란 남자의 성격에 이끌리어 그 남자를 사랑하기가 일쑤이지만 남자란 용모에 이끌리어 여자를 사랑하게 되는 일이 보통이기 때문입니다. 이런 점에서 본다면, 남자란 여자보다도 열등하다고 말하지 않으면 안됩니다.
　이제까지 우리들은 사람이 받아들이는 애정에 관해 말해 왔읍니다. 이번에는 사람이 부여하는 애정에 관하여 말하고자 합니다. 여기에도 두 가지 종류가 있읍니다. ― 그 하나는 인생에 대한 적극적인 열의가 낳는 가장 중요한 표현으로서의 애정이라고 생각하며, 또 하나는 공포의 표현으로서의 애정입니다. 전자는, 나로서는 찬미할 수 있는 값어치가 있다고 생각되지만, 후자의 경우에는 기껏해야 위로 정도의 것에 불과하다고 생각됩니다.
　당신들이, 어떤 쾌청한 날에 배를 타고 아름다운 해안을 바라보면서 항해한다고 가정해 봅시다. 그때, 당신들은 해안의 아름다움을 찬미하고, 거기에서 기쁨을 느끼게 됩니다. 이 기쁨은 전적으로 외계를 바라

167

보는 데서 얻어지는 기쁨입니다. 그리고 당신들이 필사적으로 구하는 것과는 아무런 관계도 없습니다. 그런데, 이에 반하여 당신들의 배가 난파되어 그 해안을 향해 헤엄쳐 간다고 합시다. 그때, 당신들은 그 해안에 대하여 어떤 새로운 종류의 사랑을 깨닫게 됩니다. 또, 그 해안은 파도의 물결로부터 당신들의 몸을 지켜주는 안정성을 대표하고 있읍니다. 이때에는 그것이 아름다운가, 혹은 보기 흉한 것인가 하는 것은 중요한 문제로는 되지 않습니다. 훌륭한 쪽의 애정이란 타고 있는 배가 안전하게 항해할 때의 사람의 감정에 상당하며, 그에 못미치는 쪽의 애정이란 배가 난파되어 해안을 향해 헤엄치고 있는 사람의 감정에 해당합니다.

이러한 두 종류의 애정 가운데서 최초의 것은 안전하다고 느끼고 있지만, 그렇지 않으면 어쨌든 자기에게 덮치는 위험에 대해 전혀 무관심할 때에 가능한 것에 불과하고, 그와 반대로 후자의 경우에는 불안한 감정에 의하여 야기된 것입니다. 이와 같은 것은 사람을 사랑할 때, 그 사람이 뭔가 도움이 된다고 해서 사랑한다는 성질의 것이며, 그 사람 본래의 성질을 사랑하고 있다고 하는 데서 사랑하는 것은 아니기 때문입니다.

그러나 이와 같은 종류의 애정이라 하더라도 인생에 있어서의 정당한 역할을 아무 것도 하지 못한다고 생각지는 않습니다. 사실 거의 대부분의 참된 애정이 뭔가 이 두 종류의 애정이 결합한 것을 지니고 있는 것입니다. 그리고 애정이 참으로 불안감을 없애 버릴 때, 위험이나 공포의 순간에는 어두워졌던 이 세상에 대한 흥미를 다시 느끼게끔 해 줍니다.

그러면서도 이러한 애정이 인생에 있어서는 다하지 않으면 안될 역할을 그 나름대로 인정하면서도, 또한 그것이 하나의 애정보다도 뛰어난 것이 아니라고 생각지 않을 수밖에 없읍니다. 왜냐 하면 그것은 공포에서 생긴 것이며, 공포는 악(惡)이기 때문입니다. 또한 그것은 한결 더 자기본위이기 때문입니다.

최량의 애정이란 낡아빠진 불행으로부터 도피하려고 하는 것이 아니라 오히려 새로운 행복을 얻으려는 열의라고 하겠읍니다.

가장 좋은 타입의 애정이란 서로가 생기(生氣)를 주고 받는 것이라고 하겠읍니다. 서로가 사랑 받는 것을 기뻐하고, 그리고 이 사랑을 받는다는 서로의 행복이 있기에 전세계를 한결 즐거운 것으로서 생각합니다.

그러나 다음과 같은 애정도 있읍니다. ― 그것은 결코 진귀한 것은 아니며, 한 사람이 상대방의 생기(生氣)를 흡수해 버리는 애정을 말합니다. 상대방이 주는 것은 받지만, 그 보답으로서 아무 것도 상대방에게 주지 않는 그러한 애정입니다.

대단히 정력적인 인간들 중에는 이러한 흡혈형의 애정에 속해 있는 사람도 있읍니다. 그와 같은 인간은 한 사람 또 한 사람씩 희생이 된 자로부터 생기를 흡수해 버립니다. 그들은 번영하고 삶의 재미가 한층 더 커지지만, 생기를 빼앗겨 버린 인간은 점점 얼굴이 창백해지고 그림자가 희미해지고 바래 버립니다. 그들은 자기의 목적을 위해 다른 것을 이용합니다. 그리고 다른 사람들을 위해서는 생각마저 결코 하지 않습니다. 그들은 논리적으로는 다만 한때 사랑하고 있는 것처럼 생각되는 데 불과하며 참으로 마음 속으로 생각하는 건 아닙니다. 이것은 명백히 그들의 성질의 어떤 결점으로부터 초래되는 것입니다. 그러나 그것은 진단하는 것도 치료하는 것도 간단한 건 아닙니다.

두 인간이 서로 생각하는 순수한 의미에서의 애정, 상호간에 단순히 자기의 이익만을 위해 도움이 되는 수단으로서가 아니라, 오히려 두 사람의 행복을 위한 결합으로서의 애정, 그러한 애정이야말로 참된 행복의 가장 중요한 요소인 것입니다.

그리고 자아(自我)라고 하는 것이 강철 같은 벽 속에 굳건히 둘러싸여지고 이같은 애정을 크게 자라게 할 수 없는 사람은 인생이 안겨 다주는 최량의 것을 얻지 못하게 됩니다. ― 이것은 제 아무리 그 경험에 있어서 입신 출세했다고 한들 말입니다.

애정을 받는 것만으로써는 충분치 않습니다. 애정을 받았으면 주지 않으면 안됩니다. 받는 애정과 주는 애정이 동량(同量)일 경우에만이 애정은 최고로 그 훌륭함을 발휘하게 됩니다.

심리적이건 사회적이건, 상호간에 사랑하는 애정이 꽃 피려고 할 때에 방해하는 것은 커다란 악(惡)입니다. 이 세상은 언제나 그것에 고통을 입어 왔고 지금도 괴로와하고 있읍니다.

도덕과 세상에서의 지혜라는 두 가지 이름에 있어서 경계가 행해지고 있읍니다. ― 그 결과, 애정이 통하지 않으면 안될 곳에서 관용도 또한 적극적인 모험심도 방해를 받게 됩니다. 이것은 모두 인류에 대한 나약함과 증오심을 낳게 합니다. 왜냐하면, 많은 사람들이 참으로 근본적으로 필요한 것을 일생 동안 놓쳐 버리고, 열 사람 가운데 아홉 사람까지가 이 세상에 있어서 행복, 그리고 발전해 가는 인생을 보내기 위한 필수 조건을 구비하는 것을 할 수 없기 때문입니다.

성적(性的) 관계에 있어서는 참된 애정으로 일컬어지는 것이 거의 없을 때가 이따금 있습니다. 적의가 밑바닥에 깔려 있는 것마저 진귀하지는 않습니다. 어느 쪽이건 자기 자신을 주려고는 하지 않습니다. 어느 쪽도 근본적으로는 고독을 보관하려고 합니다. 그 어느 쪽도 원래의 상태 그대로이므로 열매를 맺는 일도 없기 마련입니다.

그와 같은 경험에는 아무런 근본적인 가치도 없습니다.

나는 이렇게 말하고 싶습니다. ― 참된 가치 있는 유일한 성적 관계라고 하는 것은 아무런 부끄러움도 없이 행해지는 것이며, 두 사람의 전 인격이 융합하여 하나의 새로운 집합적 인격이 탄생되는 것 같은 관계라고.

온갖 형태의 주의와 경계 속에서 사랑에 있어서의 주의와 경계야말로 아마 참된 행복에 있어서 가장 치명적인 것이 될 것입니다. ― 러셀

● 사랑, 그 이후

「사랑만으로는 부족하다.」는 것은 분명합니다.

두 인간이 서로 사랑한다는 사실은 그들이 행복하고 보람있는 관계를 이끌어 나가리라는 보장을 해 주지는 않습니다. 사랑은 그들의 성숙과 지혜를 마련해 주지는 않는데, 그런 자질이 없이는 그들의 사랑은 위기를 맞습니다. 사랑은 그들에게 마음이 통하는 기술이나 갈등을 해결하는 효과적인 방법이나 사랑을 그들의 삶이 지닌 다른 요소들과 융화시키는 재능을 자동적으로 가르쳐 주지를 않지만, 그런 지식이 결여되면 사랑은 죽음을 맞게 됩니다. 사랑은 자신을 존중하는 마음을 생성시키지는 못하므로, 그것을 강화 하기는 해도 창조하지는 못하는데, 그나마 자부심이 없다면 사랑은 살아남을 수가 없습니다.

그리고 비록 성숙하고 현실화가 잘 이루어진 개인들 사이일지라도 사랑이 꼭 「영원히」계속되지는 않습니다.

사람들이 계속해서 성장하고 발전함에 따라 그들의 욕구와 욕망은 달라지거나 중요성의 방향이 바뀝니다. 새로운 목적과 갈망들이 나타나서 관계에 균열을 유발하기도 합니다. 이것은 사랑이 「실패」했다는 의미가 아니고 — 꼭 그런 의미라고는 할 수 없겠읍니다. 두 인간에게 굉장한 기쁨과 마음의 양식과 자극을 제공하는 결합이라면 그것이 영원히 계속되지 않는다고 해서 「실패」라고는 얘기하기 힘들고, 영원하지 못하더라도 그것은 아직도 인간이 기꺼이 누리고 싶어하는 위대한 경험일 수도 있읍니다.

때때로 실패감을 자아내는 것은 사랑이 두 인간에게 기쁨과 충족감을 베풀어 주지 않기 때문이 아니라 포기할 때가 되었는데도 그 사실을 몰랐기 때문일지도 모르는데, 그들은 이미 사라진 것에 매달리려고 발버둥을 쳤고, 헛수고에 따른 좌절감과 고통을 잘못 판단해서 「낭만적인 사랑의 실패」라고 불렀읍니다.

그래서 우리들은 낭만적인 사랑에 관해서 우리들이 이해하고 있는 바를 — 그것이 의미하는 바가 무엇이고, 어떤 종류의 경험을 마련해 주고, 어떤 욕구를 충족시키며, 어떤 조건에 따라 좌우되는지를 다시 생각해 볼 필요가 있읍니다.

필수적은 아니지만 결혼으로 이어질 가능성이 있고, 필수적은 아니지만 아이들 문제가 얽혀들 가능성이 있고, 필수적은 아니지만 그들끼리만의 섹스가 유지될 가능성이 있고, 필수적은 아니지만 「죽음이 우리들을 갈라놓을 때까지」로 이어질 가능성이 있는 남자와 여자의 특별한 만남, 특별한 경험과 특별한 모험으로서 그것을 따로, 그 자체만으로 살펴볼 필요가 있는 것입니다. — 나다니엘 브랜든

● 탕아 이야기

성서에 나오는 탕아 이야기는 다른 사람들의 사랑을 거절하고자 했던 어떤 사람에 관한 이야기라고 나는 생각하고 있읍니다.

그는 어릴 때부터 가족들의 사랑을 받아 왔읍니다. 그는 사랑 속에서 자랐던 것입니다. 때문에 어린 그는 세상이란 모두가 으레 그런 것이려니 생각하게 되었고 자기도 모르는 사이에 따뜻한 인간의 애정이 몸에 배어 버렸읍니다.

그러나 소년이 되던 어느 날, 그는 그러한 습관을 버리려고 결심했

읍니다. 그것을 분명하게 선언한 것은 아니었지만 하루종일 밖을 쏘다니면서도 개조차 데리고 나가지 않는 것으로 보아 아마도 그는 집에서 기르는 짐승들이 자신을 사랑하는 것마저도 싫어했던 모양입니다. 그들의 눈빛에서도 역시 주의와 관심과 기대가 엿보였고 자신의 행동 하나 하나가 개를 기쁘게 하거나 슬프게 하는 것이 싫었기 때문입니다.

그 무렵 그가 원하고 있었던 것은 깊은 무관심의 상태였읍니다. 그러한 마음의 상태는 아침 들판에서 순수하고도 강렬하게 그를 사로잡았고 그럴 때면 그는 말없이 들판을 뛰어다니는 것이었읍니다. 마치 그는 시간도 숨쉬는 것조차도 잊어 버린 듯이 보였읍니다. 아침에 눈을 뜨기 시작하는 자연의 한 순간보다도 그의 마음은 더욱 가볍게 춤을 추는 것이었읍니다.

한번도 실현된 적이 없던 비밀이 그의 생활 속에서 생생하게 전개되어졌읍니다. 자신도 모르는 사이에 그는 길을 버리고 밭 한가운데를 달리고 있었읍니다. 양손을 활짝 벌리고 뛰었읍니다. 그렇게 하면 그 손과 손 사이의 넓이만큼의 세상은 단번에 자기 것으로 되어지는 듯이 느껴졌읍니다.

그는 아무데나, 생나무 담장 그늘 같은 데에 눕기도 하였읍니다. 그렇게 해도 어느 누구 하나 뭐라고 하는 사람이 없었읍니다. 피리를 만들어 보기도 하고 조그마한 짐승들한테 돌을 던져 보기도 하고 딱정벌레를 잡아 땅바닥에 엎드린 채 뒷걸음질을 시켜 보기도 했읍니다. 이러한 무심한 장난은 사람의 운명 따위와는 아무런 관계가 없는 것이었읍니다. 텅 빈 공간은 마치 자연을 스치고 지나가듯 그의 머리 위를 스치고 지나갔읍니다.

오후가 되면 여러 가지 공상이 떠올랐다 사라지곤 하였읍니다. 그는 해적의 두목이 되어 보기도 했읍니다. 거기에는 아무런 의무도 없었으며 여러 섬들을 포위하고 점령할 수 있었읍니다. 군인이 될 수도 있고 말을 탄 지휘관이 될 수도 있었읍니다. 바다 위의 함선을 타는 것도 마음대로 꿈꿀 수 있었읍니다.

문득 머리에 떠오르는 대로 땅바닥에 무릎을 꿇기만 하면 전설적인 기사가 되어 용을 무찌르기도 했읍니다. 그 흥분이 채 가시기도 전에 그런 영웅적인 행위를 복종을 모르는 불손한 행위라고 몰아세우는 비난의 소리가 들리는 때도 있었읍니다. 자유로운 공상은 어느 것 하나

빼놓는 일이 없었기 때문입니다.

 그러나 아무리 많은 공상으로 시간을 보내어도 새가 되고 싶다는 생각은 언제나 그의 머리를 떠나지 않았읍니다. 어떤 새라고 해도 상관 없었읍니다. 그저 집으로 돌아가지 않을 수만 있으면 충분했읍니다.

 정말 참으로 잊어 버리고 싶은 것들이 얼마나 많은가? 모든 것을 다 잊어 버린다는 것, 그것이 절실한 문제였읍니다. 그렇지 않고서 추궁을 받는 날에는 모든 비밀이 탄로나 버리고 말 것이기 때문입니다.

 아무리 두리번거리며 머무적거리며 느릿느릿 걸어 보아도 결국은 집 추녀가 보이게 되고 마는 것입니다. 제일 높이 있는 창문이 그를 쳐다보고 있었읍니다. 창가에는 누군가가 서 있는 것 같았읍니다. 하루 종일 기다리다가 지쳐 버린 개 한 마리가 숲을 헤치고 그에게로 달려 오면 그는 보통 때의 그러한 소년으로 되돌아가고 마는 것입니다.

 집 안에 발을 들여 놓자마자 모든 것이 끝나 버리고 맙니다. 집안에 진동하는 냄새 속에 발을 들여 놓으면 즉시 모든 것이 결정되고 마는 것입니다. 사소한 일들이야 변하기도 하겠지만 전체적으로 보면 그는 여전히 사람들이 생각하고 있는 그 집의 아들일 뿐인 것입니다. 집안 사람들은 보잘 것 없는 그의 과거를 제멋대로 자기들의 희망과 결부시켜 벌써부터 그의 인생의 약도를 그려 놓고 있는 것입니다. 그는 그 집 안 사람이 모두 소유하는 공유물과도 같은 것이었읍니다. 사람들의 애정의 암시는 밤이나 낮이나 그를 둘러싸고 있어 그가 무슨 일을 하더라도 사람들의 신뢰와 질투 사이에서 언제나 그를 비난과 칭찬의 과녁으로 만들어 버리는 것이었읍니다.

 아무리 조심조심 계단을 올라간다 해도 소용이 없었읍니다. 가족들은 모두 방에 모여 있다가 문이 열리면 일제히 이쪽으로 시선을 돌리는 것이었읍니다. 그는 한쪽 구석에 서서 질문을 기다리고 있었읍니다. 그러면 그가 가장 두려워 하고 있는 일이 일어납니다. 사람들은 그의 손을 붙잡고 책상 앞으로 데려다 앉힙니다. 거기 앉은 사람은 누구나가 무엇에 홀린 듯 등잔 불빛 앞으로 몸을 내밀게 됩니다.

 그들은 유리한 입장에 있읍니다. 그들은 어두운 등잔 그늘에 있고 불빛은 오직 그에게만 쏠려 있기 때문입니다. 그러면 온갖 수치심이 소년 한 사람만을 휩싸게 됩니다. 「사람들이 얼굴을 갖지 않았더라면 좋았을 텐데」하는 생각이 그의 머리 속에 떠오르는 것이었읍니다.

더블린

 이런 집에 언제까지 머물러 있어야 하는 것일까? 다른 사람들로부터 물려받은 분명치 않은 삶의 윤곽을 흉내내어 얼굴 모습까지도 그들과 비슷하게 되어 일생을 보내야만 하는 것인가. 그들이 하는 노력과 신경질적인 성실함과 속이 빤히 들여다 보이는 거짓—그것이 얼마나 그들 자신을 망가뜨려 버리는지 아는데도—사이에 끼어서 결국 몸이 두 쪽으로 잘려 버리고 말 것인가? 마음이 약하기만 한 집안 사람들을 사정없이 상처입히는 그런 인간이 되기를 단념해 버려야 하는 것일까?
 안돼! 그는 떠나 버리고 만 것입니다. 가령 그의 생일잔치를 위해 사람들이 바쁘게 상을 차리고 있을 때 그는 뛰쳐나가 버리고 만 것입니다. 그의 가슴에 맺혀 있는 것을 풀어 주기 위해 제멋대로 골라온 그들의 선물을 거들떠 보지도 않고 영원히 그 집을 떠나가고 만 것입니다. 그럴 때엔 이미 사랑을 받는 처지에서 벗어 나려는 결심을, 또한 아무도 사랑하지 않으리라는 결심을 굳게 하고 있었다는 것을 그는 몇 년이 지난 후에야 깨닫게 되는 것입니다.
 그러나 그런 결심 역시 다른 결심들과 마찬가지로 결코 실행될 수 없는 것이었읍니다. 다른 사람들처럼 그도 역시 고독한 속에서도 사랑을 하고 있었던 것입니다. 그는 언제나 온 힘을 다하여 고통스러울 정도로 상대의 자유에 대해 주의를 기울였던 것입니다.

 사랑하는 사람을 자신의 감정의 빛으로 태워 버리는 일 없이, 그 빛으로 조금의 빈 틈도 없이 모든 것을 환히 비추어 주는 법을 그는 서서히 배웠던 것입니다. 또한 이를 통하여 사랑하는 사람의 모습이 점점 투명하게 빛나가고, 넓디 넓은 세계가 열려지게 되는 것에 그는 한없이 즐거움으로 매혹되어 있었읍니다. 끝없는 소유욕 앞에 끝없이 넓은 정신의 세계가 열리게 된 것이었읍니다.

 자신도 그러한 맑은 빛으로 투명하게 되었으면 하는 바램으로 그는 밤마다 그리움의 눈물을 흘렸던 것입니다. 그러나 사랑을 받는 여인은 사랑을 받는 것만으로는 아직 사랑하고 있는 여인은 아닌 것이었읍니다.

 아아, 자신의 넘쳐 흐르는 사랑의 선물을 하나하나 다시 되돌려받지 않을 수 없었던 헛된 밤들이 얼마나 많았었던가! 자기의 사랑이 받아들여지는 것을 가장 두려워하던 투루바두르의 시인들은 얼마나 여러 번 생각했었던가!

 이러한 고통의 체험을 피하기 위해 그는 모아 두었던 돈을 함부로 뿌려 보기도 했읍니다. 상대 여인이 자신의 사랑을 받아들일지도 모른다는 공포감이 갈수록 심해져서 그는 과분한 선물을 함으로써 그녀의 마음에 일부러 상처를 주곤 하였던 것입니다. 구석구석을 비추어 주는 사랑을 만날 수 있으리라는 희망을 이미 오래 전에 버렸기 때문이었읍니다.

 가난이 얼마나 새롭고 냉혹하게 그를 괴롭히고 비참함이 그의 머리에 보금자리를 짓고 온 육신이 너덜너덜 닳고 닳았을 때에도, 암흑의 고난이 그를 괴롭혀 어쩔 수 없이 그 암흑을 살피려는 때에도, 더러운 종기가 마치 눈동자처럼 온 몸에 돋아 났을 때에도, 그리고 그의 몸뚱이가 더러운 물건처럼 부패하여 결국 쓰레기통 속으로 던져지고 스스로 사랑이 받아들여지지나 않을까 하는 것이 그의 가장 큰 두려움이었읍니다.

 두 인간이 서로 껴안게 되면 모든 것을 잃게 됩니다. 그러한 비참함에 비한다면 어떤 암흑이라도 보잘 것 없는 것이리라. 그러한 포옹에서 깨어나면 미래가 이미 사라져 버렸다는 감정이 생기는 것이 아닐까? 새로운 위험을 감당할만한 기력을 잃어 버리고 이리저리 방황하게 되지는 않을까? 죽지는 않을 것이라고 몇 백 번이나 맹세하지 않을 수 없게 되어 버리지는 않을까?

하기야 그가 인간으로서의 가장 밑바닥에까지 떨어졌어도 죽어 버리지 않았던 것은 그러한 것에 대한 추억의 끈기 덕분인지도 모르리라. 다시 돌아가야겠다고 생각할 때면 언제나 자리를 차지하려는 그 지독한 추억의 끈질김 때문이 아니었던가.

어쨌던 그는 결국 다시 돌아오고야 말았던 것입니다. 그리고 목동으로 지내던 시절이 되어서야 비로소 그 많은 과거들이 조용히 잠들게 되었던 것입니다.

그 당시의 생활을 어느 누가 묘사할 수 있으랴. 허무할 만큼 짧은 인생을 갖고서 참고 견뎌야 했던 그 당시의 기나긴 하루를 과연 어느 시인이 표현해 낼 수 있으랴. 그의 망또를 걸친 여윈 모습과 끝없이 펼쳐진 밤의 어둠을 동시에 그릴 수 있는 예술이 과연 어디에 있겠는가.

그것은 서서히 회복되어 가고 있는 환자처럼 자신을 평범하고도 이름 없는 인간이라고 느끼던 때부터 시작되었읍니다. 산다는 것 이외에는 다른 아무 것도 사랑하지 않았읍니다. 자기가 몰고 다니는 양떼들의 단순한 사랑은 이제 그에겐 아무런 짐도 되지 않았읍니다. 구름들 사이로 비추는 햇빛처럼 양떼들은 그의 주위에 흩어지고 풀밭에서 부드럽게 어른거릴 뿐이었읍니다. 배고픔에 몰려다니는 양떼들을 뒤따르며 그는 묵묵히 세계라는 목장을 걸어갔읍니다.

낯선 나라의 나그네들이 아크로폴리스에서 보았다는 목동이 그였는지도 모르리라. 프랑스의 보오 지방에서 양떼를 끌고 다녔을지도 모를 일입니다. 거기에서 모든 것을 7 과 3 이라는 행운의 숫자로 풀이하고 있던 기품있는 어느 종족이 어느 별의 16 이라는 불길한 수의 광선 때문에 패하여 결국 멸망해 버린 유적들을 보았을지도 모릅니다. 아니면 오히려 동굴묘지 안, 죽은 영혼들이 살던 그늘에 서서, 부활한 자의 무덤처럼 덩그러니 열려 있는 관의 한가운데를 눈으로 잠자리를 쫓듯 쳐다보고 있는 그의 모습을 상상하는 것이 더 잘 어울리지 않을까요?

그것은 아무래도 상관없는 일입니다. 나는 그의 모습을 눈으로 볼 수 있을 뿐만 아니라 그 무렵부터 시작된 신에 대한 끝없는 사랑, 말하자면 그 고요하고도 아무런 목적도 갖지 않는 생활도 상상할 수가 있는 것입니다. 영원히 자제를 하며 살겠노라고 생각했던 그에게 이제 억제할래야 할 수 없는 그러한 필연적인 일이 다시금 생겨난 것입니다.

그리하여 이번에는 자신의 사랑을 받아 줄 것을 원했읍니다. 그의 영혼은 오랫동안 고독을 맛보았고 아름다운 꿈과 믿음을 갖게 되었읍니다. 그는 이제야말로 신의 투명하고도 아름다운 빛의 사랑으로서 자신을 휩싸게 될 것이라고 생각했읍니다.

이토록 빛나는 사랑을 받고자 동경하면서도 넓디 넓은 감정에 익숙한 그는 신에게로 가는 길이 무한히 멀다는 것을 이해할 수 있었읍니다. 신을 향해서 몸을 허공에 내던지는 듯한 느낌을 갖는 밤도 여러 번 있었읍니다. 허공에서 이 땅 위로 내려와 이 대지를 끓어오르는 가슴에 실어 다시 높은 곳에로 이끌려 갈 수 있는 그러한 힘을 느끼는 창조적인 순간도 있었읍니다. 신비로운 말을 듣고 감동을 하여 그 말을 이용하여 시를 지으려는 사람과도 같았읍니다.

그러나 그에게는 우선 이러한 말이 얼마나 어려운 것인가를 깨달았을 때 느끼는 놀라움이 다른 무엇보다도 절실했읍니다. 의미도 없는 짧은 글을 한두 줄 쓰기 위해서도 기나긴 삶이 필요하다는 것을 그는 아직 깨닫지 못하고 있었읍니다.

어쨌든 그는 달리기 선수가 결승점을 향하여 뛰어가듯 그러한 말을 배우려고 뛰어 들었읍니다. 그러나 넘어야 할 장애물이 너무도 많았기 때문에 그는 걸음을 늦출 수밖에 없었읍니다.

이런 식으로 첫 발걸음을 내딛는다는 생각보다 굴욕적인 것은 없으리라. 인간은 다른 금속들을 황금으로 변하게 해주는「현자의 돌」을 발견했었지만 이제 그는 갑자기 만들었던 행복의 황금을 줄곧 값싼 인내의 납덩이로 다시 되돌려 놓지 않으면 안되었던 것입니다. 한때는 자신을 광활한 공간과 같다고 생각했었던 인간이 이제는 한갓 벌레처럼 나갈 구멍도, 방향도 모른 채 좁고 어두운 복도를 기어다니고 있는 것입니다.

그러나 그러한 노력과 고통을 극복하고 참다운 사랑을 배우게 됨으로써 그는 비로소 자신이 지금까지 쏟았노라고 믿고 있던 사랑이란 것이 얼마나 거칠고 보잘 것 없는 것이었나를 깨닫게 되었읍니다. 그런 사랑으로부터는 아무것도 새로이 태어날 수 없으리라는 것을 깨달았던 것입니다. 그러한 사랑을 고양시키는 일을 게을리했을 뿐만 아니라 진정한 사랑을 실현시키고자 하는 일을 그는 단 한번도 해본 적이 없었던 것입니다.
　그 무렵 그의 마음에는 커다란 변화가 일어났읍니다. 신에 가까이 다가가려는 그 고통스러운 일 때문에 그는 신을 거의 잊어버리고 만 것입니다. 언제든지 혹시 신으로부터 얻게 될지도 모르리라고 생각했던 것은 언제나「한 사람의 영혼을 간신히 참아내는 신의 인내」였읍니다. 사람들이 중요한 것이라고들 말하는 운명의 우연 같은 것도 그는 이미 잊어버리고 말았읍니다. 슬픔과 기쁨은 그 쓴맛과 단맛을 잃어버린 채 오직 영양 있는 순수한 부분만이 남게 되었읍니다. 풍요로운 결실을 약속하는 푸른 잎의 기쁨의 나무가 그의 생명의 뿌리로부터 자라났읍니다. 그는 자기 영혼의 생명이 모든 부분에서 열매를 맺을 수 있도록 노력하였읍니다. 그는 모든 부분에 자신의 사랑이 깃들어 자라나고 있음을 의심하지 않았기 때문에 어떤 것이고 놓치지 않으려고 했읍니다.
　그것뿐만이 아니었읍니다. 그는 마음의 여유가 생기자 아직까지 얻지 못한 채 그저 기다리기만 하다가 끝나버린 삶의 중요한 부분들을 이제부터 다시 실현해 보고자 하였읍니다. 무엇보다도 먼저 어린시절이 그의 머리에 떠올랐읍니다. 생각하면 할수록 자신의 어린 시절이 공허하게 지나가버리고 말았음을 느꼈읍니다.
　그 시절의 추억은 어느 것이나 마치 희미한 예감처럼 지나가버렸기 때문에 거의 미래의 일들같이 느껴지는 것이었읍니다. 그는 그 모두를 다시 한번, 이번에는 생생하게 체험해 보고자 했읍니다.
　그것이 고향을 떠난 탕아가 다시 집으로 돌아왔던 이유였읍니다. 지금도 그가 그곳에 그대로 머물고 있는지에 대해서는 우리는 아무것도 아는 바가 없읍니다. 오직 그가 고향으로 돌아왔다는 것을 알고 있을 뿐입니다.
　이 이야기를 해주었던 옛 사람들은 여기서 그 집이 어떠했었던가를 우리에게 다시 한번 회상시켜 주려고 하고 있읍니다. 그가 집을 떠난 후 별로 오랜 세월이 흐른 것은 아니었기 때문에 손가락으로 꼽을 수 있을 정도여서 집안 사람이라면 누구나 금방 얼마 동안이었노라고 말할 수 있을 정도였읍니다. 개들은 늙기는 했지만 아직 살아 있었고 그 중의 한 마리는 달려 나와 짖기까지 했었다고 적혀 있는 것입니다.

온 집안의 일하던 손들이 일을 멈추었고 창가엔 얼굴들이 나타났으며 서로 비슷해진 늙은 얼굴들, 자라서 약간은 변한 얼굴들이 그에게 이상한 감명을 주었읍니다. 그 중에서 아주 늙은 얼굴 하나가 위로 갑자기 무언가를 알아 본듯한 표정이 스쳐 지나갔읍니다. 하지만 과연 알아 본 것일까? 그저 알아 봤다는 것 그뿐일까? 아마도 용서한 것이리라. 그러나 무엇에 대한 용서였을까? 아닙니다. 그것은 사랑의 표정이었던 것입니다. 그렇습니다. 사랑임에 틀림없읍니다.
　노인이 알아본 것은 오직 살기에 바빴던 자식일 뿐이었고 노인은 아직도 그가 자기의 자식일 수 있으리라는 생각을 하지 못하였읍니다. 그때 일어났던 여러 가지 일 중에서 지금까지 전해내려 오는 것이 오직 그의 몸짓에 관한 것뿐이라는 사실도 이해할 수 있는 일입니다.
　그의 행동은 그때까지도 어느 누구도 본 적도 들은 적도 없었던 그런 것이었읍니다. 그는 사람들 발 밑에 엎드려 간청했었던 것입니다.
　「저를 사랑해서는 안됩니다.」
하고 그는 애원했던 것입니다.
　집안 사람들은 모두 매우 놀라 믿지 못해 하면서도 그를 일으켜 세워야만 했읍니다. 그들은 결국 그의 이같은 미치광이 행동을 자기들 마음대로 해석하며 용서하였읍니다. 그의 태도가 절망에서 나온, 속일 수 없이 확실한 것이었음에도 불구하고 사람들이 그 뜻을 오해했다고 하는 사실은 아마도 그에게 이루 말할 수 없는 안도감과 해방감을 가져다 주었을 것입니다.
　그는 예전처럼 고향에 머무를 수가 있었읍니다. 그는 사람들의 사랑이 진정으로 자신에게 향한 것은 아니라는 사실을 하루하루 확신하게 되었읍니다. 그들은 그를 기쁘게 해주려고 온갖 열성을 다했고 또 서로에게 부추기는 것 같았읍니다. 그들이 그렇게까지 애쓰고 있는 것을 볼 때마다 그는 웃음을 참을 수가 없었읍니다. 그리고는 자신이 그들의 사랑이 닿을 수 없는 먼곳에 있음을 깨닫게 되었읍니다.
　그가 어떤 사람인지 사람들은 전혀 몰랐읍니다. 그를 사랑한다는 것은 지극히 어려운 일이 되어 버렸던 것입니다. 그는 오직 한 사람만이 자신을 사랑할 수 있을 것이라고 생각하였읍니다. 그러나 그 한 사람은 아직도 그를 사랑하려고 하지 않았던 것입니다. ―릴케

V
마음 가득한 곳에

베를린

● 감사하는 마음

  아침, 눈이 뜨인 순간부터 나는 나 자신이 존재하고 있다는 사실에 놀람의 눈을 크게 뜨고 끊임없이 나 자신에 경탄하기를 계속합니다. 슬픔 끝의 환희가 왜 환희 끝의 슬픔만큼 크지 않은 것일까? 그 이유는, 슬픔 속에 있을 때 그대는 그 슬픔 때문에 상실당한 그대의 행복을 생각하지만, 행복 속에 있을 때 그대는 그대 자신이 그 행복 때문에 면한 고통을 생각하는 일이 전연 없기 때문입니다. 즉, 행복한 것이 그대 본래의 진면목이기 때문입니다.

  인간에게는 처음부터의 감각과 심장이 지탱할 수 있는 정도에 따라 일정량의 행복이 할당되어 있읍니다. 비록 조금일지라도 남에게서 그것을 방해당한다면 나는 손해를 본 것이 됩니다. 태어나기 이전에 나 자신이 생명을 요구했는지, 어떤지 나는 모르겠지만 살고 있는 지금 모든 존재가 나 자신의 당연한 몫이라는 느낌이 듭니다. 그와 동시에 감사의 기분은 즐겁고, 또 사랑하는 일이 나에게 있어서는 깊고, 당연한 즐거움인 것입니다.

  그래서 조금만큼의 바람의 애무까지도 나의 마음에 감사의 감정을 용솟음치게 합니다. ─지이드

● 아름다움의 완만한 회소

　아름다움 중 가장 고상한 것은 단번에 매료시키거나 폭풍처럼 도취시키듯이 덮쳐오는 것—이러한 것은 곧 구토를 일으키지만—이 아니라, 우리가 전혀 알지 못하는 채 언제나 가지고 있는, 꿈속에서 뜻밖에 마주치는 일은 있으나 우리들의 마음속에 오랫동안 겸손하게 숨어 있다가 결국은 우리들을 완전히 사로잡고 우리들의 눈을 눈물로, 우리들의 마음을 동경으로 넘치게 하는, 천천히 스며드는 아름다움입니다. —우리는 아름다움을 보고 무엇을 동경합니까? 아름다와지고 싶다는 것입니다. 우리는 아름다움에는 많은 행복이 결부되어 있음에 틀림없다고 생각합니다.—그러나 그것은 오해입니다.—니이체

● 환상

　메마른 흙으로 채워진 상자 하나를 선물로 받아들고 삽을 움켜쥔 채, 「이 상자 어딘가에 틀림없이 금화가 있을거야」라고 말한 우화속의 소년이 있읍니다. 이 낙천적인 소년처럼 혐오스럽고 무의미한 관계에 부딪혔을 때, 뭔가 희망을 걸고 좀더 나아질 수 있는 표적을 찾으려고 애쓰는 사람들이 많이 있읍니다.

　물론 그런 행동이 사랑에 긍정적인 요소로 작용할 수 있읍니다. 현재 두 사람의 사랑을 낙관적으로 받아들이는 것이 훨씬 숭고한 사랑으로 이끌어 주기도 하니까…. 그런 낙천적인 자세와, 정직하고 사려 깊은 통찰력이 어울려 악화된 장애의식과 좌절된 상황을 극복할 수 있읍니다. 그런 경우라면 삽을 들고 땅을 헤치기 시작한 노고를 보상받은 셈입니다.

　그러나 흙을 아무리 헤쳐봐도 금화는 나오지 않을 수도 있읍니다. 따라서 우리는 그 삽질을 멈춰야 할 정확한 시기도 판단할 줄 알아야 합니다. 낙천적인 사고방식이나 잠재된 인간의 희망이 우리를 영원히 고통받는 관계에 묶어두는 구실이 되기도 하기 때문입니다.

　당신도 자아기만에서 벗어나려면, 현재 당신이 선택해서 황홀한 사랑을 주고 받는 그 사람이 오직 세상에서 유일한 존재라고 여기고 있는 것이 단지 환상일 뿐이라는 사실을 솔직하게 인정해야 합니다. 사랑하는 관계에서 「단지 그 사람 뿐」이라는 사고방식에 빠지게 되면 당신은 현실과 마주 설 수 없게 됩니다. 오로지 과거에 단 하나의 존재였

던 엄마나 아빠에게 느꼈던 감정을 다시 찾으려고 발버둥치게 될 뿐입니다.
  그들은 한때 당신이 현실에 적응하는 능력이 지극히 부족했던 시절에 당신의 세계로서 존재했읍니다. 이제 당신의 세계는 더욱 커졌고, 당신은 스스로의 행복을 창조할 수 있는 능력을 갖고 있읍니다. 물론 만족스러운 애정관계도 그 행복의 커다란 부문을 차지하고 있읍니다. 하지만 단 한 사람에게 매달리는 것이 자신을 행복하게 해줄거라는 편견은 오히려 비참해지기 십상인「환상」에 모든 것을 걸고 있는 꼴이 됩니다. 또한「우리의 만남은 틀림없이 이루어 진다.」거나「내가 그녀를 몹시 사랑하고 있기 때문에 그녀도 틀림없이 나를 사랑한다.」는 식의 고정관념 또한 당신의 삶을 환상으로 이끄는 구실이 됩니다. 물론 어떤 환상은 삶에 보탬이 되기도 할 것입니다. 그렇지만 당신을 불행하고 비참한 애정관계에 매달리게 하는 환상은 삶에 마이너스 요인으로 작용할 뿐입니다. ― 하워드 엠 할펀

● 혼자 있는 기쁨(⑥)

  우리 주위에는 보통 충분한 공간이 있읍니다. 우리의 지평선은 결코 팔꿈치가 닿을 만큼 가까운 것이 아닙니다. 울창한 숲이나 호수는 우리 문 앞에 바싹 붙어 있지 않습니다. 그러나 약간은 언제나 개간되어 인간과 친밀하고, 인간의 발자국으로 닳아지며, 또 어떠한 방법으로 점유되어 담이 둘러지는 동시에 자연으로부터 인간의 소유로 탈취되어 있읍니다. 어떠한 이유에서 이 넓은 범위와 지역이, 인적이 드문 수 평방마일의 숲이 나의 은둔처로 내게 맡겨진 것일까?
  인간들은 대체로 말해서 여전히 어둠을 좀 두려워하고 있다고 생각됩니다.
  그러나 내가 가끔가다 경험하는 것은 가장 감미롭고도 부드럽고, 가장 순진하고도 고무적인 교제는 어떤 자연적인 사물에서 발견될 수 있는데 불쌍하게도 이것은 인간을 싫어하는 사람, 가장 우울한 사람에 대해서도 마찬가지입니다. 자연의 한 가운데서 살면서도 자기의 여러 감각을 여전히 지니고 있는 사람에게는 그야말로 암담한 우울이란 존재할 여지가 없읍니다. 건전하고 순진무구한 귀로는 어떠한 폭풍도 바람의 신의 노래로만 들립니다. 소박하고도 용감한 인간을 속된 슬픔으

로 몰아넣을 권리를 갖는 것은 아무것도 없읍니다.

내 콩밭에 물을 주고, 그리고 나를 오늘 집안에 가두어 놓은 이 부드러운 비는 조금도 쓸쓸하지도 우울하지도 않고 나에게는 아주 좋기만 합니다. 그 때문에 나는 콩밭을 매지 못하고 있으나, 밭 매는 것보다 이것이 훨씬 가치가 있읍니다. 비록 비가 오래 계속하여 종자를 땅 속에서 썩게 하고 낮은 지대의 고구마를 망쳐 놓더라도, 그 비는 고지(高地)의 풀에게도 좋을 것이니 풀에게 좋다면 나에게도 좋은 것입니다.

혼자 있다는 것은 좀 불쾌한 일이었읍니다. 그러나 동시에 나의 기분이 좀 이상한 것을 의식 했으며, 앞으로 회복될 것을 미리 예측했던 것 같습니다. 조용히 내리는 빗속에서 이러한 생각에 사로잡혀 있는 동안 나는 매우 감미롭고 자애스런 우정이 대자연 속에 뚝뚝 떨어지는 빗방울 속에, 그리고 내 집 주위에 있는 모든 소리와 풍경 속에 존재하는 것을 갑자기 의식했읍니다. 그리고 나를 받들고 있는 공기와 같은 무한하고도 형용할 수 없는 우정을 의식했으며, 이웃 사람이 있으면 얻어지리라고 생각되는 모든 장점이 무의미해짐을 느꼈읍니다. 그래서 그 후로는 그런 것을 생각해 본 일이 없었읍니다.

사람들은 흔히 나에게 이런 말을 합니다.「당신은 이곳에서 적적할 것 같은데……특히 비나 눈이 내리는 날과 밤에는 이웃이 그리워질 것 같은데…….」하고.

그러나 나는 그 사람들에게 이렇게 대답하고 싶습니다. 즉,「우리가 거주하는 이 지구 전체는 공간의 한 점에 지나지 않습니다. 저 별의 표면 넓이는 인류의 기계로는 측정할 수도 없는데 저 별에 살고 있는 가장 멀리 떨어진 두 사람의 거리가 얼마나 될 거라고 생각하십니까? 어째서 내가 적적하겠읍니까? 우리의 지구는 은하수 속에 있지 않습니까? 당신이 한 질문은 가장 중요한 질문이라고 내게는 생각되지 않습니다. 사람을 그의 동포들로부터 절연시켜 그 사람을 고독하게 만드는 공간이란 어떤 종류의 공간입니까? 아무리 발이 애를 쓰더라도 두 사람의 마음을 서로 접근시키지 못한다는 것을 나는 알고 있읍니다. 우리는 무엇에 가장 가까이 살고 싶은가요?」

많은 사람들 가운데 살고 싶지 않은 것만은 확실합니다. 사람들이 가장 많이 모여드는 곳 가까이 살고 있는 것이 아니고 우리는 마치 물가에 선 버드나무가 그 뿌리를 물쪽으로 뻗듯이 우리의 경험에서 우리가 발견한 생명의 분출구인 우리 인생의 영원한 원천 가까이에 살고 싶은 것입니다. 이것은 제각기 성질에 따라 달라지겠지만 현명한 사람이라면 그러한 곳에 지하실을 팔 것입니다.

사색을 함으로써 우리는 본심을 잊는 일이 없이 열중할 수가 있읍니다. 우리 의지의 의식적인 노력으로써 행위와 결과에서 초연히 서있을 수 있는 것입니다. 그리고 만사는 좋건 나쁘건 격류처럼 우리 곁을 지나갑니다. 우리는 자연 속에 전적으로 휩쓸려 있지는 않습니다. 나는 물결에 흘러가는 나무토막일 수도 있고, 혹은 하늘에서 그 나무토막을 내려다보는 인드라일 수도 있읍니다. 나는 한 편의 연극상연에 영향을 받을 수도 있을 것이고, 한편 나에게 훨씬 더 관계가 되는 것같은 실제 사건에는 영향을 받지 않을 수도 있을 것입니다. 나는 나 자신을 인간적 실재로서 알 뿐입니다. 말하자면 여러 사람과 감정의 장면으로서 알 뿐입니다.

그리고 다른 사람으로부터는 물론, 나 자신으로부터도 멀리 떨어져 있을 수 있는 어떤 이중성을 나는 느끼고 있읍니다. 나의 경험이 아무리 강렬하더라도 나는 나의 일부분이면서 나의 일부분이 아닌 것처럼, 나의 경험에도 참여하지 않으나 그것을 주목하고 있는 관객이며, 그것을 당신이 아는 바와 마찬가지로 나도 아닌 나의 일부분이 존재하며 비평하는 것을 의식합니다. 인생극이—비극일지도 모르지만—끝나면 관객은 제 갈 길을 갑니다. 그 인생극은 그 관객에 관하는 한 일종의 소설이며, 오직 상상의 작품입니다. 이와 같은 이중성은 우리를 불쌍한 이웃이나 친구로 쉽사리 만드는 일이 종종 있을 것입니다.

나는 대부분의 시간을 혼자 지내는 것이 건전하다고 보고 있읍니다. 아무리 좋은 사람들과 같이 무리를 이루고 있더라도 곧 싫어지며 지쳐지게 마련입니다. 나는 혼자 있기를 좋아합니다. 나는 고독보다 더 친하기 쉬운 벗을 발견하지 못했읍니다. 우리는 방 안에 머물고 있을 때보다 밖에 나가 사람들 사이로 돌아다닐 때 대개는 더욱 고독합니다. 사색하거나 일하는 사람들은 어디를 가나 고독하니, 그가 있고 싶은 곳에 있도록 하십시오. 고독이란 자기와 벗들 사이를 가로막고 있는 공간의 마일 수로 잴수 있는 것이 아닙니다. — 소로우

융푸라우

● 두려움으로부터 자유로와지기 위하여

　태양은 왜 빛나고, 별들은 무엇이며, 별과 우리 주변의 세계에 관한 모든 것, 당신은 어렸을 때 모든 것에 관해서 알고 싶다는 호기심을 느꼈지만 나이를 먹어가는 사이에 지식이란 아무런 감정이 없는 정보의 단순한 집합에 지나지 않게 되었읍니다. 우리들은 전문가가 되고, 이러저러한 화제에 관해서 많이 알고, 길거리의 거지라든가, 차를 타고 지나가는 돈많은 사람이라든가 하는, 우리 주변의 사물들에 관해서 관심이 아주 없어지게 됩니다. 만일 세상에 왜 부유함과 가난이 있는지를 알고 싶다면 우리들은 그에 대한 설명을 찾을 수가 있읍니다. 모든 것에 대해서 설명이 있게 마련이고 설명은 우리들 대부분을 만족시키는 듯 싶습니다. 종교에 관해서도 마찬가지 얘기를 할 수가 있읍니다. 우리들은 설명에서 만족을 찾고, 모든 것을 설명으로 치워버리는 행위를 우리들은 지식이라고 부릅니다. 그러면 우리들이 교육이라고 일컫는 것은 이것을 의미하는 것일까요? 우리는 알아내기 위해서 배우는 것입니까, 아니면 더 이상 파고들 필요가 없게끔 이성을 편히 쉬게 하기 위해서 설명과, 정의와, 결론들만 추구하고 있는 것일까요?

　어른들이 우리들에게 모든 것을 설명했다고 하더라도 우리들의 관심은 전반적으로 그쯤에서 죽어버렸으리라. 우리들이 나이를 먹어가는 사이에 삶은 더욱 복잡하고 아주 힘들어집니다. 알아야 할 것들이 너무나 많아지고, 슬픔과 고통이 너무나 많으며, 이 모든 복합적인 상황을 보고 우리들은 그 모든 것을 설명함으로써 해결했다고 생각합니다. 어떤 사람이 죽고, 그 설명을 잔뜩 늘어놓고, 그러면 고통은 설명을 통해 죽어버립니다. 젊었을 때라면 우리들은 전쟁이라는 개념에 반발할지도 모르지만, 나이를 더 먹게 되면 전쟁에 관한 설명을 받아들이고, 우리들의 이성은 둔감해집니다.

우리들이 젊었을 때에는 설명으로 만족하지를 않고, 어떻게 이지적이 되고 그래서 진리를 발견하느냐 하는 것이 훨씬 더 중요한데, 우리들은 자유가 아니면 이지적일 수가 없읍니다. 나이를 먹어 현명해진 다음에야 자유가 찾아온다는 얘기가 있지만, 우리들이 아직도 아주 젊을 때도 자유—제멋대로 해도 좋다는 자유가 아니라 우리 자신의 본능과 욕구를 아주 깊이 이해하는 자유가 틀림없이 있을 것입니다. 두려움이 없는 자유가 틀림없이 존재하겠지만, 인간은 설명을 통해서 두려움으로부터 해방이 될 수는 없읍니다. 우리들은 죽음과 죽음에 대한 두려움을 의식합니다. 죽음을 설명한다고 해서 우리들은 죽는다는 것이 무엇인지를 알거나, 죽음의 공포로부터 해방이 될 수가 있겠읍니까?

나이를 먹어감에 따라 아주 간단하게 생각하는 능력을 갖추는 것이 중요해집니다. 단순성이란 무엇일까요? 은둔 생활을 하는 사람, 가진 것이 아주 적은 사람, 그가 정말로 단순한 사람일까요? 단순성이란 그와 완전히 다른 무엇이 아닐까요? 단순성이란 이성과 마음의 상태입니다. 우리들은 대부분 아주 복합적인 존재이고, 욕구와 욕망도 많습니다. 예를 들면, 당신은 시험에 합격되기를 바라고, 훌륭한 직장을 구하기를 바라고, 이상이 있어서 훌륭한 개성을 가꾸고 싶다는 등등입니다. 이성은 요구하는 바가 너무 많은데, 그것이 단순성을 이루는 요소일까요? 알아내는 것이 매우 중요하지 않겠읍니까?

복잡한 이성은 어떤 진리도 알아낼 수가 없고, 무엇이 진실인지도 알아낼 능력이 없는데—그것이 우리들의 어려움입니다. 어린 시절부터 우리들은 순응하도록 훈련을 받고, 복합성을 단순성으로 정리하는 방법을 알지 못합니다. 아주 단순하고 직선적인 이성만이 참된 것, 진실한 것을 발견할 수 있읍니다.

  나무의 그림을 그릴 때, 당신이 그리는 것은 무엇입니까? 당신은 잎사귀와, 나뭇가지와, 줄기를 갖춘 나무를 있는 그대로, 세밀한 부분까지 완전하게, 사실적으로 그리는가요, 아니면 나무가 당신 마음 속에서 불러일으킨 감정에서부터 그 그림을 그리는가요? 만일 나무가 당신에게 무슨 얘기를 하고 당신은 비록 당신 감정이 아무리 복합적이라고 할지라도 내적인 경험으로부터 그리는 것이고, 당신이 그리는 그림은 위대한 단순성의 산물이 될 것입니다. 당신이 젊었을 때는 이성을 아주 단순하게 때묻지 않는 상태로 간직할 필요가 있읍니다.―크리슈나무르티

● 끝이 없는 고독

  고독은 오직 하나가 있을 뿐입니다. 그것은 크고, 쉽게 견디낼 수 없는 것입니다. 그리고 거의 모든 사람에게 이 고독을 무엇인가 아주 평범하고 값싼 결합과 교환하고 싶은 때가 오는 법입니다. 누구든 상관없이 가까이에 있는 사람, 아무리 시시한 사람과의 하잘것없는 외양적인 일치라도 좋으니까 그것과 교환하고 싶은 때가 오는 법입니다. 그러나 대개 그때야말로 고독이 성장하는 시간입니다. 왜냐하면 고독의 성장은 마치 소년의 성장과 같아서 고통이 따르고, 봄이 시작될 때처럼 서러운 것이기 때문입니다. 그러나 당신은 그것에 현혹되어서는 안됩니다. 필요한 것은 오직 고독, 커다란 내면적인 고독뿐입니다. 자신의 내부로 들어가서 몇 시간이고 아무도 만나지 않는 것―, 이것이 이루어지지 않으면 안됩니다. 어린아이 적에, 어른들이 중요하고 대단한 것처럼 보이는 일에―그러나 그것은 어른들이 아주 바쁘게 보이고, 어린아이는 어른들이 하는 일을 무엇하나 제대로 이해할 수가 없기 때문입니다만―관여하여 우왕좌왕하고 있었을 때, 우리가 고독했듯이 그렇게 고독해야 합니다.―릴케

● 고독하다는 것은

  당신은 당신 내부의 그 무엇이 당신의 고독에서 빠져 나오려고 한다고 해서 당신의 고독에 대해서 회의해서는 안됩니다. 바로 이 소망을 당신이 차분하게 유유히 도구처럼 사용하기만 한다면, 당신의 고독을

넓은 영토 위에 펼쳐 나가는 데에 도움이 될 것입니다. 사람들은 인습의 힘을 빌어서 모든 것을 안이한 방향으로, 그 중에서도 가장 안이한 방향으로 해결해 왔습니다. 그러나 우리가 어려운 것에 의지하지 않으면 안된다는 것은 명백합니다. 생명 있는 것은 모두 이것에 의지합니다. 자연계의 모든 것은 저마다의 방식으로 성장하고 또 몸을 지킵니다. 그리고 스스로 독자적인 것이 되어 어떠한 저항을 받더라도 그것을 지키려고 노력합니다. 우리는 아는 것이 거의 없습니다만, 우리가 어려운 것에 의지하지 않으면 안된다는 것은, 우리에게서 절대로 떨어질 수 없는 확신입니다.

고독하다는 것은 좋은 일입니다. 그것은 고독이 어렵기 때문입니다. 어떤 일이 어렵다는 것은, 그것에 힘쓸 더 많은 이유가 되지 않으면 안됩니다.—릴케

● 가장 큰 선물

때때로 우리들은 아픔을 느끼고 고통을 받습니다. 우리들은 사랑하는 사람에게 우리 자신의 상태를 표현할 욕망을 경험합니다. 우리들은 그 얘기를 하고, 우리 내면에서 벌어지는 모든 것을 표현하려는 욕구를 느낍니다.

우리들이 상대방으로부터 원하는 것은 들어 주려는 자세와 관심과 욕망입니다. 우리들은 자신의 감정을 타인이 진지하게 여기고 존중해 주기를 바랍니다. 우리들은 「넌 그런 기분을 느껴서는 안 된다.」라는 말을 듣고 싶어 하지는 않습니다. 또는 「그런 기분을 느낀다는 것은 바보 같은 짓이다.」라는 말도. 우리들은 훈계를 듣고 싶어 하지는 않습니다. 자신의 고통을 표현한다는 단순한 행위를 통해서 해결 방법을 발견하고 상처가 아물게 되는 경우가 아주 많이 있습니다. 더 이상 필요한 것은 하나도 없습니다. 우리들은 상대방이 그 점을 이해하기를 바랍니다. 그리고 상대방은 우리들에게서 똑같은 이해를 필요로 합니다. 이런 이해를 서로 상대방에게 제공할 수가 있다면 사랑의 유대는 강해집니다. 하지만 때로는 한 쪽이 자신의 고통을 경험하고 받아들이려는 자아의 자유를 스스로 용납하지 않기 때문에 그 사람이 원할지도 모르는 바를 제공하기가 아주 어려워집니다. 그러면 그 사람이 자신에게 줄 수 없는 것을 어떻게 다른 사람에게 제공할 수가 있겠습니까?

사실 고통에 관해 얘기함으로써, 그것을 표현하려고 노력함으로써 어느 남자나 여자는 우선 불안의 형태로 나타나는 경우가 아주 많은, 거부하고 버렸던 고통이 상대방의 내면에서 활동을 시작하도록 자극할지도 모릅니다. 불안으로부터 도피하려는 마음에서 그런 얘기를 하는 사람의 말문을 미리 막아버리는 경우가 있습니다. 상대방은 잔인하게 굴 생각이 없으며, 사실상 무슨 일이 벌어지고 있는지를 이해하지 못합니다. 하지만 마음의 전달은 실패했고, 상대방은 버림을 받았다고 느낄지도 모릅니다. 때로는 우리들이 사랑하는 사람에게 줄 수 있는 가장 큰 선물은 상대방의 기분을 좋게 만들어 주거나 무슨 해결 방법을 찾아내거나 무슨 똑똑한 말을 해야 할 아무런 의무도 없이 그냥 얘기를 들어주고, 그냥 곁에 같이 있어주는 것입니다. 하지만 그 선물을 타인에게 베풀기 위해서는 우리들은 그것을 자신에게 베풀 수가 있어야만 합니다. 만일 자신에 대해서 가혹하고 도덕적인 비판이 심하다면 우리들은 상대방을 조금도 더 잘 대할 능력이 없습니다. 자신을 받아들인다는 것은 타인들을 받아들이기 위한 바탕이 됩니다. 우리 자신의 감정을 받아들인다는 것은 타인들의 감정을 받아들이기 위한 바탕이 됩니다. 이것은 훈련을 통해 키울 수 있는 기술, 즉 우리들이 살펴보고 있는 원칙들에 대한 이해를 기초로 삼아 시작하겠다는 간단한 결정에 의해서 터득할 수가 있는 기술입니다.

하지만 상대방이 겪고 있는 고통을 유발시키는 데 어떤 면에서 영향을 끼친 사람이 바로 우리들 자신이라는 경우를 상상해 봅시다. 적절한 반응은 얘기를 들어주고, 상대방에게 그의 얘기를 타인이 들어준다는 경험을 제공하고, 우리들의 아끼는 마음을 보여주고, 혹시 우리들이 실수를 한 경우라면 그 잘못을 솔직히 인정하고, 그리고 잘못을 바로잡기 위해서 적절하다고 간주되는 어떤 행동을 취하는 것입니다. 하지만 우선, 꼭 동의를 하지는 않더라도 상대방의 감정을 있는 그대로 받아들이고, 얘기를 들어주고 받아들인다는 것, 그러니까 어쨌든 벌을 주는 부모처럼 되지는 않는 것이 중요 합니다.—나다니엘 브랜든

● 항상나 전설

삶은 우리를 이리 저리로 끌고 다니며 운명은 우리를 한 곳에서 또 다른 곳으로 옮기게 합니다. 우리는 길 위에 놓인 장애물 외에는 아무

것도 보지 못하며 또한 우리는 우리를 두렵게 하는 소리 외에는 아무 것도 듣지 못합니다.

　아름다움이 우리 앞에 나타나 영광의 왕좌에 앉자 우리는 가까이 다가갑니다. 우리는 갈망한다는 명분 아래 그 아름다움의 옷깃을 더럽히고 순수의 왕관을 빼앗읍니다.

　사랑이 온화한 옷을 입고 우리 곁을 지나갑니다. 그러면 우리는 두려워 어두운 동굴에 숨거나, 사랑을 따르며 사랑의 이름으로 악한 일을 자행합니다.

※　　※

　현자(賢子)가 그의 무거운 멍에를 쓴채 우리들에게 걸어옵니다. 그러나 그 멍에는 꽃의 숨결보다 부드럽고 봄의 미풍보다 더욱 온화합니다.

※　　※

　지혜의 거리는 모퉁이에 서서 대중들로부터 우리를 부릅니다. 그러나 우리는 지혜란 무가치하다고 생각하며 지혜를 따르는 사람들을 경멸합니다.

※　　※

　지혜는 우리들을 자신이 자기의 음식과 술을 마시도록 식사에 초대합니다. 그러면 우리는 거기에 가서 배를 채웁니다. 그래서 그 식탁은 곧 비어버리고 굴욕의 장소가 되어버립니다.

※　　※

　자연은 우리에게 우정의 손을 뻗쳐 그의 아름다움 속에서 우리에게 기쁨을 가져다 줍니다. 그러나 우리는 그의 고요함을 두려워하여 도시에서 그 피난처를 찾고 어슬렁거리는 늑대 앞의 양떼처럼 서로가 서로를 혼란시킵니다.

※　　※

　진실은 어린아이의 미소에 인도되어 우리를 방문하며 사랑의 입맞춤을 합니다. 그러면 우리는 진실에 대해 우리 애정의 문을 닫아 걸고 진실을 불결하다 하여 그와의 관계를 끊어버립니다.

※　　※

　인간의 마음은 우리의 구원을 요청하고, 영혼은 우리를 부릅니다. 그러나 우리는 돌멩이로부터 돌아선 것처럼 듣지도 이해하지도 못합니다.
 그리고 한 사람이 그 마음의 외침과 그 영혼의 부름을 들었을 때, 우리는 그러한 사람을 미쳤다고 얘기하며 우리 자신들로부터 그를 멀리합니다.

* *

 이렇게 매일 밤이 지나는 것이지만 우리는 주의를 기울이지 않습니다. 매일, 우리는 낮과 만나게 되며 우리는 세월을 두려워 합니다.

* *

 우리는 땅에 가깝습니다. 그러나 神들도 우리의 일가입니다. 우리가 생명의 떡을 지나쳐버려 굶주림은 우리의 힘을 먹어 치워버립니다.
 우리에게 삶이란 얼마나 감미로운 것입니까! 그리고 우리는 얼마나 삶으로부터 멀리 떨어져 있는 것입니까!—칼릴 지브란

• 좋뉴의 나라

 청년을 생각하면서 나는 외칩니다. 육지! 육지! 어둡고 무시무시한 바다 위를 정열에 쫓겨서 탐구하며 헤매고 다니는 것은, 이제 충분합니다. 지긋지긋합니다! 마침내 하나의 해변이 나타나고 있읍니다. 그것이 어떤 육지거나 그 곳에 상륙해야 합니다. 그리고 아무리 최악의 고난의 항구라 하더라도, 그 희망 없는 회의의 무한 속으로 비틀비틀 되돌아가는 것보다는 낫습니다.
 자아, 먼저 육지를 꽉 붙잡읍시다. 그런 다음 우리는 아마 틀림없이 좋은 항구를 발견할 수 있을 것입니다. 그리고 뒤따라오는 사람들의 입항을 쉽게 해 줄 것입니다. —니이체

• 빈곤이 주는 슬픔

 존슨은 이렇게 말했읍니다. 「가난이 죄악이 아니라고 주장하는 모든 논의 자체가 가난이 커다란 죄악임을 밝혀주고 있는 것이다. 재산이 풍부하면 무척 행복하게 살 수 있다는 사실을 설득시키기 위해서 애를 쓰는 사람은 찾아볼 수 없지 않은가」라고.
 그 솔직한 상식의 대가는 자기가 무슨 말을 하고 있는 것인지 그 뜻을 잘 알고 있었읍니다. 빈곤이라는 것은 물론 상대적인 것입니다. 이 말은 특히 지적인 존재로서의 인간의 지위에 관계를 가집니다. 우리가

신문의 기사를 믿는다고 하면, 영국의 지위 높은 남녀 가운데서도 주(週) 25실링의 확실한 수입만 있으면 도저히 자기자신을 가난하다고 말할 권리가 없는 그런 사람들이 있읍니다. 왜냐하면 그들의 지적 요구는 마부나 부엌에서 일하는 하녀들의 그것과 대동소이하기 때문입니다. 그 정도의 수입이 있으면 나는 살아갈 수가 있읍니다. 그러나 그래가지고서는 나의 생활은 정말 비참해지고 맙니다.

　어떤 사람이 말하기를, 돈으로는 가장 귀중한 것을 살 수 없다고 말하지만 그 상식적인 말은 아직 돈의 결핍을 경험하지 않은 것을 입증하고 있는 것입니다. 내가 버는 수입이 일년에 불과 몇 파운드 부족했기 때문에 지금까지 내 생활에 일어났던 그 모든 비애와 적막을 생각할 때에 나는 금전의 위력에 그만 아연해집니다. 나는 빈곤 때문에 즐거운 기쁨을 얼마나 잃어버렸던 것인가. 누구나 당연히 받을 권리가 있는 그 여러 가지의 단순한 행복감을.

　해가 갈수록 내가 좋아하는 사람들과 만나보는 일도 불가능해졌읍니다. 내가 하고 싶은 일을 할 수 없는 데서 비애가 생기고, 오해가 생기고, 아니 잔인하리만큼 친구와 소원해지기도 했읍니다. 그러나 그것은 약간의 돈만 있으면 할 수 있는 것이었읍니다. 돈이 넉넉치 않아서 줄여 버리거나 아주 금해버리기도 한 간단한 위안과 만족도 수없이 많습니다. 나는 단순히 내 처지가 궁하기 때문에 적지않은 친구를 잃어버렸읍니다. 친구로 만들 수 있었던 사람들도 결국 낯모를 사람이 되고 말았읍니다. 쓰라린 고독감, 즉 머리 속으로나 친구가 그리워 못견딜 때 닥쳐오는 그 고독감이 가끔 나의 생활을 저주했던 것이지만 그것도 오직 내가 가난한 탓이었읍니다. 일체의 도덕적 선행은 모두 국가의 화폐로 보답할 수 있다고 말해도 하등 과언은 아니라고 생각합니다.

　「빈곤은 대단한 죄악이다. 그것은 그처럼 많은 유혹과 그처럼 많은 불행을 잉태하고 있으니. 나는 그대들에게 그 빈곤을 피하라고 간절히 훈계할수밖에 없다.」고 죤슨은 다시 말하고 있읍니다.

　나에게는 그러한 빈곤을 피하도록 노력하라는 훈계가 필요없었읍니다. 런던의 많은 다락방은 내가 그 달갑지 않은 빈곤이라는 동거인과 싸우기에 얼마나 애를 썼는가를 알고 있읍니다. 나는 그 친구가 끝내 나와 동거하지 않은 것을 이상하게 생각합니다. 그것은 일종의 자연의

모순입니다. 지금도 가끔 잠 못 이루는 밤이면 그 생각이 막연한 불안을 가져다 주는 것입니다. ―깃싱

● 불행과 자기연민

「인간이란 덮어놓고 자기의 불행만을 생각하고 불평만을 토하는 동물이다.」 나는 이 말이 어디서 나온 것인지 모릅니다. 어느 글에선가 출처에 언급없이 인용된 것을 보았는데, 그것이 그 후에 자주 머리에 떠오릅니다. 서글픈 진리입니다. 묘하게 표현한 말입니다. 적어도 그것은 여러 해 동안 나에게 있어서는 진리였읍니다. 인생이란, 자기연민이라는 감정의 사치라도 없다면 견디기 어려운 경우가 한두 번이 아닐 것이라고 나는 생각합니다. 그러나 수많은 경우 인간을 자살로부터 구출해 준 것은 이 자기연민의 감정이었음이 틀림 없읍니다.

어떤 사람에게 있어서는 자신의 불행을 남에게 말하는 것이 큰 위안이 됩니다. 그러나 그렇게 얘기를 한대서 조용한 사색 속에서 얻어지는 것과 같은 심오한 위안을 얻을 수는 없읍니다. 다행히 내게 있어서는 그런 버릇이 결코 과거의 추억에 잠기는 따위의 것은 아니었읍니다. 사실 그것은 당장 고통을 겪고 있을 때라도 나를 완전히 압도해 버릴 악습이 되리만큼 뿌리깊은 버릇은 아니었읍니다.

나는 그런 버릇에 굴복할 때 그것이 나 자신의 약점이라는 것을 압니다. 그것이 나에게 위안을 가져왔을 때 나는 자신을 경멸했읍니다. 나의 불행을 곰곰히 생각하는 일마저 나는 비웃어버릴 수가 있었읍니다.

그리고 이제 와서는 우리를 지배하고 있는 알 수 없는 힘의 덕분으로 나의 과거는 그 죽음을 묻어버리고 말았읍니다. 그 뿐만이 아니라, 나는 내가 겪어온 모든 일을 부득이 했던 것으로 침착하게 기꺼이 받아들일 수도 있읍니다. 그것은 그렇게 되지 않을 수 없었으며, 또 사실 그러했읍니다. 이러하게끔 자연은 나를 창조했읍니다. 그 목적이 무엇이었던지 알 수는 없겠지만 영원에 걸친 사물의 연쇄(連鎖)속에서 이것이 나에게 주어진 자리였읍니다.

내가 언제나 두려워했던 것처럼, 나의 만년(晩年)을 의지할 수 없는 가난 속에서 보냈더라면 과연 나는 이만한 철리를 깨달을 수 있었을런지. 나는 불평에 찬 자기연민의 맨 밑바닥에 가라앉아서 천상의 광

명에는 완고히·눈을 피하고 거기를 기어다니고 있지나 않을런지. ― 깃싱

• 고뇌보다. 더 괴로운 동정

동정의 괴로움이 원래의 고뇌보다 더 괴로운 경우가 있읍니다. 예컨대 친구가 추악한 일을 저질렀을 때, 우리는 자신이 그러한 일을 했을 때보다도 더 강렬한 고통을 느낍니다. 첫째로 우리는 그의 성격의 순결을 그가 생각하는 것 이상으로 믿고 있고, 둘째로 우리가 그에게 기울인 사랑은, 분명히 앞에 말한 신용 때문이지만, 자기 자신에게 품고 있던 사랑보다도 더 강하기 때문입니다. 그는 자신의 과오의 나쁜 결과로 말미암아 우리들보다 더 심한 고통을 겪어야 하므로, 그의 이기주의는 우리들의 이기주의보다 더욱 심하고, 고통을 겪는 것이 사실이라 하더라도, 우리들의 비이기적인 기분―이 말도 엄밀하게 받아들여서는 안 됩니다. 단지 편의를 위해 사용할 뿐입니다 ― 은 그의 잘못 때문에 그의 비이기적인 기분보다 더 심한 타격을 받습니다.―니이체

• 친구와. 우정

「고독을 즐기는 자는 야수가 아니면 신」이라고 한 성현이 있읍니다. 짧은 말로 이보다 더 큰 진리와 비진리를 한꺼번에 담기도 어려웠을 것입니다. 사람이 마음속 깊이 사회를 혐오하고 역겨워한다면 어느 정도 야수의 속성을 가진 것이 분명하지만, 이것을 가리켜 신격(神格)의 성질을 가진 것이라 한다면 터무니없는 말 일 것입니다. 물론 고독이 즐거워서가 아니라 사회와 절연하고 보다 고결한 뜻을 구하는 소망에서 고독을 찾는 예외적인 경우도 있읍니다. 그러나 고독이 무엇이며 그 한계가 어디까지인가 사람들은 잘 모릅니다. 사람의 무리가 곧 반려(伴侶)는 아니며, 뭇 얼굴은 진열된 그림에 지나지 않고 사랑이 없는 대화는 심벌즈가 울리는 소리에 지나지 않습니다. 「큰 도회지는 큰 고독」이라고 한 이탈리아 속담이 이를 잘 표현해 줍니다. 큰 도회지에서는 벗들이 멀리 흩어져 있기 때문에 작은 이웃에서 볼 수 있는 교제의 기회가 대체로 없는 까닭입니다. 그러나 우리는 한 걸음 더 나아가 참된 벗이 없는 것이야말로 참으로 비참한 고독이라고 단언해도 좋습니다. 친구가 없는 세계는 황무지에 지나지 않습니다. 고독을 이러한

런던

뜻으로 생각할지라도 누구든지 마음과 감정의 바탕이 교우(交友)를 맺기에 알맞지 않다면 그의 성품은 인간 아닌 짐승의 것에서 연유한 것이라 하겠읍니다.

　벗을 사귀어 얻는 좋은 열매는 온갖 감정의 원인이 되어 일어나는 가득차고 부풀어 오른 가슴을 편안히 하고 발산해 준다는 점입니다. 우리는 폐색(閉塞)과 질식의 병이 육체의 가장 위험한 병임을 알고 있읍니다. 마음의 경우도 그다지 다르지 않습니다. 마음을 열어 주는 처방은 오직 참된 벗 뿐입니다. 우리는 슬픔, 기쁨, 두려움, 희망, 의혹, 상의 등 가슴 위에 얹혀서 마음을 누르는 모든 것을 벗에게 털어 놓을 수 있읍니다. 이것은 일종의 세속적 고해이며 고백입니다.

　이제 우정의 결실을 완전히 하기 위하여 더욱 명백하고 여느 사람도 쉽게 알 수 있는 점 하나를 덧붙이기로 합니다. 그것은 친구로부터의 성실한 충고입니다. 「순수한 빛이 항상 으뜸이다」라고 한 헤라클레이토스의 수수께끼 같은 말은 좋은 암시가 됩니다. 타인의 충고에서 오는 빛은 분명히 자신의 이지와 판단에서 오는 빛보다 훨씬 순수합니다. 주관적인 판단은 항상 자신의 감정과 습관에 젖고 물들어 있기 때문입니다. 따라서 벗이 주는 충고와 자신이 스스로에게 주는 충고의 차이는 친구의 충고와 아첨자의 충고의 차이만큼이나 큽니다. 자기 자신을 능가하는 아첨자는 없고, 자기 아첨에 대한 처방으로는 친구의 거침없는 충고를 능가하는 약이 없는 것입니다.

인간의 육신(肉身)은 단 하나이며, 그 육신은 오직 한 곳에 한정되어 있읍니다. 그러나 우정이 있는 한 인생의 모든 과제는 말하자면 우리 자신과 우리의 대화자에게 나누어 부여되는 것입니다. 자신의 과제를 친구가 맡아 줄 수 있기 때문입니다. 또 체면상, 혹은 예의 염치 때문에 스스로 말하고 행동할 수 없는 일이 얼마나 많습니까? 사람은 자신의 공적을 온당하게나마 주장하기 어렵습니다. 하물며 자신이 잘한 일을 스스로 찬양하기란 거의 불가능합니다. 또 사람에게 간청하고 구걸하는 짓을 차마 할 수 없는 경우가 있읍니다. 이러한 사례는 무수히 많습니다. 그러나 이러한 모든 것을 자기 입으로 이야기 한다면 낯이 붉어질 일이지만 친구의 입을 통한다면 나무랄 데 없다 하겠읍니다. 더구나 사람이 가지는 본연의 관계란 무시할 수 없는 것입니다. 즉, 자식에게 이야기할 때는 아버지로서 말할 수밖에 없으며, 아내에게는 남편으로서, 적에게는 조건부로 말하게 됩니다. 그러나 친구라면 이러한 특수한 관계를 떠나서 필요에 따라 이야기할 수 있는것입니다. 그러나 이와 같은 사례를 열거하자면 한이 없을 것입니다.

우리에게 친구가 없다면 우리는 이 무대를 떠나는 것이 좋습니다.
― 베이컨

● 순수하고 진모한 우정은

요컨대 우리들이 보통 친구니 우정이니 하는 것은 어떤 기회에 또는 이익을 위하여 맺어진 지우 관계이거나 친교에 불과하며, 우리의 영혼도 오직 그것에 의하여 연결되어 있는 데 지나지 않습니다. 그러나 내가 말하는 우정에서는 두 사람의 마음이 혼연일체가 되어 두 개를 합치고 있는 꿰맨 자국조차 보이지 않을 정도의 것입니다. 만일 누가 왜 그를 사랑하느냐고 물어 온다면, 「그것이 그였고, 그것이 나였기 때문이다.」라고밖에 달리 대답할 길이 없을 것 같습니다.

여기에는 나의 모든 이성을 넘어서, 내가 사적으로 말할 수 있는 것을 넘어서, 이 결합의 매개체가 된, 무어라 설명할 수 없는 숙명적인 힘이 작용하고 있읍니다. 우리는 서로 만나기 전에 서로의 소문을 듣고 서로를 찾고 있었읍니다. 우리 귀에 들려오는 서로의 소문은, 우리 마음에 그 소문이 지니고 있는 이상의 인상을 심었읍니다. 그것은 무언가 하늘의 명령에 의한 것이었다고 나는 믿습니다. 우리는 서로가 서로의 이름으로 서로 포옹하고 있읍니다. 그리고 우연히 시내의 어느 축제 모임에서 처음 만났을 때, 우리는 서로 완전히 매혹되어 친숙해지고 결합되었읍니다.

그때부터 우리에게는 세상에 우리 둘의 사이보다 더 가까운 사이가 없을 정도로 되었읍니다. 그는 한 편의 훌륭한 풍자시를 썼는데, 거기에서 그는 우리들 상호간의 이해가 너무나 급속히 이루어진 사연을 설명하고 있읍니다. 우리의 우정은 그 기간도 지극히 짧았고 시작도 너무 늦었기 때문에 시간을 낭비할 여유도 없었고, 다른 우정들처럼 그 전에 먼저 오래 두고 교섭을 가져 조심해서 상대하며 미리 교제하다가 이루어지는 정상적인 유약한 우정의 본을 따를 수도 없었읍니다.

이 우정은 그 자체밖에 다른 생각이 없었고, 그 자체밖에 인연지울 수 없었읍니다. 그것은 한 특별한 생각도, 둘·셋·넷·천의 생각도 아니었읍니다. 그것은 무엇인지 모르는 이 모든 것의 혼합된 정수였으며, 내 전 의지를 사로 잡아서 그의 의지 속에 몰입시켜 지워버렸고, 그의 전 의지를 사로잡아서 하나의 갈망으로 똑같은 경쟁에서 내 의지 속에 몰입시켜 지워버렸던 것입니다. 내가 지워버렸다고 말했지만, 실은 우리 자신의 것이라고는, 또 그의 것도 나의 것도 남긴 것이 없었던 것입니다.

세상의 어떠한 공론도 나와 나의 친구의 의도와 판단에 대하여 품고 있는 확신을 무너뜨리지는 못합니다. 그의 행동이 어떠한 모양으로 보여져도, 그 동기를 알아보지 못할 것은 아무 것도 없읍니다. 우리들의 마음은 너무나 하나로 뭉쳐 있고, 너무나 열렬한 애정으로 각자의 오장 육부까지 서로 드러내 놓은 똑같은 애정으로 서로 살펴주고 있기 때문에, 나는 그의 마음을 내 것같이 알고 있을 뿐만 아니라, 내 일에 나를 믿기보다는 확실히 그를 더 기꺼이 믿어 주었을 것입니다.

우리의 우정과 딴 범속한 우정을 같은 계열에 놓지 말기를 바랍니다. 나는 어느 누구보다도 보통의 우정에 관해서 잘 알고 있으며, 또한 가장 완전한 우정도 알고 있읍니다. 그러나 이 두 가지 우정을 혼동하기를 원치 않습니다. 그것은 오해의 시초입니다. 이러한 범속한 우정에 있어서는 고삐를 손에 잡고 조심 조심 나가야 합니다. 그 결합은 의심할 여지 없을 정도로 긴밀하지는 못합니다. 「그를 언젠가는 미워하지 않으면 안 될 것으로 생각하고 사랑하라. 언젠가는 사랑해야 할 것으로 생각하고 미워하라.」라고 킬론은 말하였읍니다. 이 교훈은 우리 우정에 있어서는 극히 자랑스럽게 울리지만, 보통 일반의 우정에는 지극히 유용합니다. 대개의 경우에는 아리스토텔레스가 즐겨 쓰던 말 「오오, 친구여! 친구란 없구나.」가 적용돼야 할 것입니다.

이런 우리들의 고상한 교제에서는, 다른 우정을 가꾸어 내는 봉사와 혜택 따위는 고려할 여지도 없읍니다. 우리들 둘의 의지가 완전히 융합하고 있기 때문입니다. 왜냐하면 스토아 학파가 무어라 하건, 내가 필요한 때 내 자신에게 주는 도움 때문에 늘어나지도 않고, 내가 내 자신에게 해 주는 봉사에 어떠한 감사도 느끼지 못하는 것처럼, 이러한 친구 사이의 결합은 정말로 완전하기 때문에 그러한 의무감을 없애고 둘 사이에 은혜· 은의· 간청· 감사 따위의 분열(分裂)과 차별을 의미하는 말을 쓰기를 기피하고 배척하게 합니다.

사실상 둘 사이에는 의지·사상·판단·재산·아내·자식·명예·생명 등, 진실로 모든 것이 공통이며, 두 사람의 화합은 아리스토텔레스의 지극

푸로렌스(피렌체)

히 적절한 정의에 의하면, 몸은 둘, 마음은 하나에 불과하기 때문에 서로 무엇을 빌린다든가 준다든가 할 수가 없읍니다. 그 때문에 법을 만드는 자들이 결혼이란 것에 이 거룩한 결합과의 어느 상상적 유사성으로 명예를 주기 위하여 남편과 아내 사이에 물건을 선물로 주는 행위를 금하고 있는 것은, 그리하여 모든 것이 각자의 것이 되며 둘이 아무 것도 쪼개 갖거나 떼어 갖지 못하게 하려는 것입니다.

우정에서는 만일 한 편이 다른 편에게 무엇을 주는 수가 있다면 그것을 받아주는 일이 은혜가 되며, 그것은 그의 친구로 하여금 감사의 마음을 품게 할 것입니다. 왜냐하면 각자가 무엇보다도 상대방에 더 좋은 일을 해주고 싶어하는 터이므로 그런 자료와 기회를 대어주는 자가 자기 친구에게 그가 가장 바라는 일을 대신 실현시키며 그에게 만족을 주는 관대한 일을 한 것이 됩니다. 철학자 디오게네스는 돈이 떨어졌을 때, 친구들에게 돈을 빌려달라고 하는 것이 아니라, 돈을 돌려달라고 했다 합니다.

일반의 우정이라면 분할이 가능합니다. 어떤 자에게는 그 미모를 사랑하고, 또 어떤 자에게는 그 느슨한 습성을, 또 어떤 자에게는 관대한 마음씨를, 또 다른 자에게는 형제와 같은 애정을, 또한 다른 자에게는 아버지와 같은 자애로움을 하는 식으로 사랑할 수가 있읍니다. 그러나 영혼을 점유하고, 절대적으로 지배하는 이 우정은 두 개가 될 수 없읍니다. 만일 두 사람이 구원을 청해 오면, 어느 쪽으로 달려 갈 것입니까? 만일 두 사람이 상반되는 봉사를 청해 온다면 어떻게 서열을 매길 것입니까? 만일 한 쪽이 알고 싶어하는 것을 다른 한 쪽은 비밀로 붙여달라고 당부한다면 어떻게 이 일을 해결할 것입니까?

그러나 유일 최고의 우정은 딴 모든 의무를 면제해 줍니다. 내가 남에게 누설하지 않겠다고 맹세한 비밀도 남이 아닌, 즉 내 자신과 같은 사람에게라면 그 비밀을 전해줘도 배반하는 것이 아닙니다. 자신을 두 개로 만든다는 것조차 굉장한 기적일 터인데, 하물며 그것을 세 개로 만든다는 사람들은 이 우정의 높이를 모르는 자들입니다. 무엇이건 그 자신과 같은 것이 있다는 것은 최고가 못됩니다. 그래서 나는 두 사람의 인간을 어느 쪽도 다 같이 사랑하고, 그들도 서로 사랑하며 동시에 나까지도 사랑한다는 것을 상상하는 자는, 절대로 유독하고 하나로 되어 있는 것, 단 하나라도 이 세상에서 가장 찾아보기 힘드는 것을 다수에게 분할하려는 것입니다.
 이 이야기의 다른 부분은 내가 말한 것에 아주 잘 들어 맞습니다. 왜냐하면 에우다미다스는 자기 친구들을 자기 필요에 이용한 것을, 그들에게 은혜와 혜택을 주는 일로 간주했기 때문입니다. 그는 그들을 자기에게 친절을 다 한다는 자기 자신의 상속인으로 삼은 것입니다. 그러니 우정의 강도(強度)는 아레테우스의 행위보다도 그의 행위에 훨씬 더 풍부하게 나타나고 있다는 것은 의심할 여지가 없는 것입니다. 결국 이것은 우정을 맛보지 못한 자에게는 상상할 수 없는 행동입니다. 이런 점에서 나는 한 젊은 병졸이 키로스에게 한 대답은 훌륭한 것이라고 칭찬합니다. 키로스가 그 병졸에게 경기에서 승리한 말을 얼마주면 팔겠느냐, 왕국을 주면 그 말하고 바꾸겠느냐고 물어보자,
 「폐하! 그것은 절대로 못합니다. 그러나 만일 친구로서 사귈 만한 사람이 있다면, 그리고 그 친구를 얻기 위해서라면 기꺼이 이 말을 내놓겠읍니다.」라고 하였읍니다. 「만일 있다면」이란 정말 멋있는 대답입니다. 왜냐하면 겉으로 사귀기에 적당한 사람은 많지만, 마음 속으로 사귀고, 무엇이건 털어 놓을 수 있는 우정이란 확실히 모든 동기가 완전히 순수하고 진실해야만 하기 때문입니다. — 몽테에뉴

● 친밀함의 한계

 우정이란 우리 자신에게 진실함은 물론 축복받은 자유를 포함합니다. 그러나 이것은 다른 모든 자유와 같이 절제함을 배워야 하는 자유입니다. 실로 의식하고 있거나 의식하지 못하는 죄책감은 친구가 우리를 너무 잘 알고 있기에 생기는 것이며, 그 죄책감은 종말을 알리는 신호탄인 것입니다.
 친밀함의 경계에서 행하여도 지장 없는 행동은 친구에게서 자신이 싫어하는 무엇인가를 발견하고 또 그것이 자신의 성격상 참을 수 없는 것이라면 친구의 어떤 것 때문에 자신이 화가 났다고 말하며 그의 근본적인 실수를 애기해 주는 것이 비평없이 그것을 참아 내는 것보다는 낫읍니다.
 근본적으로, 우리의 마음에 떠오른 욕망이나 실수를 가장 가까운 사람에게 고백한다는 것은 어린아이와 같은 유치한 사랑에서 나온 행동입니다. 어느 심리학자는 그에 관해서 이렇게 설명합니다.

「지나간 죄나 현재의 죄, 그리고 받아들일 수 없는 욕망 등 모든 것을 애기하는 행위는 어린 시절로 돌아가 부모의 사랑을 요구하는 것과 같은 어리석은 행위입니다. 아기가 실수를 저지르고서도 엄마가 용서한다는 미소를 지어 보이며 깨끗이 정리해 줄 것을 기대한다는 것은 자신의 실수를 사랑으로 덮어 달라고 요구하는 것과 같은 것입니다.」라고.

그렇지만 고백을 않는다는 것이 과연 영혼에도 좋은 것일까? 심리학적인 어떠한 실험도 그와 같은 개인적인 슬픔에는 해답을 주지 못하고 있읍니다. 또한 만약 그러한 슬픔에 억눌려 있다면 언젠가는 우리를 집어삼키지 않겠느냐는 의문이 떠오릅니다. 물론 그렇습니다. 그러나 당신이 비밀을 털어 놓아야만 하겠다면 그 상대는 누구입니까?

이제까지 내가 애기한 종류의 비밀이라면, 대답은 친한 친교를 가지고 있는 사람은 안 되며, 당신의 고백으로 상처를 입을 것 같지 않은 초연한 사람이거나 잘 모르는 사람이 좋다는 것입니다.

신부님이나 목사님, 그리고 선생님이 당신의 친구가 되거나 조언자가 되어 줄 수도 있으며, 자신의 주치의나 변호사가 비록 영혼을 이끄는 특권은 없을지라도 한 사람의 진실한 고통을 해결해 주는 데에 동일한 기능을 발휘할 것입니다.

좀더 심각한 감정적 문제나 혼란이라면 정신과 의사나 심리학자, 혹은 사회학자를 찾는 것이 좋습니다. 그러한 사람들은 우리에게 가장 하기 싫은 말을 시킬 수 있으며 우리의 용기를 북돋아 줄 수도 있읍니다. 더우기 그런 사람들은 우리를 도와서 우리 자신이 감정을 가지고 살아가도록 가르치는 전문가들입니다.

어쨌든 친밀한 사람에게 자신을 털어놓는다는 것은 비록 노골적으로 위험한 상태가 되지 않는다 해도 위험한 것입니다. 그러니 우리는 우리 자신만이 아니고 우리가 사랑하는 사람을 위해서도 친밀함에는 한계를 두어야 합니다. — 몰튼 헌트

● 결정인 친밀감

우리 곁에 아무런 스스럼없이 대할 수 있는 다정한 사람을 단 한 사람이라도 갖고 있다면, 우리는 이토록 고독하지는 않겠지요.

열 명, 오십 명, 백 명, 천 명이 아니라, 단 한 사람이라도 말입니다.

그 대상이 여자에게 있어서 여자이건, 남자에게 있어서 남자이건, 그리고 여러분이 다가서서 여러분의 대열에 함께 참여시켜 여러분에게 귀를 기울이도록 할 수 있는 사람이라면 누구이건간에 정말로 큰 문제가 안 됩니다. 여러분이 아무 것도 숨기지 않아도 되는 사람이면 말입니다. 여러분은 그들에게 「이런 것들이 내 생각입니다」라고 말할 수 있고, 그들은 「좋아요. 모두 옳은 말씀입니다. 제 생각도 그래요.」「아주 멋진데요.」라고 말할 것입니다.

그러나 우리는 서로 친근하다는 데서 오는 기쁨을 누릴 수가 없는 것입니다. 왜 사람들은 서로 친해지지 않으려고 할까요? 그 이유를 몇 가지만 생각해 봅시다. 그들이 말하는 것에 귀를 기울여 봅시다.

「친해지는 것을 두려워하는 것이 아닙니다. 상처받을 것이 두려울 뿐이죠.」

「나는 이런 관계들에 곧 싫증이 납니다. 우리는 서로를 알자마자, 새로운 맛은 금방 사라지고 처음의 흥분도 사라지고 맙니다.」

「사람들은 친밀하기를 원하는 것이 아니라, 솔직히 말해서 오직 섹스를 원할 뿐입니다.」

「나는 친근해진다는 것이 본질적으로 불가능하다고 생각합니다. 사람들은 너무나 다르기 때문입니다.」

「그들이 나의 참 모습을 알게 되는게 두려워요.」

「친밀함은 항상 조바심과 질투심을 느끼게 해요. 어느 누구에 대해서 친밀감을 깊게 느끼면 느낄수록, 조바심과 질투심도 깊어져요. 그래서 나는 무관심함으로써 상처받는 것을 피하려고 해요.」

「그건 재미있는 일이죠.」다른이가 말합니다. 「그러나 나는 단지 내가 친하게 지내는 사람과 다투고 상처를 입히기만 할 것 같아요.」「내가 그들과 친밀한 관계를 형성할 때마다 나는 그들에게 항상 속는 기분이 들어요. 나는 거기에 뭔가 분명히 더 있는 것을 알지요. 그래서 그 점을 다 보면 머리가 어질어질해지고, 마침내 나는 모든 것을 파괴하게 된답니다.」

「우리 모두는 대단한 요구를 할 것이고, 그들 또한 다른 요구를 할 것입니다. 다른 사람의 요구를 만족시키려 하다 보면 생활은 더욱 더 복잡해지기만 합니다.」

이것들은 모두 정직하고 매우 인간적인 논평입니다. 친밀한 관계를 형성한다는 것이 모험이라는 것은 사실입니다. 그들은 마음의 상처를 줄 수도 있으며, 여러분에게 무리한 요구를 할지도 모릅니다. 또 여러분더러 다른 모습으로 변해 주기를 요구할지도 모릅니다. 그들은 여러분의 마음 속 깊은 곳에 있는 감정을 불러일으켜, 여러분으로 하여금 때때로 비참한 기분이 들게 할 수도 있읍니다. 그러나 내가 전에도 말했듯이, 만약 여러분이 그들과 친하게 지내지 않으면 여러분은 고독과 절망의 벽에 부딪칠 것이라는 것도 역시 사실입니다.

조오지 레오날드가 말하기를, 「우리는 지구 궤도에서 달까지도 갈 수 있으나, 이 사회는 두 사람이 서로의 의견을 무시하지 않은 채 계속해서 단 1주일 정도만이라도 조화있게 사는 방법을 궁리해 보지도 않습니다.」 사람들은 친밀감이란 말은 시대착오적인 것이라고 하지만 나는 친밀감이란 절대적인 필수 요인이라고 봅니다. 만약 우리가 그렇지 못하면 우리 모두는 거의 미치게 되리라고 생각합니다. 여러분이 할 수 있다면 계속해서 고독한 채 살아 보십시오. 나는 여러분이 의미있고 지속적인 관계를 계속 유지할 수 있을 정도로 여러분의 정신건강은 그 수준을 이룩했다고 믿고 있읍니다. 그리고 이러한 관계들은 양적인 것이 아니라 질적인 것이어야 합니다.

그러나 우리가 서로 영향을 줄 수 있고, 또 인간적인 관계를 맺을 수 있는 방법은, 현재의 나 자신으로부터 시작되는 관계이지요. 그리고 그것이 또한 진정한 친밀입니다. 그것은 어디서든지 이기적인 마음이 없이 주고받을 수 있는 관계인 것입니다.

「당신을 이용할 생각은 없어요. 당신을 사랑하고 싶을 뿐예요. 당신의 경험담을 듣고 싶어요. 당신을 포옹하고 싶고, 당신을 알고 싶고, 당신을 느끼고 싶어요. 당신과 같이 춤을 추고 싶고, 당신과 같이 웃고 싶어요.」 그러나 내가 말한 것처럼 그것은 여러분이 갖고 있는 모든 에너지를 필요로 합니다.

여러분은 계속 성장하고 있읍니다. 여러분은 매일매일 새롭게 되어가고 있읍니다. 언제나 여러분의 가장 중요한 책임은 결국 여러분 스스로에 대한 것이어야 합니다. 왜냐하면 여러분이 이런 것을 느끼지 않는다면 여러분은 오직 여러분이 가지고 있는 것만을 줄 수 있읍니다. 여러분이 이 세상에서 춤으로, 또는 나무에 매달리는 것으로, 또는 기묘한 것을 함으로써 생생하게 알려져 있다면, 여러분은 계속 어떤 자극적인 존재로 남을 것입니다.

　우리를 가깝게 해주는 것은 동질성입니다. 그러나 우리가 함께함을 계속 유지시켜 줄 수 있는 것은 「새로움」입니다. 따라서 여러분은 항상 지혜있게 살아야 하며, 좀더 자극적인 여러분이 되셔야 하고, 흥분할 수 있는 마음을 가지셔야 하며, 새로운 생각들을 서로 나눌 수 있어야 하고, 성장하고, 발전해야 합니다. 이것은 가만히 앉아서 기대할 수 있는 것들이 아닙니다.

　또한 친밀감은 기대되어져서는 안 됩니다. 여러분은 다른 사람과 접촉할 때 기대를 갖지 말도록 하십시오. 어느 누구도 항상 여러분이 원하는 상태로 될 수는 없읍니다. 만약 여러분이 그런 생각을 하고 있다면 여러분에겐 아무리 깜짝 놀랄 일이 생기더라도 크게 놀라지 않을 것이고, 그러한 깜짝 놀랄 만한 일을 한 사람은 여러분의 모습을 보고, 또 여러분은 그의 모습을 보고 실망하게 되는 것입니다. 여러분이 그런 식으로 살아간다면, 아마 언제나 실망을 안고 사는 것이 될 것입니다. 그 사람이 당신을 부르지 않아서, 또는 당신의 생일을 기억해 주지 않아서……. 그들이 그것을 기억한다면, 여러분은 테이블을 돌며 손뼉을 치며 춤추고 흔들어대며 즐거워하십시오. 그러나 그들이 기억하지 않았다 해도 그것으로 만족하십시오. 그것은 여러분이 어떤 관계를 갖는 것에는 여러분의 마음 속에서 자발적으로 일어나는 것이어야 한다는 것을 말해 주는 것입니다. 여러분은 그런 일에 대해서 가볍게 웃어 넘기십시오.「그는 내 생일을 기억 못했어, 귀여운 자식. 나는 내가 선물을 사야겠어. 어쨌든 그것은 좋은 일이야, 내가 내 선물을 사야 내가 원하는 것을 정확히 얻을 수 있으니까 말이야.」

　여러분이 환희를 얻기를 바라고 그것을 기대한다는 것은 따분한 일이 될 것입니다. 여러분이 기대할 수 있는 것은 단 한 가지, 여러분의 접촉 대상이 되는 사람이 끊임없이 변할 수 있다는 사실입니다. 우리 과의 한 학생이 손을 들고 물어 봅니다.「그것은 당신이 화요일에 말한 것과 다른데요.」그러면 나는 다음과 같이 대답합니다.「알고 있어, 나는 화요일보다 더 자랐지. 내가 지난 화요일의 레오로 머물기를 바라는가?」

　여러분은 서로의 관계 속에서 여러분이 느끼고 있는 그 감정을 그대로 보여 주십시오. 울고 싶으면 눈물이 나오도록 우십시오. 웃고 싶으면 눈물이 나도록 웃으십시오. 소리치고 싶으면 소리를 치십시오. 마루 위에서 구르고, 모든 사람을 깜짝 놀라게 하십시오.

제발 여러분의 감정이 저절로 전달될 때까지 기다리지 마세요. 내 생각으로는 감정을 나타내지 못하는 무능력에 있는 것 같습니다. 나는 항상 사람들에게 논쟁을 짧게 하지 말라고 합니다. 이 논쟁의 해로운 점은 우리가 어떤 것을 해결하지도 못하고 싱겁게 끝나 버린다는 것입니다. 논쟁이 길면 길수록 여러분은 더욱 더 여러분 생각을 구체화할 수 있습니다. 그래서 그들이 문 밖으로 나가려 할 때 다음처럼 말하십시오. 「기다려요. 나는 아직 이해하지 못했어요. 계속 얘기해 봅시다.」 마침내 여러분은 매우 어리석은 것을 가지고 논쟁하고 있었다는 것을 알 것입니다. 가족 관계가 깨어지고, 이혼률이 급증하고 있읍니다. 사람들 사이의 관계들이 진부한 것으로 되어 가고 의미없는 것으로 되어 가고 있읍니다. 특히 젊은이들 사이에서 자살률이 2배로 증가했읍니다. 친해진다는 것은 가볍게 흘려 버릴 것은 아닙니다. 그것은 우리를 성숙하게 하는데 도움을 줄 수 있는 과제입니다. 그리고 그것은 우리에게 있어서 가장 큰 희망입니다. ─ 레오 버스카글리아

● young의 뚫뚫

우리가 지니고 있는 가장 훌륭한 속성 중의 하나는 남을 용서해 준다는 아주 멋진 속성입니다. 나는 여러분이 완전하지 못하기 때문에 오히려 여러분을 용서할 수 있습니다. 나는 내가 완전하게 되는 그날, 다른 사람들도 완전해지기를 바라겠읍니다. 그러므로 여러분 모두가 완전합니다. 그러므로 여러분 자신을 찬양하고, 즐거움과 경이로움, 그리고 신비로움으로 충만하여 여러분의 인간성을 찬양하십시오. 내가 여러분을 찬양할 수 있다는 사실은 얼마나 기쁜 일입니까?

가을은 내가 가장 좋아하는 계절입니다. 그것들은 나에게 많은 것을 이야기해 줍니다. 그리고 가을이 와서 내가 무화과나무의 낙엽에 둘러싸이게 되면 나는 낙엽들을 거기에 그대로 놓아 두고 싶습니다. 사실 나는 낙엽들을 가지고 와서 내가 가르치는 학생들의 책상 마다에 놓아 주기를 좋아합니다. 나는 「얼마나 멋있읍니까! 나뭇잎은 정말이지 기적입니다!」하고 말합니다. 낙엽을 예로 들어 가면서 감정과 지각력에 대해서 이야기하기 시작합니다. 그러면 나뭇잎을 치워 버렸던 모든

치롤地方

학생들이 허리를 굽혀 나뭇잎을 집어 올립니다. 자, 이제는 그 나뭇잎이 중요해졌읍니다. 하지만 그 낙엽은 원래 그 자체로서도 중요한 것이었읍니다.

　나는 내 학급에 있었던 한 아름다운 눈먼 여학생을 기억합니다. 우리가 나뭇잎에 대한 느낌을 서로 이야기하고 있을 때, 어떤 사람이 「잎이 예쁘지 않습니까? 섬세한 잎맥을 보십시오.」라고 말했읍니다. 우리가 눈에 보이는 것을 말하는 동안에, 그녀는 우리들이 미처 생각하지도 못했던 사실을 말했읍니다. 「마른 잎의 냄새가 좋지 않으세요?」

　나는 나뭇잎을 좋아하고, 그것들이 시들어 떨어지면 땅에 그대로 내버려 두기를 더 좋아하지만, 나의 이웃들은 청결하고 말쑥한 것을 좋아하는 사람들입니다. 그래서 그들의 집 주위는 낙엽이 하나도 없이 깨끗하지만, 나의 집 주위에는 온통 낙엽투성이로 지저분하기 짝이 없는 것입니다.

　우리들의 문화에서 무엇보다도 나를 깜짝 놀라게 하는 것은 유우머의 부족입니다. 우리들은 일반적으로 일들을 너무 심각하게 다루고 있읍니다. 우리는 웃는 법을 잊고 살아왔읍니다. 옛날을 생각해 보십시오. 옛날에는 가정이 얼마나 화기애애했는가를 생각해 보십시오. 나도 이제는 옛날처럼 웃는 소리를 들은 적이 거의 없읍니다.

우리는 웃지 않습니다. 모든 사물이 즐겁지 않습니다. 우리들은 즐거워하는 방법을 잊은채 살아왔고, 그보다 더욱 심각한 사실은 어떤 일에 완전히 미칠 정도로 몰입하는 법을 잊어버리고 받아들이지 않는다는 사실입니다. 이 사실을 직시합시다. 우리들 각자는 작은 뻐꾸기입니다. 자, 다시 한번 서로서로 웃음을 찾도록 합시다. 다시 한번 웃어 봅시다.

때로는 미치광이처럼 삽시다. 그리고 어떤 일이 일어나는지 잘 살펴봅시다. 그것은 아마도 생활을 명랑하게 해 줄 것입니다. ─ 레오 버스카글리아

● 발렌타인 초은日

이 세상 수많은 소리 가운데서, 도시나 지방이나 할것 없이 온갖 소리를 통틀어서, 문 두드리는 소리만큼 신나는 것은 없다고 생각합니다. 그 소리는 「희망이 좌정하고 계신 왕좌에 메아리를 보내는 것이외다」라고 한 셰익스피어의 말과 같을 것입니다.그러나 그 결과는 좀처럼 해서 마음속 성소에 와 부합하지 못하는 것입니다. 우리가 만나보고 싶은 바로 그 인물이 찾아오는 예는 아주 드문 것입니다. 그렇지만 온갖 와자지껄한 방문 가운데서 기대를 걸고 반겨 맞아들일 소리는 발렌타인을 데리고 들어오는, 아니 모셔 들일 것같이 보이는 바로 그 소리인 것입니다. 단칸왕의 숙명적인 입성(入城)을 알리는 까마귀가 목이 쉬었던 것처럼, 이 발렌타인 축일에 우편 배달부의 문 두드리는 소리는 가볍고, 들뜬 듯하면서도 믿음직스러워, 희소식을 물어다 주기에 꼭 알맞는 것입니다. 그 소리는 여느날처럼 기계적이 아닙니다. 그래서 「저건 절대로 우체부 소리는 아냐.」라고 말할 것입니다. 그것은 사랑의 신의 모습이고, 큐우핏, 결혼의 신의 모습이지!─「이제까지 있었던 것은 언제까지나 늘 있으리라.」라고 한 것처럼─즐겁고 끝없이 평범한 말이 되는 것입니다. 이러한 말은 사람의 머릿속 상상과 애정 가운데 굳건히 왕좌를 지키고 있는 까닭에, 시원찮은 학생의 글로나, 까다로운 학자의 문장으로도 이 말을 지워 버릴 수 없는 것입니다.─행복한 아가씨가 조심스런 손끝으로, 상징적 사랑의 시일을 다치지 않게 봉투를 뜯어 보니, 훌륭하게 꾸며 낸 비유를 그린 도안이라든가, 어떤 모형이

라든가, 뭔가 젊은이의 공상 같은 것, 또는 으례 있는 것으로—

    사랑하는 이들은 모두
    사랑의 노래를

라고 한 시구(詩句)라든가, 혹은 너무 감정이 흔해 남아돌지 않는 좀 그럴 만한 착상—젊은 연인들은 그런 것을 싫어하니까,—그리고 너무 멍텅구리 같아서도 안 되고—어떻게 보면 바람과 물결 사이 같은, 또는 양떼가 아아캐디아에서 양치기와 어울려 노래를 부른 합창 같은 것, 나는 양떼가 그랬다고 알고 있는 까닭으로, 아가씨가 그런 노래가 들어 있는 편지를 펼쳐 보게 될 때 그 황홀감은 어떠할 것인가!

  발렌타인에 관한 것들이라고 모두 어리석게 볼 수는 없습니다. 그리고 내 다정한 벗 E.B(내가 이렇게 부르는 것을 허락해 준다면)여, 나는 그대의 발렌타인을 쉽게 잊어버릴 수 없을 것입니다. E.B는 젊은 아가씨를 맞바라볼 수 있는 집에 살았는데, 상대편에서는 이쪽을 볼 수 없고 이쪽에서만 뚫린 거실 창문을 통해서 그녀를 종종 바라다 볼 수 있었던 것입니다. 그녀는 아주 명랑하고 순진했으며, 그때 나이가 마침 발렌타인 편지를 받으면 좋아할 때였는데, 설사 받지 못한다 해도 기분좋게 그 실망을 참아 낼 수 있는 기질의 아가씨였읍니다. E.B는 비범한 능력을 지닌 미술가로, 진귀한 의장을 꾸며 내는 재주에 있어서는 아마 누구에게도 뒤지지 않을 것입니다. 그의 이름은 직업상으로 잘 제작된 수많은 책의 장식화 밑에 적혀 있어 알려져 있지만, 더 이상은 알려져 있지 않습니다. 왜냐하면 E.B는 조심스런 성격인데다가 세상은 스스로 사람을 도와주려 하지 않기 때문입니다.

  E.B는 이 젊음 넘친 아가씨가 자신도 모르게 베풀어 준 수많은 호의에 대해서 어떻게 보답할까 곰곰이 생각하였던 것입니다. 그 까닭은 어느 다정한 얼굴이 인사를 할 때, 설령 지나치며 한 것이기 때문에 다시 만나게 되어 피차 알아보지를 못한다 하더라도, 우리는 마땅히 무슨 신세를 진 것처럼 느껴야 하는 것인데, E.B야 말로 그렇게 느꼈던 것입니다. 이 착한 미술가는 아가씨를 즐겁게 해주기 위해 작업을 시작했던 것입니다. 그것은 3년전 발렌타인 축일 바로 전이었읍니다.

그는 남의 눈에 띄지 않게, 그리고 들키지 않게 하나의 놀라운 작품을 만들어 낸 것이었읍니다. 그것은 테두리가 있는 제일 좋은 금박지에—흔히 그려넣는 하아트나 정성이 깃들지 않은 우화가 아니라, 시인 오비드나 오비드 이전의 시인들에게서 따온 온갖 달콤한 이야기로 가득 채웠던 것은 말할 필요도 없는 것입니다. 그리고 케이스터 강에서 노래하던 백조보다도 더 많은 백조를 그려 넣었고, 거기에 한술 더 떠 가지가지 금언과 기발한 생각을 곁들여서—요컨대 마술로 꾸며 낸 작품처럼 보이는 그런 것이었읍니다. 실을 일곱 가지 무지개빛으로 물들였던 것입니다. 그는 발렌타인 축제 전야에 이것을 무엇이고 가릴 것 없이 마구 삼켜 버리는 보통 우체통에다 맡겨 버리고 말았던 것입니다. (얼마나 저열한 위탁인가!) 그러나 그 미천한 중개자는 그 임무를 행동에 옮겨서, 다음날 아침 빨리 보이는 곳에서 지켜보니 쾌활한 사자(使者)는 문을 두드리고, 이윽고 그 소중한 위탁물은 전달되었던 것입니다. 그가 숨어서 바라보니, 아가씨는 발렌타인 선물을 풀어 보고 좋아서 춤을 추고 다니며, 그 아름다운 그림들을 한장 한장 펼칠 적마다 손뼉을 치며 야단이었읍니다. 그녀가 춤을 추고 돌아다니는 것은 가벼운 사랑이나 어리석은 기대 때문이 아니었읍니다. 왜냐하면 그녀는 애인이 없기 때문이었읍니다. 아니, 설령 있다 하더라도, 그와 같이 자기를 즐겁게 해줄 찬란한 그림을 그려 낼 만한 사람이 없었기 때문이었읍니다. 그것은 오히려 요정의 나라에서 온 선물 같은 것이었읍니다. 우리가 친숙히 알고 있는 믿음이 깊은 선조들이 보낸 사람을 알지 못하고 선물을 받게 되었을 때, 그것은 하늘이 보낸 선물이라고 말하는 것처럼, 그것이야말로 하늘이 주신 선물이었읍니다. 그것은 아가씨에게 아무런 해도 끼칠 리가 없고, 이후로도 언제까지나 그녀를 행복하게 해줄 것입니다. 모르는 것을 사랑한다는 것은 좋은 일입니다. 나는 단지 이 사실을 E.B의 한 실례로서 그리고 숨어서 친절을 베푸는 그의 겸손한 태도로서, 적어 놓은 것입니다.

나의 발렌타인에게 행운이 깃들기를 가엾은 오필리아는 노래하고 있읍니다. 그리고 이보다 더 이상 바랄 것 없는 소원과 그러나 너무 똑똑한 나머지 옛 전설을 멸시하는 일이 없으며 발렌타인 노사제(老司祭)와 그의 참다운 사랑의 신조를 믿고 그의 겸손한 신도로서 만족하고 있는 온 천하 모든 충실한 연인들에게 보다 경사스러운 행운이 있

기를 비는 것입니다. ―찰스 램

● 튼튼한 사람들

  행복에 대해서 생각하는 것은 최대의 불행의 징조라고 혹시 말할지도 모릅니다. 마치 위장이 튼튼한 사람이 위의 존재를 느끼지 못하는 것처럼, 행복한 사람은 행복에 대해서 생각지 않는다고 할 수도 있겠읍니다. 그러면 오늘날의 사람들은 과연 행복하기 때문에 행복에 대해서 생각하지 않는 것일까요? 도리어 이 시대는 우리가 행복에 대해서 생각할 기력도 상실했을 만큼 불행한 것이 아닐까요? 오늘날의 세상에는 행복을 이야기 하는 따위는 뭔지 부도덕하게 생각될 만큼 불행이 가득 찬 것이 아닐까요? 그러면서도 행복이 무엇인지 모르기 때문에 사람들은 불행이 무엇인지 모르는 것이 아닐까요? ― 三木淸

● 또 다른 반경의 원

  우리는 우리들이 믿고 있는 것보다 더욱 많은 것을 믿어도 괜찮을 거라고 나는 생각합니다. 우리는 우리들 자신에 대한 걱정은 그만 던져 버리고 그만큼 남을 진심으로 생각하는 게 좋을 것입니다. 자연은 우리의 장점과 단점에 다같이 알맞게 되어 있읍니다. 어떤 사람들의 부단한 근심 걱정과 긴장은 난치병입니다. 우리는 우리가 하고 있는 일의 중요성을 과장하는 경향이 있읍니다. 그러면서도 이루지 못하는 수가 허다하지 않습니까. 아니, 그러다가 병에 걸리기라도 하면 어떻게 할 것입니까. 우리는 근심으로 밤을 지새우고 있지 않습니까. 그것을 버릴 수만 있다면 버리고 살겠다고 결심하면서 온종일 근심 걱정을 하고 밤이면 하는 수 없이 기도를 올리고 자신도 모르는 일에 몸을 내맡기는 것입니다. 그러므로 우리는 우리의 인생을 존중하며 변화의 가능성을 거부하며 철저히 진지하게 생을 영위해나갈 수밖에 없읍니다.
  우리는 이것이 유일무이한 길이라고 말합니다. 그러나 원의 중심에서 얼마든지 반경을 그을 수 있듯이 얼마든지 길이 있읍니다. 모든 변화는 생각해보면 기적입니다. 그러나 그것은 시시각각으로 발생하고 있는 기적입니다. 공자도「아는 것을 안다고 하고, 모르는 것을 모른다고 하는 것, 그것이 진실로 아는 것이다.」라고 하였읍니다. 한 인간이 상상한 일을 오성(悟性)상의 사실로 귀착시킨다면 인간은 누구나

이 기초 위에 자기 인생을 세울 것이라고 나는 내다봅니다. —소로우

● 행복은 나의 천직

행복해질 필요는 없다고 자신을 설득하기에 성공한 그날부터 행복이 내 속에서 서식하기 시작했습니다. 그렇습니다. 행복해지는 데에는 아무것도 필요치 않다고 자신을 설복한 그날부터입니다. 이기주의에 곡괭이를 한 번 쳐서 박아넣고 나자 갑자기 나의 심장에서 정말이지 많은 환희가 넘쳐나왔읍니다. 그래서 아마도 나에게는 모든 사람들에게 이 물을 나누어 줄 수도 있으리라 여겨졌던 것입니다. 최상의 교훈은 실예를 보여주는 데에 있다고 나는 알고 있읍니다. 그래서 나는 나 자신의 행복을 천직(天職)이라고 생각하게 되었읍니다. —지이드

● 푸른 사나

사람들은 사실상 이런 말을 합니다. 더 훌륭한 인간이 되기를 주목적으로 삼지 말고, 그 입장에서 그대로 시작하라, 미리 생각했던 친절을 베풀라고. 내가 만일 그런 식으로 설교를 한다면 나는 차라리 좋은 인간부터 되어보시오! 라고 말하겠읍니다. 마치 태양이 불을 저 빛나는 달과 육등성(六等星)에 당기고 나서 멈추고는 로빈 굿펠로우 같이 헤매면서 모든 오두막집의 창문을 들여다보며, 미치광이에게 힘을 돋워주며 육류를 썩이며, 암흑을 밝혀주는 것과 같습니다. 그 대신 태양이 그 단정한 열과 혜택을 점점 증가시켜 마침내 정면으로는 바라볼 수 없게끔 맑게 비치며 그 사이에도 역시 세상에 선을 베풀면서, 자기 궤도를 돌면서, 아니 오히려 보다 더 진실한 철학이 발견했듯이, 세계가 태양의 덕을 입으면서 그 주위를 돌고 있다는 것을 모르고 하는 말입니다.

썩은 선행(善行)에서 풍기는 악취만큼 고약한 것은 없읍니다. 그것은 인간의 썩은 살덩이요, 신의 썩은 살덩이입니다. 만일 어떤 사람이 내게 자선을 베풀려고 명백한 의도를 갖고 내 집에 오는 것을 확실히 안다면 나는 사람 살려라 하고 도망치고 말겠읍니다. 마치 질식할 지경으로 귀·코·입·눈에 먼지로 가득 채우는 저 아프리카 사막의 이른바 열풍이라는 그 바싹 마르고 그을리는 바람을 피하듯이, 그것은 그런 사람의 선행을 맛보면 그 선행의 해독이 내 혈액 속에 섞여져서는

안 되니까 말입니다. 아니 이런 경우에 나도 차라리 해를 입는 것이 좋을지도 모릅니다. 내가 굶주릴 때에 먹여주고, 내가 얼고 있을 때에 따뜻하게 해주고 혹은 내가 구렁텅이에 빠진다면 나를 건져준다고 해서 그 사람이 내게 선인(善人)이라고는 할 수 없읍니다. 뉴우펀들란드 섬의 개도 그만한 짓은 얼마든지 할 수 있을 것입니다. 박애는 가장 넓은 의미에서 동포애가 아닙니다.

박애는 인류가 충분히 인식하고 있는 것의 유일한 미덕입니다. 아니 너무도 과대평가되고 있읍니다. 그리고 그것을 과대평가하는 것은 우리의 이기심입니다. 어느 굳세게 생긴 가난한 자가 이곳에서 날씨 좋은 어느 날, 내게 마을의 어느 사람을 극구 칭찬했는데 그자의 말로는 그 사람이 가난한 자에게, 즉 그 자신에게 친절했기 때문이라는 것이었읍니다. 인류에게 친절한 아저씨 아주머니는 참다운 정신적 부모보다 더 존경을 받고 있읍니다.

나는 박애가 으례 받아야 할 칭찬을 조금이라도 깎아내리자는 것이 아니고 다만 그들의 생애와 사업으로 인류에게 축복을 내려준 모든 사람들에 대하여 공정심을 요구할 따름입니다. 나는 말하자면 인간의 줄기이며 잎이라고 볼 수 있는 인간의 공정과 자비심만을 높이 평가하지

구란스고

않습니다. 잎이 시들면 병자에게 약초로 쓰이는 식물들은 천한 용도에만 쓰여지며 그것도 주로 돌팔이 의사들에 의해서 사용됩니다. 나는 한 인간의 정화(精華)와 실과(實果)를 바랍니다. 즉 그들에게서 나에게로 어떠한 향기가 풍겨 오기를, 어떤 무르익음이 우리의 교제를 향기롭게 해주기를 바랍니다.

만약 무엇이 인간을 괴롭혀 그 결과 자기의 기능을 발휘하지 못한다면, 만일 그의 내장에 고통을 느낀다면, 바로 내장에 고통을 느낀다면 —바로 내장이야말로 동정이 자리잡고 있는 곳이니까—그는 당장 세계를 개량하는 일에 착수할 것입니다. 그 자신이 하나의 소우주(小宇宙)이므로 그는 세계가 파아란 사과를 먹고 있다는 것을 발견합니다. 이것이야말로 참다운 발견이며 그 사람이야말로 발견을 해야 할 인간입니다. 사실 그의 눈에는 지구 자체가 하나의 커다란 푸른 사과로 보이며 그것이 익기도 전에 인간의 아들 딸들이 그것을 따먹을 거라는 생각만 해도 무시무시한 위험이 있는 것입니다..

그리하여 곧 그의 맹렬한 박애는 에스키모족과 피타고니아족을 찾으며, 인구 많은 인도와 중국의 여러 부락을 품안에 안습니다. 그렇게 한 두 해 동안 박해활동을 하는 동안에 신들은 자기들 뜻대로 그를 부리고 있겠지만, 그는 소화불량을 고치며, 지구는 마치 익어가기 시작하는 것처럼 한쪽내지 양쪽 볼이 붉어지며, 그래서 인생은 미숙한 점을 잃고 다시 한번 살기에 보다 더 달콤하고 건전한 인생이 됩니다. 나는 내가 범한 것보다 더 큰 죄를 꿈에도 생각한 일이 없었읍니다. 나는 나보다 더 흉악한 인간을 결코 알지 못하며 앞으로도 알지 못할 것입니다.

그러나 우리가 정말로 인류를 구하겠다고 한다면 우리는 먼저 자연처럼 소박하고 선량해야 하며 우리의 털구멍에 자그마한 생명을 불어넣어야 합니다. 가난한 자의 후견인이 되기를 기다리지 말고 세상에서 가치 있는 한 사람이 되도록 힘써야 하겠읍니다. —소로우

• 숨은 지푸이

본성은 대체로 숨어 있고 가끔 극복되나 좀체로 소멸하지 않습니다. 억지를 부릴 수 있으나 억지의 힘이 물러나면 본성은 더욱 강해집니다. 가르치고 타일러서 본성을 어느 정도 누그러뜨릴 수는 있읍니다. 그러

나 본성을 바꾸고 정복할 수 있는 것은 오로지 습관 뿐입니다. 자신의 본성을 극복하고자 하는 사람은 과제를 너무 크거나 너무 작게 설정해서는 안 됩니다. 과제가 너무 벅차면 빈번히 실패로 낙담할 것이요, 너무 수월하면 자주 성공을 하겠지만 진전을 보지 못합니다. 그리고 부대(浮袋) 따위를 가지고 수영을 배우는 사람처럼 처음에는 도움을 받아서 실행함이 좋습니다. 그러나 얼마 지난 후에는 마치 무용가가 두꺼운 신발을 신고 연습을 하듯이 불리한 조건에서 실행함이 좋습니다. 연습이 실제보다 힘든 것일 때 큰 성과를 거둘 것이기 때문입니다. 본성이 강력해서 극복하기 어려운 경우라면 점진적으로 접근할 필요가 있읍니다.

즉 처음엔 본성을 잡아두어 시간적으로 정지케 합니다. 그런 다음 양적(量的)으로 줄여가는 것입니다. 마치 술을 끊는 사람이 건강을 해쳐 가며 마시던 술을 식사 때의 한모금 정도로 줄이고 결국은 완전히 끊는 것과 같습니다. 그러나 만일 한꺼번에 사슬을 풀 의지와 각오만 있다면 이보다 더 좋은 것은 없을 것입니다.

  그대는 자유를 원하는가?
  그대의 가슴을 졸라매는 사슬을
  한 차례 강렬한 안간힘으로 끊어라.
  그러면 안식이 오리라.
     —오비디우스의 시 〈사랑의 치료〉에서

본성을 반대편으로 구부려서 굽은 지팡이를 바로잡듯 반듯하게 할 수 있다는 옛말도 옳은 것입니다. 물론 반대편 끝이 옳지 못한 것이어서는 안 될 것입니다. 새로운 습관을 익힐 때 억지로 끊임없이 계속하지 말고 조금씩 짬을 두는 것이 좋습니다. 그 쉼이 새로운 출발에 힘을 주고, 또 완전치 못한 상태로 강행군을 계속한다면 좋은 점과 나쁜 점을 모두 실천하게 되어 이 두 가지가 한 가지 습관으로 몸에 밸 것이기 때문입니다. 이를 방지하는 방법이 바로 알맞게 짬을 두는 것입니다.

본성을 극복했다고 지나치게 안심해서는 안 됩니다. 본성은 오랫동안 묻혀 있다가도 기회와 유혹만 받으면 다시 되살아나는 법입니다.

이솝 우화에 나오는 처녀, 즉 고양이가 여자로 둔갑하여 식탁 모퉁이에 얌전히 앉아 있었으나 새앙쥐가 발 밑에 나타나자 본성을 드러냈다는 이야기가 있읍니다. 그러므로 이와 같은 유혹을 아예 피하던가, 아니면 그런 유혹에 자주 접하여 기회가 주어져도 쉽사리 동요하지 않도록 할 일입니다.

사람의 본성은 사사로운 자리에서 가장 잘 드러납니다. 꾸밈이 없는 자리이기 때문입니다. 격앙된 감정에서도 잘 드러납니다. 조심할 수 없기 때문입니다. 낯선 문제, 낯선 사태에 임하여서도 잘 나타납니다. 그것은 습관에 의존할 수 없기 때문입니다.

직업을 본성에 맞는 것으로 가진 사람은 행복합니다. 그렇지 않으면 원하지 않는 일에 몸이 익은 다음「나의 영혼은 잘못된 자리에 오래 머물렀도다.」하고 탄식할 것입니다. 학문에서도 마음에 내키지 않는 공부는 시간을 정해 두고 함이 좋습니다. 그러나 자기 본성에 알맞는, 하고 싶은 공부라면 시간을 정해 놓지 않아도 됩니다. 생각이 저절로 그곳으로 집중될 것이므로 다른 일이나 공부를 하면서 틈틈이 해도 충분할 것입니다. 사람의 본성은 약초가 아니면 잡초가 됩니다. 그러므로 약초라면 충분히 물을 줄 일이요, 잡초라면 뽑아 버릴 일입니다. ―베이컨

● 자기 자신을 위한 거하

개미는 제 자신을 위해서는 영특한 생물이지만 과수원이나 정원을 위해서는 해로운 생물입니다. 사람도 자신을 너무 위하면 사회의 해가 됩니다. 이성으로써 자기 사랑과 사회를 구분하도록 하십시오.「제 자신」을 모든 행동의 중심으로 삼아서는 안 됩니다. 그것은 꼭 제 자신을 중심으로 하여 꼼짝 않고 서 있는 것은 유독 지구뿐이다라는 얘기와 같읍니다. 하늘의 모든 천체는 어떤 다른 천체를 중심으로 운행하고 이로움을 주는 것입니다. 모든 것을 자기본위로 생각하는 것도 주체성을 가진 사람이라면 어느 정도 용납할 수는 있읍니다. 단, 하는 일이 오로지 발전적인 것이라면 말입니다.

제 자신만을 위한 지혜는 여러 가지 면에서 타락한 행위입니다. 그것은 집이 무너지기 조금 전에 틀림없이 빠져나가는 쥐의 지혜입니다. 그것은 자신을 위하여 땅을 파서 살 곳을 마련해 준 오소리를 쫓아내

는 여우의 지혜입니다. 그러나 특별히 주목해야 할 사실은 키케로가 폼페이를 가리켜 말한 것처럼「비길데 없이 자기 편애에 빠진 사람」은 대체로 불행하다는 점입니다. 평생을 두고 제 자신을 위하여 모든 것을 희생하지만 결국은 그들 자신이 운명의 변덕에 제물이 되고 맙니다. 운명의 날개를 제 몸을 아끼는 잔꾀로 묶어 두었다고 잘못 생각했을 뿐입니다. — 베이컨

● 에고이스트

  에고이스트란 자기의 자아(自我)를 유별나게 갖고 있는 사람이 아니라 오히려 반대로 그것을 갖고자 원하면서 그것을 찾아 자기에게로 끌어 잡아당기려 하나 제대로 찾지 못하고 있는 사람입니다.
  에고이스트들은 불행합니다. 그들은 항상 확증을 받고 싶어하며 몹시 예민합니다. 그래서 어떤 비평의 그림자도 그들에게는 절망을 느끼게 하는 이유가 됩니다. 그들에게는 어떤 사건 자체가 중요한 것이 아니라 항상 자신이 중요합니다. 여러분들도 그런 사람들을 알고 계시리라 저는 믿습니다. 그리고 당신은 그런 사람이 아니기를 저는 바랍니다. 그러나 우리는 누구나 항상 그런 시기를 갖고 있고 또 그것은 언제든 재발할 수도 있읍니다. 그럴 때는 우리들은 다른 사람들의 무관심에도 마음을 상해 스스로 업신여김을 당한 것처럼 느낍니다. 그리하여 행복할 때가 없읍니다.
  우리들은 어느 때 행복합니까? 저는 이럴 때 행복을 느낍니다. 행복을 바라지 않거나, 일에 몰두하거나, 다른 사람에 대한 걱정 때문에 그런 생각을 할 시간이 없을 때가 바로 행복합니다. 요컨대 어떤 인간이나 어떤 사건에 자신을 완전히 잃었을 때가 행복하다고 저는 믿습니다.
  사람들은 완전히 자기 자신일 때만이 행복합니다. 그리고 자기 자신이 되려고 하지 않을 때가 바로 자기 자신이 되는 때입니다. 그러므로 정신병 의사나 고해 신부나 모든 의사들은 소위 불행하다는 사람들에게 충고를 해둡니다. 자기 자신에 몰두하기보다는 차라리 어떤 다른 사람에게 몰두하고 어떤 사건에 몸을 맡겨 자신을 완전히 잊어버리도록 하라고 말입니다.
  어느 때가 가장 행복할 때인가요. 사랑을 할 때입니다. 정확히 말하

자면 사랑이 시작되는 시기에 가장 행복합니다. 그리고 아무것도 원하지 않을 때, 아무것도 계산하지 않고 어떤 다른 존재나 타인에 대한 순수한 기쁨에 충만해 있을 때입니다.

만일에 사랑이 그렇게 계속되면 불행한 사랑이나 파경에 이르는 결혼은 없을 겁니다. 사람이 자기를 찾을 때, 타인을 소유하고 제어해서 자신의 육체나 정신적 욕구를 위해 이용하고자 할 때 불행은 시작됩니다.

첫사랑과 더불어 대개 행복은 시작됩니다. 낙원이란 사람들이 완전히 자기를 잃고 상대를 똑같이 사랑할 때에 가능하다고 저는 믿습니다. 죄악은 항상 새로이 되풀이되지만 우리들은 항상 새롭게 인내와 노력과 체념을 통해 그 낙원을 다시 만들어낼 수가 있읍니다. 말하자면 사랑하는 그대에게 우리 자신을 잊어버리는 일을 배웁니다. 물론 자신을 잃는다는 것이 자신을 포기한다는 것은 아닙니다.

순수하게 사랑하는 자들은 항상 제3의 대상, 말하자면 사랑 그 자체를 갖고 있읍니다. 자신들에의 그런 사랑은 참과 비교할 수가 있읍니다. 그대에게 헌신한다는 것은 단순히 자기를 맡기는 것이 아니라 순수한 삶에서부터 도주하는 것입니다. 도주하는 것은 스스로를 잃는

크리스챠니아(오슬로)

220

것과는 다릅니다. 어떤 일에 헌신하는 사람에게는 도주할 이유가 없읍니다. 그는 불행하지 않기 때문입니다. 그는 자기를 비켜놓고 자신을 사건이나, 한 인간이나 여러 인간에게 바칩니다. 그는 행복하려고 일을 하는 게 아니라 단순히 헌신할 뿐입니다.

저는 수녀원에서 사는 저의 친척 한 분을 알고 있읍니다. 그 여자는 일생을 수녀원의 빨래솥 곁에서 보냈읍니다. 그러면서도 그녀는 기쁨에 넘쳐 이렇게 말합니다.「나는 이 세상에서 가장 행복한 사람입니다.」

여러분들 웃지 마십시오! 그 여자는 실제로 남이 부러워할 정도로 행복합니다. 왜 그럴까요? 그녀에게는 저나 여러분들에게는 이루어지지 못하는 일이 이룩되었기 때문입니다. 즉 완전하게 헌신하면 그 헌신 속에서 자기 자신을 잃고 자기도 모르는 사이에 자기 자신을 완전히 이기게 됩니다.

자신을 이긴다는 것은 자유롭다는 것을 뜻합니다. 그 수녀는 자유롭습니다. 말하자면 모멸이나 부당한 비판이나 자신의 보잘것없는 지위와는 상관이 없읍니다. 그녀는 생에 대한 위대한 긍정을 발견했는데 그것도 빨래솥 속에서였읍니다.

그러므로 고통의 질식으로부터 빠져나가는 유일한 길은 어떤 일에 자신을 잃는 일입니다. 어떻게 그렇게 될까요? 우선 우리들은 여러 가지 삶의 가능성을 판단하지 말아야 하며 우리들에게 운명으로 주어진 상태를 값싸다거나 중요하지 않은 것으로 보아서는 안됩니다. 그리고 타인들의 삶의 형태도 부러워할 줄 알아야 합니다.

저는 어떤 정치가가 빨래하는 수녀보다 덜 중요하다고 말하려는 건 아닙니다. 그런 구별은 어떤 일정한 수준에서 생각할 때만이 있을 수 있기 때문입니다. 말하자면 외관과 외적 활동력이 중요한 사람에게만 문제가 됩니다. 그러나 다른 구별 양식이 가능한 어떤 다른 영역이 틀림없이 있읍니다. 즉 노수녀의 완전한 헌신은 신뢰감이 없는 정치가의 엉터리 일보다는 그런 점에 있어서는 훨씬 가치가 있읍니다. 그리고 그런 구별을 우리들은 본보기로 따라야 합니다. 우리가 어떤 볼잘것없는 지위에 있든 혹은 높은 지위에 있든 우리들은 언제나 그 점을 생각해야 합니다. 만일에 우리가 우리를 버리고 일 자체에 눈을 돌려 거기에 정신을 집중하고 사랑으로 대한다면 우리는 자신을 잃음으로 해서 자신을 완전히 얻게 될 것입니다. 그리고 그렇게 함으로써만이 다

른 곳에서는 절대 찾아 지지 않는 행복도 얻을 수가 있읍니다. — 루이 제 린저

● 독서에 대하여

인간은 무지하면 인격이 떨어집니다. 인격의 하락은 무지한 자가 부자가 되었을 때에 시작됩니다. 가난한 사람은 가난과 곤궁에 얽매여 일에 정진하기 때문에 일이 그에게서는 지식을 대신하게 되고 그의 사색을 대신하게 됩니다. 그러나 무지한 자가 돈을 벌어 부자가 되면 그들의 생활은 정욕을 채우는 것에만 바빠 가축과 별로 다를 것이 없게 됩니다. 우리는 매일같이 그런 것을 보아 오고 있읍니다. 그들은 부귀와 영화를 잘 이용하여 이것을 가장 가치있는 것으로 만들 수 있는 의무를 게을리했다고 비난을 받아도 할 수 없는 일입니다.

독서란 자기 스스로 생각하지 않고 다른 사람이 우리를 대신하여 생각해 주는 것입니다. 우리는 단지 그 사람 마음속의 과정을 반복하는 데에 그칩니다. 이것은 마치 학생이 글자를 쓸 때, 선생이 써준 연필자국 뒤를 펜으로 따라가는 것과 다를 것이 없읍니다. 그러므로 독서를 하는 경우에는 생각하는 일이 면제됩니다. 자신이 사색을 포기하고 독서로 옮길 때면 마음이 한결 가벼워지는 것을 느끼는 것도 그 때문입니다.

그러나 독서하고 있는 동안은 우리의 머리를 말하자면 다른 사람의 사상의 운동장에 있는 것에 지나지 않습니다. 따라서 너무 많이 책을 읽는 사람, 거의 종일토록 독서에만 매달려 그 틈틈이에 아무것도 생각하지 않고 시간을 보내는 사람은 점점 스스로 생각하는 능력을 잃게 됩니다. 그것은 언제나 말만 타고 있는 사람이 점점 걸어다니는 것을 잊어버리게 되는 거나 마찬가지입니다.

그런데 많은 학자의 경우가 그러합니다. 그들은 독서를 하므로써 바보가 되었읍니다. 여가가 생기면 곧 또 책을 손에 쥐는 것처럼 쉬지 않고 독서를 계속하는 것은 쉬지 않고 손을 놀리는 일을 하는 이상으로 정신을 불구로 만듭니다.

왜냐하면 손을 놀리는 것은 아직 자기의 생각에 열중할 여유가 있기 때문입니다. 스프링이 다른 물체의 압력을 계속해서 받게 되면 결국 탄력을 잃게 되는 것처럼 정신도 또 다른 사람의 사상으로 계속 죄면

그 탄력성을 잃게 되는 것입니다. 영양을 너무 많이 섭취하면 위를 해치고 그로 인해 몸 전체를 해치는 것처럼, 정신의 영양도 너무 많이 섭취하게 되면 정신은 초만원이 되어 질식해 버립니다. 왜냐하면 책을 많이 읽으면 읽을수록 읽은 것이 정신에 남기는 흔적이 그만큼 적어져 정신은 여러 가지 것들이 차례로 겹쳐 씌여진 흑판처럼 되어 버리기 때문입니다. 따라서 되새김하는 것처럼 다시 생각하게 되지를 못합니다.

그러나 읽은 것을 다시 생각해 봄으로써 비로소 그것이 자기의 것이 됩니다. 음식을 먹었다고 해서 곧 영양이 되는 것이 아니라, 소화가 돼야 비로소 영양이 되는 것과 마찬가지입니다. 쉬지 않고 책만 읽고 그 뒤에 생각하는 일을 하지 않으면, 모처럼 읽은 것도 뿌리를 박지 못하고 대개는 잃어버리고 맙니다. 일반적으로 정신적 음식도 육체의 음식과 마찬가지로 섭취한 양의 50분의 1정도만 동화되고 나머지는 증발작용, 호흡작용, 기타에 의해 없어져 버립니다.

이에 덧붙여 종이 위에 씌여진 사상은 일반적으로 모래 위에 남겨진 보행자의 발자취 이상의 것이 아닙니다. 보행자가 걸어간 길은 보이지만 그가 길을 가는 도중에 무엇을 보았는가를 알려면 우리는 자기 자신의 눈을 사용해야 합니다.— 쇼펜하우어

• 교양이란 뭐얼인가.

「교양」(Bidung)이라는 말은 참으로 여러 뜻을 가졌기 때문에 자주 오해되고 있으나 우리는 우선 어원적으로 문자면에서「모양을 이룬다」는 의미로 해석하지 않으면 안될 것입니다. 즉 본래의 모양이 서지 않는 자연 그대로의 상태로부터 그 소재가 이루어질 수 있는 최상의 것으로의 발전이 완수된 것 같은 상태, 혹은 적어도 지장없이 자라고 있는 것 같은 상태에 형성되어 어떤 형태를 이룬다는 것입니다.

어떠한 사람도 그 발전의 초기에 있어서는 아직 연마됨이 없는 소재일 뿐입니다. 이 소재는 우선 일부는 각 방면에 작용을 파급시켜 가는 생 그 자체의 형성력에 의하여, 일부는 여러 사람의 손과 지혜에 의하여 참된 인간상과 예술품으로 만들어지지 않으면 안됩니다.

그런데 서투른 조각가가 자기에게 맡겨진 돌을 잘못 만들어 아무래도 좋은 예술품이 될 수 없을 정도로 형편없이 만들어 버렸든지 혹은

지나치게 세밀하게 깎아내서 모든 외부의 영향에 대하여 필요한 견고성과 저항력이 없어져 버릴 정도로 만들어 버리는 일이 있는 것같이, 인간을 만들어내는 기술에 있어서도 우리들은 자주 슬픈 경험을 통하여 비맞는 이그러진 교양이라든가 혹은 지나친, 너무 지나치게 세련된 교양이라든가를 말하게 됩니다.

이와같이 인간을 해치지 않고, 그 사람을 위하여 도움이 되는 참 교양에는 세 가지의 조건이 있다고 생각합니다. 첫째는 자연 그대로의 관능성과 이기심을 보다 높은 관심에 의하여 극복하는 것. 둘째는 심신의 여러 가지 능력을 건전하게 균형있게 발달시키는 것. 세째는 정당한 철학적 종교적 인생관이라고 하겠읍니다.

이중의 어느 하나가 결핍되어도 보다 좋은 완성을 이루었을지도 모를 그 무엇이 위축되고 맙니다. ― 카알힐티

● 점장이와 122H

만일 점장이가 자신의 말을 본심으로 믿는다면, 손님을 속이고 있다고는 단정할 수 없다고 한 최근의 어느 판결은 법으로서는 훌륭할지 모르겠으나 결코 건전한 생각이라고는 할 수가 없읍니다. 나 같은 문외한에게는, 만일 손님이 점장이가 하는 말을 본심으로 믿었다면, 손님은 결코 속고 있지 않다고 하는 편이 보다 그럴 듯하다고 생각하는 바입니다.

예를 들면 어느 점장이가 당신이 내놓은 2기니를 호주머니에 넣고 나서 호주에 있는 부자 숙부님이 내년에 백만 파운드의 유산을 당신에게 남길 것이라고 알려주었다고 합시다. 그러면 점장이 자신이 당신에게 백만 파운드를 약속한 것은 아닙니다. 분명히 그 돈은, 점장이가 그런 말을 하건 안 하건 간에 어차피 당신에게 올 돈입니다. 점장이는 스스로가 당신을 위해 장래의 일을 봐준다고 시사하지는 않습니다. 그녀가 받은 2기니의 보상으로서 그녀가 약속한 것은 단지 조그마한 예보를 알려주는 일일 뿐입니다. 그녀가 당신에게 내년에 백만 파운드를 받게 되어있다고 말하고, 당신은 그 말을 믿는다면 돈을 낸 만큼의 보람은 있었다고 해야할 것입니다. 당신은 행복한 1년을 보낼 수가 있을 것이며, 그 동안 어려운 일에 부딪힐 때마다 「걱정할 것 없어. 쥐구멍에 햇빛 들 날이 있을 터이니.」 하고 자신을 타이를 수가 있을 것이며,

1년간 공중누각을 세우거나, 시골의 별장이나, 고급 아파트를 세울 장래의 신나는 계획을 꿈꿀 수 있을 것입니다. 그에 대한 비용이 기껏 2기니라니, 엄청나게 싸다고 할 수 있겠읍니다.

　이상의 경우가 여러분이 점장이를 믿었을 경우입니다. 그러면 여러분은 믿지 않는다고 가정합시다. 이 경우에는 돈을 반환 받을 권리가 있다고 생각합니다.

　물론 이런 일에 관해 나는 여러분이 완전한 회의주의자라고 생각지 않습니다. 점장이는 진실을 가르쳐 주는 이외에 달리 회의주의자를 속일 수 없음은 분명합니다. 왜냐하면 회의주의자가 점장이에게 의논을 하러 갔다가, 사실은 그가 독신인데 이 달 안으로 재혼하게 될 것이라고 하는 말을 들었다면, 그 경우에도 속았다고 할 수는 없을 것이니까요. 그는 고의로 2기니를 지불한 증거를 잡고, 점장이가 전혀 엉터리라는 것을 친구들에게 이야기할 수 있기 때문입니다. 사실 경찰의 고소가 잘못되었다고 생각하는 것도 이런 이유 때문입니다. 왜냐하면 수사관이 적당히 위장하고 제 주머니의 돈을 지불하는 것은 단순히 점장이에 대한 반증을 잡기 위해서입니다. 증거를 잡았으니 수사관이 속았다고 보이려는 것은 우스운 일입니다. 그러나 만일 그가 공금 2기니를 버리고 자신과 가족에 관한 진실 이외에는 아무 것도 캐내지 못했다면 그때야말로 엉터리 속임수로 돈을 빼앗겼다고 고소할 수도 있을 것입니다.

　그건 그렇고, 여러분은 내가 상상하기에 결코 회의주의자는 아닙니다. 여러분은 어떤 영감을 받은 사람들이 미래를 점칠 수 있으며, 점을 쳐주는 대가로 요구하는 돈은 정당하다고 믿고 있읍니다. 그런데 이번만은 영통(靈通)이 제대로 되지 않아 호주의 숙부가 어쩌고 했다고 합시다. 당신은 아무리 선의로 해석을 해도 이 말을 믿을 수가 없읍니다. 왜냐하면 당신은 숙부가 없기 때문입니다.　이건 말이 안 됩니다. 결코 믿을 수 없는 말입니다. 오늘 아침 홍정에서 당신은 확실히 속아넘어간듯 싶군요. 다음에는 보다 꼬치꼬치 물어 보십시오.

　점장이에게 가는 손님은 진정 장래에 대한 이야기를 듣고 싶은 것은 아닙니다. 사실 우리들 생활에는 대부분 예언할 만한 것이 별로 없읍니다. 이번 토요일에는 일주일간의 노동으로부터 해방되고, 다음 월요일에는 복통이 날 것이라는 예언을 듣기 위해 2기니를 지불할 생각은 하지 않을 것입니다. 그보다 무엇인가 낭만적인 것을 바라는 것입니다. 설사 어떤 일이 일어나지 않는다손 치더라도 영향을 받을 것이라고 예언을 들으면 인생이 좀 더 재미있다고 생각하게 될 것입니다.

왜냐하면 일반적으로 사람들은 있는 그대로의 인생을 매우 재미가 없다고 생각합니다. 그리고 그가 인생을 재미없다고 생각하는 이유는 ―내가 생각하기에― 무슨 일을 일으키려고 스스로 노력하지 않으면서 무슨 일이 일어나주기를 기다리기 때문입니다. 5만 파운드를 벌어보려고 꿈꾸는 사람이 한 명이라면 5만 파운드의 유산을 받기를 꿈꾸는 사람은 백명이 될 것입니다. 만일 한 청년이 점장이를 찾아가서, 점장이로부터 당신은 앞으로 20년간 필사적으로 일을 할 것이며, 한 밑천을 잡고, 그리고 저축할 것이라는 말을 들으면 크게 실망할 것입니다. 아마 그는 돈을 돌려달라고 할 것입니다. ― 밀른

제아무리 이유를 내세운다 하더라도 결국 그런 이유는 개체로서의 존재가 끊임없이 멸망해 가는 어떤 것, 끊임없이 죽음을 향하여 돌진하는 어떤 것에 지나지 않고, 따라서 동물적 개성 속에 참된 인생이 있을 수 없다는 명백하고도 의심할 나위 없는 진리를 사람에게서 숨길 수는 없읍니다. ― 톨스토이

인류라는 배는 짐을 많이 실으면 실을수록 물에 잠기는 부분이 더욱 많아진다고 사람들은 생각하고 있읍니다. 인간의 생각이 깊어질수록, 감정이 섬세해질수록, 자신을 높이 평가할수록, 다른 동물로부터 멀어질수록 ― 여러가지 동물 중의 천재로 보일수록 ― 그만큼 인간은 세계의 참된 본질과 그 인식에 더욱 가까와진다고 사람들은 믿고 있읍니다. 또한 사실상 인간은 과학에 의해 세계의 참된 본질과 그 인식에 접근하고 있지만, 종교와 예술을 통해 더욱 가까와질 수 있다고 생각하고 있읍니다. 종교와 예술은 말할 것도 없이 세계의 꽃이기는 하나, 줄기보다는 세계의 뿌리에 더욱 가깝다고는 결코 말할 수 없읍니다. 종교와 예술에 의해 사물의 본질을 더욱 잘 이해한다는 것은 불가능한 일입니다.

사람들은 거의 그렇게 믿고 있지만 —오류로 말미암아 사람들은 자신을 종교와 예술이라는 꽃을 피울 만큼 깊고 감상적이고 독창적인 것으로 생각했던 것입니다. 순수한 인식은 이러한 일을 할 수 없었을 것입니다. 세계의 본질을 우리들에게 보여 주는 사람이 있다면, 그는 우리들 모두에게 가장 불쾌한 환멸을 안겨 줄 것입니다.

매우 의미 있고 심원하고 경이적이며 행·불행을 주머니 속에 갖고 있는 세계는, 물자체(物自體)로서의 세계가 아니라 사실은 표상으로서의—오류로서의—세계입니다. 이러한 결론은 세계를 논리적으로 부정하는 철학에 귀착됩니다. 그렇지만 이 철학은 결국 세계의 실천적 긍정이나 부정과 융합됩니다. — 니이체

● 의심의 손에

모든 상념 중 의심은, 새에 비유하면 항상 어두워져야 날아다니는 박쥐와 같습니다. 확실히 의심은 억제하든지 적어도 잘 통제해야 할 일입니다. 의심은 마음을 흐리게 하고, 친구를 잃게 합니다. 또 일을 방해하므로 의심을 가진 채로 일을 막힘 없이 꾸준하게 해 나갈 수 없읍니다. 의심 때문에 왕은 폭군이 되고, 아내는 남편을 질투하고, 현자(賢者)는 우울하고 우유부단하게 됩니다. 영국의 헨리 7세처럼 더할 나위 없이 용감한 사람도 의심을 품는 것으로 미루어 보아, 의심은 용기의 결핍이 아니라 두뇌의 결함입니다. 헨리 7세보다 의심이 많은 사람도 없지만, 그보다 더욱 용감한 사람이 또 어디 있겠읍니까? 그런 성격이라면 의심의 해(害)는 비교적 적습니다. 의심할 만한 것인가 아닌가를 검토하지 않고서는 받아들이지 않기 때문입니다. 그러나 겁이 많은 사람에게는 의심이 재빨리 자리를 잡습니다. 사람이란 아는 것이 적을 때 의심이 많은 법입니다. 그러므로 많이 알도록 힘쓰고 의심을 마음 속에 쌓아 두지 말아야 합니다. 사람들이 모두 원하는 것이 무엇인가? 채용하고 교제하는 사람들이 모두 성인이기를 바라는가? 사람들은 제각기 목표하는 바가 있으므로 남보다 자신에게 더욱 충실할 것이라는 점을 깨닫지 못한단 말인가? 그러므로 의심을 완화시키는 최고의 방법은 품고 있는 의심을 마치 사실인 양 생각하고 대책을 세우면서도 한편으로는 그 의심이 거짓이라고 생각하여 의구심을 억제하는 것입니다. 의심하는 바가 사실인 것처럼 의구심을 이용하여 대책을

세우지만 그 때문에 아무런 해를 받지 않도록 해야 하기 때문입니다. 사람 마음이 그 스스로 주위 모은 의심은 윙윙하는 소리를 낼 뿐, 대수롭지 않으나 남들이 술책을 부려 키운 의심, 남들의 풍문과 귀엣말로 머리 속에 들어온 의심은 벌의 침처럼 쏘는 것입니다. 이와 같은 의심의 숲에 환한 길을 뚫는 최상의 방법은 의심이 가는 상대방과 그 의혹을 솔직히 이야기하는 것입니다. 그럼으로써 의혹을 품었던 내막을 전보다 잘 알게 될 것이 틀림없으며, 상대방으로 하여금 앞으로는 의혹을 살만한 행동을 하지 않도록 조심하게 할 것이기 때문입니다. 그러나 상대방이 비열한 성격의 인물이라면 그렇게 해서는 안됩니다. 그런 자들은 자신이 한때 의심을 받았다는 사실을 알게 되면 앞으로는 절대로 진실해지지 않을 것이기 때문입니다. 이탈리아 속담에 「의심은 신의를 허락한다」는 말이 있읍니다. 마치 의심이 신의에의 여권을 발급하는 듯한 말입니다. 그러나 사실은 의심을 떨쳐 버리기 위해서는 도리어 더욱 신의를 발휘해야 마땅할 것입니다. ― 베이컨

● 우울증

동정이나 타인에 대한 염려 때문에 우울증에 걸리는 사람들이 있읍

스톡홀름

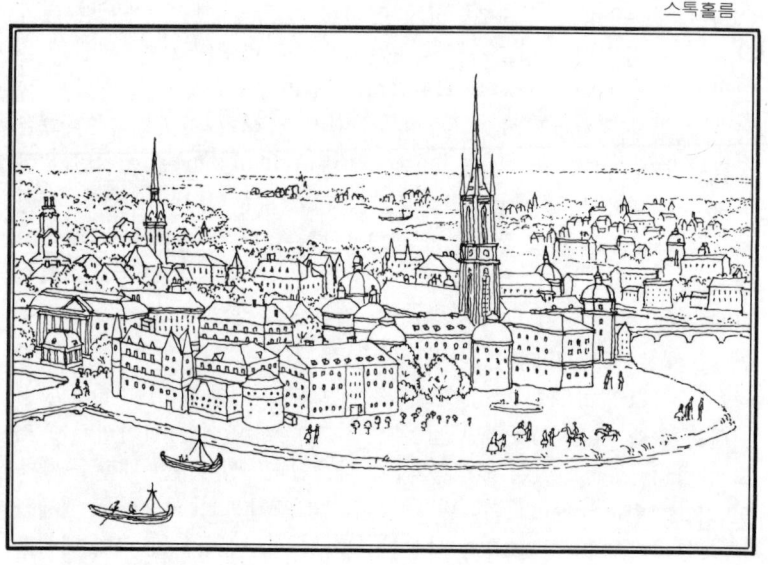

니다. 이때 일어나는 연민의 정은 일종의 병에 지나지 않습니다. 그래서 그리스도의 괴로움이나 죽음을 항상 눈앞에서 그려 보고 있는 저 고독한 종교적 열광자들의 기독교적 우울증도 존재하는 것입니다. — 니이체

● 친절과 절약

사람을 사귀는 데 있어서 가장 효과 있는 약초이자 힘이 되는 친절과 애정은 매우 귀중한 발견물이므로, 이러한 영약을 가능한 한 경제적으로 사용하기를 모두가 바라고 있을지도 모릅니다. 그러나 이것은 불가능한 일입니다. 친절의 절약은 가장 분망한 유토피아주의자들의 꿈이기 때문입니다. — 니이체

● 좋은 결혼이란

좋은 결혼이라는 것은 아마 이 세상의 모든 재보 중에서도 가장 좋은 것이겠지만, 아뭏든 가장 좋은 독특한 것임에는 틀림이 없읍니다. 왜냐하면 결혼이라는 것은 이 지상생활에서만 행해지고 내세에서는 이제 이와같은 형태로는 존재하지 않기 때문입니다.

　　　　　＊　　＊

참으로 좋은 결혼이란 도대체 어떠한 것인가? 주로 내세의 신생(新生)을 생각할 경우 먼저 세상을 떠난 아내와 거기에서 다시 만난다는 것은 당연할 뿐만 아니라 꼭 필요하다는 것을 느낌으로써 그 의미를 알게 되는 것입니다. 만약 다시 만나지 못한다면 자기의 정신적 자아의 일부가 고통스럽게도 결여되어 있는 것입니다. — 카알 힐티

● 건강은 가장 큰 선물

오늘날 교양 있는 사람들간에 볼 수 있는 가장 한심스러운 현상의 하나는 그들이 건강에 너무나 큰 가치를 둔다는 점입니다. 실제로 대다수의 사람들에게 있어서는, 건강 유지에 대한 관심이 바야흐로 모든 관심을 능가할 지경입니다. 세계 역사상 수천의 허약·병질의 사람들이 그럼에도 불구하고, 아니 때로는 오히려 그 때문에 최대의 사업을 이루고 고난에 잘 견디어 왔다는 사실을 그들은 아주 잊어버린 듯합니다. 그러나 건강과 힘에 대한 이 동경의 참다운 배경은, 병약해서는 어

떠한 좋은 일을 할 수 없다는 염려가 아니라, 오히려 그 때문에 그들이 저지당하고 있다고 느끼는 생의 향락에의 억제할 수 없는 탐욕인 것입니다. 그리하여 오히려 이러한, 때로는 실제로 병자, 그것도 병의 고통으로 대단한 괴로움 속에 있는 사람들에 대하여 충분한 동정을 느끼는 것을 실로 어렵게 하고 있는 것처럼 생각됩니다.

건강은 확실히 크나 큰 선물입니다. 그러나 이것을 지나치게 평가해서는 안 됩니다. 오히려 그것이 손상되었거나 잃었을 경우에도 품위로 감당해 나가는 것을 배워야 하겠읍니다. 왜냐하면, 건강은 아직도 불가결의 선(善)이 아니기 때문입니다. — 카알 힐티

● 참된 자유

생활로의 첫발과 인간의 생활은 마구간에서 주인에게 끌려나와 마구(馬具)가 채워지는 말에게 일어나는 일과 꼭 같습니다. 마구간에서 끌려나와 바깥의 빛을 보고 자유로운 기분을 느낀 말에게는, 이 자유에 참된 생활이 있는 것 같은 생각이 들지만, 말은 곧 수레에 채워져서 끌려나갑니다. 말은 자기 등에 무거운 짐을 느낍니다. 따라서 만일 이 말이 자유로이 달리는 것이 자기의 참된 생활이라고 생각한다면 마구 몸부림치고 마구 쓰러지며 때로는 죽어 버리는 수도 있을 것입니다. 그러나 만일 말이 죽지 않는다면, 그러한 처지로부터의 출구는 다음 두 가지밖에 없는 것입니다. 즉, 무거운 짐을 그대로 끌고 가면서 결국 짐이 그다지 무겁지 않고, 끌고 가더라도 괴롭지 않을 뿐만 아니라 오히려 즐거움이 된다는 것을 발견하든가, 혹은 끝까지 고집을 부리다가 주인에게 정맥용 확의 수레 위로 끌려가서 밧줄로 벽에 묶이면 그 밑에서 수레가 빙글빙글 돌기 시작하여 암흑 속의 한 곳을 괴로워하면서 계속 걷지 않으면 안되는—그러나 이 경우에도 말의 힘은 헛되이 소비되지는 않는다—말은 마지못해 자기의 일을 수행하지만 법칙은 이것에 대하여서도 실행됩니다. 요컨대 두 가지 가운데 어느 하나입니다. 양자의 차이는 다만 전자가 자발적으로 일하는 것에 대하여 후자는 괴로와하면서 마지못해 일한다는 것이 다를 뿐입니다. — 톨스토이

● 틈, 여결

자신에게 만족하고 있는 사람은 그다지 많지 않습니다. 자신있게 서

서,「나는 현재의 내 모습을 좋아할 뿐만 아니라, 내가 지니고 있는 신비스러운 잠재력도 무척 좋아합니다.」라고 말할 수 있는 모델은 그다지 많지 않습니다. 왜냐하면 여러분은 현실 속에 있고, 또한 무한한 가능성을 지니고 있기 때문입니다. 여러분에게는 커다란 잠재력이 숨어 있읍니다. 아뭏든 우리는 어린이들에게 다음과 같이 이야기해 줄 필요가 있읍니다. 「단순히 책을 읽는 사람이나 무엇을 받아들이는 사람이 되지 말고, 그 이상의 것을 할 수 있는 사람이 되어라. 너희들은 무한한 가능성을 가지고 있단다.」 우리에게는 이것을 본인 스스로가 믿고 가르칠 사람들이 필요합니다. 만일 스스로가 그렇게 확신하지 않으면서 그렇게 되라고 가르친다면 그것은 엉터리입니다. 그리고 아무런 효과도 없을 것입니다.

여러분 자신이 세상 천지에서 유일하다는 것을 알게 되는 순간에 여러분은 가장 멋진 인식을 갖게 되는 것입니다. 우연한 사건이란 있을 수가 없읍니다. 여러분은 어떤 목적을 위해서 특별히 조화된 것입니다. 그리고 아무리 다른 사람들이 여러분의 그러한 목적은 환상적이라고 할지라도, 그들에게 신경쓰지 마십시오. 여러분은 여러분에게 아주 근본적이고 중요한 일을 잘 해 나갈 수 있도록 잘 조화되어 있읍니다. 여러분이 공헌할 수 있는 일은 어디에도 없다는 생각을 하지 마십시오. 세상이란 아주 텅 빈 바다와 같은 것입니다. 그 좁은 공간을 메울 수 있는 사람은 바로 여러분입니다.

드로우는 다음과 같은 말을 했읍니다. 「죽음에 이르러서야 비로소 우리가 제대로 살고 있었던 것이 아님을 알게 될거요.」 여러분은 어떠한 일도 제대로 해 보지 못했던 것입니다. 여러분은 절실하게 느껴본 적도 없었고, 웃어본 적도 없었으며, 울어본 적도 없읍니다. 또한 여러분은 절망감도 느껴보지 못했읍니다. 여러분은 이런 모든 것을 부인하여 멀리 치워 버리고, 그러한 것들이 절대로 존재하지 않는 공상의 나라에서 살고 싶어하겠지만, 그것은 환상일 따름입니다. 그러나 여러분은 최상의 여러분 자신이며, 여러분 자신일 따름입니다. 여러분은 베풀어 줄 무엇인가를 가지고 있읍니다. 그것을 나누어 주십시오.

인간성을 축복해 주십시오. 광기(狂氣), 부적당, 그리고 고독을 찬양해 주십시오. 그러나 무엇보다도 여러분은 진정한 나 자신이 되기를 더욱 원하고 있읍니다. 그것이 바로 인간인 것입니다. 난 진실로 인간이기를 기원합니다. 그것은 내가 망각(忘却)할 수 있음을 의미합니다. 나는 가끔 엘리베이터 문이 열리고 내가 3층이 아닌 6층에 서 있다는 사실을 깨닫고는 「아차!」하고 소리치면서, 「이런 한심할 데가 있나. 또 실수를 하다니.」하는 생각을 합니다. 인간이 된다는 것은 정말로 대단한 일입니다. 나는 어젯밤에 매우 격조 높은 파티에 참석했었읍니다. 어떤 사람이 내게 영롱한 루비빛의 붉은 포도주를 건네 주었읍니다. 나는 그 술을 무심히 받아, 술잔을 부드럽게 감싸 쥐었읍니다. 그러자 누군가가 「레오!」하고 소리 치면서 달려들어 나를 잽싸게 붙잡았읍니다. 그 바람에 포도주는 공중으로 치솟고 말았읍니다. 나는 포도주를 뒤집어 썼고, 주위의 사람들이 모두 비명을 질러댔읍니다. 그때 나는 이탈리아 사람들이 포도주를 엎질렀을 때 흔히 하듯이 소리를 쳤읍니다. 「알레그리마!」 아무도 그렇게 생각지는 않았지만, 그것은 기쁨을 뜻하는 것이었읍니다. 아무도 내가 그날 저녁에 기쁨에 넘쳐 있다는 것을 알아챈 사람은 없었을 것입니다.

여러분이 정말로 조심스럽고 진실한 선생님이라면 항상 어린이들에게서 배워야 합니다. 여러분은 어린이들에게 마음을 열어 놓고 있읍니다. 여러분은 문 앞에 서서 「우리는 지금 샐리를 기다리고 있는 거야!」라고 고함칠 그런 사람이 아닙니다. 틀림없이 샐리는 「기다리셔요. 늙어 빠지도록……」하고 말할 것입니다. 모든 학급의 학생들이 당신을 기다리고 있었다는 사실이 얼마나 통쾌한 일인가를 생각해 보십시오. 그런 식으로 생각해야 합니다. 아마도 그 선생님은 샐리가 학교에 오는 동안 선생님과 학생들에게 이야기해 줄 무엇인가를 발견했음을 알게 된다면 놀라게 될 것입니다. 선생님은 샐리의 그 말을 들어야 합니다. 왜 어른들은 항상 일방적으로 어린이들에게 이야기를 해 주려고만 하는지 참으로 모를 일입니다. 여러분이 말하는 것 중 약 90% 정도는 일방적으로 그들에게 말해 주는 것이지, 결코 그들과 나누는 대화가 아닙니다. 여러분은 어린이들과 대화를 나누는 것이 아니며, 끊임없이 어린이들에게 무엇인가를 주입시키려고만 하는 것입니다.

모든 것은 여러분과 더불어 시작되며, 모든 사람들을 인도할 거대한 다리는 바로 여러분의 다리인 것입니다. 이것은 매우 중요합니다. 만일 내가 자꾸 커가고 성장해 간다면 조금 더 여러분에게 내 자신을 드릴 수 있읍니다. 나는 배웠기 때문에 여러분을 좀더 가르칠 수 있읍

라인江

니다. 여러분의 진실을 북돋우어 드리기 위해서 나는 더 현명해지고자 노력하고 있읍니다. 나는 보다 많은 여러분의 감수성과 지식을 받아들이기 위해서 보다 많이 알려고 하며, 민감해지려 합니다. 그리고 여러분이 다만 인간이라는 사실을 드러낼 때 내가 여러분을 보다 더 잘 이해하기 위해서, 나의 인간성을 더 잘 이해하려고 노력하고 있읍니다. 나는 여러분이 여러분의 삶에 경탄하도록 만들기 위해서 나 역시 끊임없이 경이로운 삶을 살아갈 것입니다. 내 자신을 위한 행동은 나 자신만으로 끝나는 것이 아니라, 바로 여러분을 위해서 내가 하는 일입니다. 이것은 결코 이기적으로 끝나는 일이 아닙니다. 여러분이 배워 왔던 모든 것들은 여러분 주위에 있는 모든 이들을 위해서 배워 왔던 것입니다.

「여러분 자신」에서 벗어나서 「우리」가 됩시다. 이것이야말로 여러분 자신을 알 수 있는 가장 좋은 방법이며, 다른 사람들 역시 그들 자신을 알 수 있도록 도와 주는 방법입니다. 모든 원동력은 거기에서 옵니다. 그러므로 우선은 여러분의 다리를 놓으시되, 그것으로 그치지 마십시오. 그 다음의 위대한 다리는 바로 다른 이들을 위한 다리입니다.

하나의 나뭇잎이라 할지라도 우리에게 영향을 미치지 않는 것은 없읍니다. 이제는 숨을 곳이 없읍니다. 우리 모두는 서로서로 영향을 주고 있읍니다. 그것은 모든 방향으로 퍼져 나가는 거대한 진동입니다. 우리는 그러한 가교(架橋) 작업을 시작해야 합니다. 그렇게 하지 않는다면 갈라진 틈은 점점 더 깊어질 것이고, 우리들은 다시는 그 틈을 메울 수 없게 될 것입니다. — 레오 버스카글리아

● 좋은 노르는

선한 생활이란 개념은 시대와 사람에 따라 여러 가지로 달라져 왔읍니다. 이와 같은 의견 차이에는 어느 정도 논의의 여지가 있었읍니다. 즉 그것은 사람들이 주어진 목적을 달성하는 방법에 관하여 의견을 달리했을 경우였읍니다. 어떤 이는 교도소가 범죄를 막는 데 좋은 방법이라고 생각하고, 또 어떤 이는 교육이 훨씬 효과적이라고도 합니다. 이런 종류의 차이는 충분한 증거를 제시함으로써 해결할 수도 있읍니다. 그러나 어떤 차이도 이런 식으로 해서는 해결되지 않습니다. 톨스토이는 모든 전쟁을 비난했는가 하면, 다른 사람은 정의를 위해 싸우는 군인의 인생을 고귀하다고 보았읍니다. 여기에는 목적의 차이가 내포되어 있다고 하겠읍니다. 군인을 찬양하는 사람은, 대체로 죄인을 벌하는 것이 그 자체만으로도 좋은 일이라고 생각합니다. 그러나 톨스토이는 그렇게 생각하지 않았읍니다. 이같은 문제에는 논의가 성립되지 않습니다. 그러므로 선한 생활에 대한 나의 견해가 무조건 옳다고 증명할 수는 없읍니다. 다만 나의 견해를 말할 뿐이며, 될수록 많은 사람들이 찬동해 주기를 바랄 뿐입니다. 나의 견해는 다음과 같습니다.

「선한 생활이란 사랑에 의해 고무되는 지식에 의해 인도되는 생활이다.」

지식과 사랑은 모두 한없이 연장시킬 수 있읍니다. 그러므로 아무리 선한 생활이라 하더라도 이보다 더 선한 생활을 상상할 수는 없읍니다. 지식이 없는 사랑이나, 사랑이 없는 지식은 모두 선한 생활을 낳을 수 없읍니다. 중세에는 질병이 창궐하면, 당시의 성자(聖者)들은 사람들을 교회에 모이게 하여 기도하라고 하였읍니다. 그 결과 질병은 밀집된 군중에서도 무섭게 퍼져 나갔던 것입니다. 이는 지식이 없는 사랑의 본보기입니다. 또 지난날의 전쟁은 사랑이 없는 지식의 좋은 본보

기였읍니다. 어느 편이나 그 결과는 대량의 죽음이었읍니다.

　사랑과 지식, 선한 생활을 위해선 이 두 가지가 모두 필요하지만, 어느 의미에서는 사랑이 더 근본적인 것이라고 볼 수 있읍니다. 왜냐하면 사랑은 총명한 사람으로 하여금 자기가 사랑하는 자를 이롭게 하는 길을 찾기 위해 지식을 찾게 할 것이기 때문입니다. 그러나 만일 사람들이 총명하지 못하면 자기들이 얻어 들은 말만 믿는 데 만족할 것이며, 가장 순수한 자비심을 갖추고 있음에도 해를 끼칠 것이기 때문입니다. 유능한 의사가 가장 절친한 친구보다 환자에게는 더 도움이 될 것이며, 의학 지식의 진보는 지식의 불충분한 자선보다도 공동사회의 건강을 위해 더 많은 이바지를 할 것이기 때문입니다. 그럼에도 불구하고 만일 부유하지 못한 층이 과학의 혜택을 입으려 한다면, 한 가닥의 자비심은 이 경우에서는 대단히 필요합니다.

　사랑이란 말은 여러가지 감정을 내포하고 있읍니다. 하나의 감정으로서의 사랑은 —사랑은 대체로 순수할 수가 없다고 보기 때문에—두 극점 사이에서 움직입니다. 즉 한쪽 극에서 명상에 대한 순수한 희열이 있고 다른 쪽 극에는 순수한 자비심이 있읍니다. 무기질이 대상일 경우에는 희열만이 들어옵니다. 왜냐하면 풍경이나 소나타에 대해 자비심을 느낄 수는 없기 때문입니다. 이런 형태의 쾌락은 아마도 예술의 근원이 아닐런지. 이 감정이 대체로 장년들보다 젊은이에게 더 강렬한 것은 장년들이 대상을 공리적으로 보는 경향이 많기 때문일 것입니다. 감정은 인류에 대한 우리의 감정에도 크게 작용합니다. 인간을 단지 미학적 명상의 대상으로 생각할 경우, 어떤 사람은 매력이 있으며, 어떤 이는 그 반대이기도 합니다.

　사랑의 또 하나의 극은 순수한 자비심입니다. 나병환자를 고치려고 일생을 바친 사람들이 있읍니다. 이런 경우 그들이 느낀 사랑에는 어떤 미학적 희열의 요소가 있었을 리가 없읍니다. 부모의 애정이란 대체로 어린아이의 외모에서 오는 즐거움에 따르는 것이지만, 이것이 전혀 없는 경우에도 그 애정이 강렬할 수가 있읍니다. 병든 아이에 대한 어머니의 관심을 자비심이라고 하는 것은 우습게 들릴지도 모릅니다. 왜냐하면 이 말을 거의 거짓인, 어떤 애매한 감정을 말하는 데 쓰고 있기 때문입니다. 그러나 다른 사람의 복리(福利)를 위하려는 마음을 표현하는 데는 이 이외의 다른 말을 찾기가 어렵습니다. 이러한 마음이 부모의 정인 경우에는 상당한 수준에 달하는 것도 사실입니다. 다른 경우에는 그 정도가 훨씬 약합니다. 하기야, 이타적(利他的)인 감정은 일종의 부모애의 과잉이거나 때로는 이의 승화처럼 보일지도 모릅니다. 다른 적당한 말이 없으므로 나는 이 감정을 자비심이라 부르겠읍니다. 그러나 분명히 하고 싶은 것은, 나는 단지 하나의 감정을 말하는 것이지 어떤 원칙을 이야기하는 것이 아니라는 것입니다. 「동정」이라는 말이 내가 말하려는 어느 면을 나타내기는 하되 내가 포함시키고자 하는 행동적 요소를 담지는 못하고 있읍니다.

가장 완전한 형태의 사랑은 이 두가지 요소, 즉 희열과 선의(善意)라는 두 가지 요소의 불가분의 결합에 있읍니다. 한 어버이가 잘나고도 성공한 자식에게서 느끼는 기쁨에는 이 두 가지 요소가 함께 포함되어 있읍니다. 성애(性愛)도 그 극치는 마찬가지입니다. 그러나 성애에 있어 자비심은 상대를 독점하고 있을 때만 생깁니다. 반대일 경우에는 질투가 그것을 파괴하기 때문에—실제로는 명상하는 희열이 아마 중요할 것입니다. 선의가 없는 희열은 잔인할 것이며, 희열이 없는 선의는 차가운 데다 다소 우월감을 갖게 될 것입니다. 사랑을 받으려는 자는 젖먹이나 질병등의 경우처럼 극히 약한 경우를 빼고는 두 가지 요소를 갖춘 사랑의 대상이 되려고 합니다. 갓난아이나 질병의 경우는 자비심이 필요한 전부일지도 모릅니다. 반대로 극히 강한 경우에는 자비심보다 흠모를 더 바랍니다. 이것은 곧 유력자와 뛰어난 미녀의 정신상태이기도 합니다. 우리는 자신이 남의 도움을 받을 필요가 있다고 느끼느냐 또는 해를 받을 위험이 있다고 느끼느냐에 따라서 남의 선의를 바랄 뿐입니다. 이러한 경우 이것은 적어도 생물학적 논리인 것처럼 보이겠으나, 인생에 있어서는 반드시 그렇지만도 않습니다. 고독감에서 벗어나기 위해 또는 흔히 말하듯이 「이해하기」 위해서 우리는 애정을 바랍니다. 이것은 동정의 문제이지 단순히 자비심의 문제만은 아닙니다. 만족할 만한 애정을 가지고서 우리를 대하는 자는 반드시 우리를 위해 줄 뿐만 아니라, 우리의 행복이 어디에 있는지도 알게 해줄 것입니다. 그러나 이것은 선한 생활의 다른 한 요소인 지식에 속하는 것입니다.

완전한 세계에 있어 모든 지각있는 존재는 서로가 가장 완전한 사랑 즉, 희열과 자비심과 이해심이 서로 얽혀 결합되어 있는 사랑의 대상이 될 것입니다. 그렇다고 이 현실세계에서 우리가 만나는 모든 지각 있는 존재에 대하여 이러한 감정을 가지려고 애써야 한다는 것은 아닙니다. 사람들 중에는 불쾌감을 주기 때문에 좋아할 수 없는 사람도 있읍니다. 만일 이들에게서 아름다움을 찾으려고 우리 본성에 어긋난 짓을 한다면 우리가 자연스럽게 아름다움을 찾을 수 있는 것에 대한 우리의 민감성마저 둔하게 만들 우려가 있읍니다. 그러한 인간은 말할 것도 없고 심지어 벼룩이나 빈대 같은 것도 있읍니다. 이러한 것들을 좋아하려면 우리는 철저한 시련을 받아야 할 것입니다. 어떤 성자는 이러한 생물들을 신의 진주라고도 합니다. 그러나 그들이 즐거워했던 것은 그로해서 그들의 성스러움을 과시할 수 있었기 때문이었읍니다.

자비심은 보다 쉽게 널리 퍼질 수가 있읍니다. 그러나 자비심에도 한계가 있읍니다. 한 남자가 한 여자와 결혼하려고 할 때 어떤 다른 남자가 이것을 알고 양보했다고 해서 그 남자를 더 좋게 생각하지는 않을 것입니다. 우리는 이것을 경쟁의 공정한 분야로 보아야 할 것입니다. 그렇다고 경쟁자에 대한 그 남자의 감정은 전적으로 자비로울 수 없는 것입니다. 이 지구상에선 아무리 선한 생활을 상상해 보려 해도 그 밑바닥엔 어떤 동물적인 힘과 동물적인 본능을 생각하지 않을 수 없다고 봅니다. 이것이 없다면 인생은 맥이 빠지고 재미가 없어질 것입니다. 문명이란 여기에다 무엇을 가미한 것이지 이것을 바꿔친 것은 아닙니다. 이런 의미에서, 금욕적인 성자나 고립된 성인은 완전한 인간이 될 수 없읍니다. 소수의 성인은 공동사회를 풍부하게 할지는 모르나, 만일 세상이 온통 이런 사람들로 구성되어 있다면 싫증나는 인생이 되고 말 것입니다.

이런 것을 생각해 볼 때, 사랑의 요소로서의 희열은 무게를 더 갖게 됩니다. 희열은 이 현실세계에서는 부득이 그 대상을 가리게 되며, 모든 인류에 대하여 꼭 같은 감정을 가질 수 없게 합니다. 희열과 자비심 사이에 갈등이 생기면 이 갈등은 대체로 타협으로 해결되며 일방적인 양보로 해결되지는 않습니다. 본능은 그 권리를 가지고 있으며, 어느 한계 이상으로 무리를 주면 그것은 미묘한 방법으로 반발할 것입니다. 그러므로 선한 생활을 지향하는 데 있어 인간 가능성의 한계를 고려해야 합니다. 그러나 우리는 다시 여기에서 지식의 필요성으로 되돌아가게 됩니다.

지식을 선한 생활의 한 요소라고 할 때 윤리적 지식을 생각하지 않고 과학적 지식과 특수한 사실에 대한 지식을 생각합니다. 엄밀히 말해서 나는 윤리적 지식이 존재한다고 생각지 않습니다. 만일 우리가 어떤 목적을 달성하려고 할 때, 지식이 없으면 방법을 알게 되므로 이 지식을 좀 허술하게 말한다면 윤리적이라고도 할 수도 있겠읍니다. 그러나 우리가 어떤 행동에 따를 수 있는 결과를 논하지 않고는 그 행동의 시비를 결정할 수 없다고 봅니다. 달성해야 할 목적이 주어지면 이를 어떻게 달성할 것이냐 하는 것은 과학의 문제입니다. 모든 도덕적 법칙은 우리가 바라는 목적을 실현시켜 주는 것인가 아닌가에 따라 판정되어야 합니다.

나는 지금 우리가 바라는 목적이라 했지, 우리가 욕망해야 할 목적이라고는 말하지 않았읍니다. 우리가 욕망해야 할 목적은 어떤 딴 사람이 우리에게 욕망하기를 바라는 것에 지나지 않습니다. 보통 그것은 권력자들—이를테면 교사나 부모나 경찰관 및 판사들—이 우리에게 욕망해 주었으면 하는 것입니다. 만일 누가 나에게,

「너는 이렇게 해야 마땅하다.」

라고 하면, 그렇게 말하는 동기의 배후에는 내가 그의 찬성을—될 수 있으면 그의 찬성, 반대에 따라, 보수나 벌까지 함께 바랄 것을—기대하는 것입니다. 모든 행위가 욕망에서 일어나는 이상 윤리적인 개념은 욕망을 좌우할 때를 제외하고는 아무런 중요성도 갖지 못하는 게 사실입니다.

이것이 욕망을 좌우하는 것은, 찬성을 바라는 마음과 반대를 겁내는 마음과를 통해서입니다. 이것은 강력한 사회적인 힘이며, 우리가 어떤 특수한 목적을 실현하려면 이러한 힘을 이용하는 것은 당연한 일입니다. 행위의 도덕성은 그 뒤에 따르는 결과에서 판단되어야 한다고 말한 것은 우리가 바라는 사회적 목적을 달성할 가능성이 있는 행동에는 찬성이 있기를 바라며, 그렇지 않은 행동에는 반대가 있기를 바란다는 뜻입니다. 그러나 현재는 그렇게 되어 있지 않습니다. 어떤 전통적인 법칙이 있어, 이 법칙에 따라 찬성 반대가, 결과를 전혀 고려하지 않고 배정되는 것입니다.

이론적인 윤리의 피상성(皮相性)은 간단한 경우에도 명백히 드러납니다. 예를 들어, 가령 여러분의 아이가 아프다고 할 때, 사랑은 여러

분으로 하여금 병을 고쳐 주고 싶은 마음을 갖게 할 것이며, 과학은 고치는 방법을 가르쳐 줄 것입니다. 여기에는 윤리적인 이론, 즉 여러분의 아이는 병을 고치는 게 좋겠다는 이론이 개입할 여지가 없을 것입니다. 여러분의 행동은 목적을 달성하려는 욕망에서 직접 일어나는 것이며, 수단을 위한 지식이 따르는 것입니다. 동시에 이것은 모든 선악간의 행동에 있어서도 마찬가지입니다. 목적은 다를 수가 있으며, 지식은 다른 경우에서 보다 이 같은 경우에 더 적당할 수도 있읍니다. 그러나 사람들이 하기를 바라지 않는 것을 하도록 만드는 도리는 없읍니다. 다만 가능한 것은 그들의 욕망을 보수나 처벌의 제도로써 바꾸게 하는 일이며, 이 중에서도 사회적 찬성·반대가 미치는 힘은 결코 적지 않습니다. 따라서 도덕법칙을 제정하는 사람의 관심사는 어떻게 하면 대가와 처벌제도를 법칙 제정자들이 바라는 바의 그 최대한을 확보하도록 꾸미느냐 하는 것입니다. 법칙 제정자들이 좋지 못한 욕망을 가지고 있다면 그것은 우리가 속하는 사회 어느 층의 욕망과는 서로 어긋난다는 것을 말합니다. 인간의 욕망 이외에는 어떠한 도덕 기준도 없는 것입니다.

  윤리가 과학과 다른 점은 어떤 특수한 지식이 아니고 다만 욕망이라는 것입니다. 윤리에서 요구되는 지식은 다른 경우의 지식과 꼭 같은 것입니다. 특이한 점은, 어떤 목적은 바람직한 것이며 또 올바른 행위는 그 목적에 도움이 된다는 것입니다. 만일 올바른 행위가 광범위한 호소력을 가지려면 그 목적은 인류 욕망의 큰 부분을 차지하는 것이라야 할 것입니다. 만약 내가, 올바른 행위란, 내 자신의 수입을 늘리는 것이라고 정의를 내린다면 독자들은 찬동하지 않을 것입니다. 어떤 윤리적 논의가 주는 전체적인 효과는 그 과학적인 면에 있읍니다. 이를테면 어떤 종류의 행동은 다른 것보다 널리 요구되고 있는 목적을 위한 수단이라는 것을 증명하는 데 있읍니다. 그러나 윤리적 이론과 윤리적 교육은 다릅니다. 윤리적 교육이란 어떤 욕망은 권장하고, 어떤 욕망은 누르는 데 있는 것입니다.

  선한 생활이란 지식에 의해 인도된 사랑으로 구성되는 것이라고 말할 때, 나를 자극했던 욕망은 내가 될 수 있는 대로 이와 같은 인생을 살아보고 싶다는 것과, 다른 사람들도 이렇게 사는 것을 보고 싶다는 욕망이었읍니다. 그리고 이 말의 논리적 내용은 곧, 이처럼 사람들이

로마

살아가는 공동사회에서는 보다 적은 사랑과 지식이 있는 공동사회에서 보다 더 많은 욕망이 만족될 것입니다. 이와 같은 인생이 「도덕적」이고 그렇지 못한 인생이 「비도덕적」이라는 뜻은 아닙니다. 왜냐하면 이러한 것은 내게는 아무런 과학적 정당성도 없는 듯 보이는 개념이기 때문입니다. — 러셀

● 행복에의 길

존재 가치를 인정하는 일—이것이 행복에의 길로 통하는 가장 소중한 것입니다. 남자와 여자는 결혼한 상대라든지 친척, 또는 고용인으로서 뿐만 아니라 일을 함께 하는 인간으로서, 이 인간 사회를 훌륭히 운영하는 일에 함께 참여하는 인간으로서 서로를 진정으로 이해할 수 있다면 상대의 존재 가치를 각각 인정할 수가 있읍니다. 즉 상대에게 요구해야 할—그 이상도 아니고, 또 확실히 그 이하도 아닌—것만을 요구해야 합니다. 지금은 서로 너무 많은 것을 바라는가 하면 동시에 너무 적은 것 밖에는 바라지 않고 있읍니다. 그리고 그들이 바라는 것은, 전통에 의거해서 만들어지고 서로가 진정으로 상대에게 요구해야 할 것에 의거해서 형성되고 있지 않습니다. 그것이야말로 자유롭고 강제

되지 않은 협력이며, 모든 개인에게 인생과 직업의 평등한 기회와 아울러 최대의 자유를 가져오는 자연스럽고 자유로운 협력인 것입니다.

　남자와 여자의 행복은 서로가 최대의 자유를 얻었을 때에 존재하며, 그것은 서로가 평등한 기회를 가지고 있는 것을 의미합니다. 기회가 없는 자유는 무의미합니다.

　자유로운 남자와 자유로운 여자가 평등한 입장에서 손을 맞잡고 함께 인생의 과정을 이룩해 나가는 일, 이것이야말로 데모크라시가 아니겠읍니까? 우리는 국가와 국가 사이의 일, 각 민족과 인종의 일로 머리를 꽉 채우고 있는데, 인간 사회에는 그보다 더욱 근본적인 구별이 있는 것을 흔히 잊고 있읍니다. 그것은 인류가 남자와 여자로 나뉘어져 있는 일입니다. 남자와 여자가 적대하고 있으면 서로의 원만한 생활은 모조리 파괴됩니다.

　하지만 남녀가 서로를 위하고 함께 일할 때에는 조화의 기초가 이루어지고, 그 기초 위에서 그들의 모든 희망이 이룩되어 갈 것입니다. ― 펄 벅

● 먼 훗날, 묵은 일기장을 뒤져보면

　한 신문이 요즈음 일기 쓰는 습관이 쇠퇴하였다고 개탄하는 기사를 싣자, 아니나 다를까, 몇 사람의 투서가가 이날까지 내내 일기를 써왔다고 하는 내용의 편지를 보내왔읍니다. 의심할 나위도 없이 이 사람들의 그날 일기에는 모두「××일보에 투서. 일기를 쓰는 습관이 쇠퇴하였다는 주장을 부정하였다」라고 하는 사연을 기입했을 것입니다. 일기란 이렇게 하찮은 내용을 담는 것이 되겠읍니다.

　내가 생각하건대, 오늘날 대부분의 사람들이 일기를 쓰지 않는 이유도 이런데 있지 않나 싶습니다―즉 누구에게도 별일이 일어나지 않기 때문입니다. 만일 다음과 같이 쓸 수 있다면 일기도 제대로 써나갈 가치가 있을 것입니다.

　월요일 : 오늘도 손에 땀을 쥐게 하는 하루였다. 출근 길에서 깡패 두 놈을 쏴죽이고, 별수 없이 명함을 경찰에 주었다. 관청에 도착하여 놀란 것은 건물이 불타고 있는 것이었다. 그러나 겨우 영국 스위스간의 비밀 조약문서를 구출하였다. 문서의 내용이 일반에게 알려졌더라

면 틀림없이 전쟁이 일어났을 것이다. 점심식사를 하러 밖에 나갔더니, 스트랜드 거리에서 도망쳐나온 코끼리가 달리는 것을 보았다. 그때는 별것 아닌 것으로 생각했지만, 저녁에 아내에게 그 이야기를 하였더니, 아내도 그 이야기는 일기에 적을만한 가치가 있다고 동의하였다.

  화요일 : 변호사로부터 서신이 왔다. 톰긴즈라고 하는 오스트리아의 금광업자의 유언에 따라 내가 백만 파운드의 유산을 받게되었다는 사실을 전해왔다. 내 일기장을 뒤져보니, 2년 전에 내가 서어팬다인 연못에 뛰어들어 이 사람의 목숨을 건져주었다고 적혀 있다. 매우 기쁜 일이다. 버킹검 궁전에 들려, 기사의 작위를 받아야 했기 때문에 출근 시간에 늦었지만, 이럭저럭 분량의 일을 마칠 수가 있었다. 그런데 그 자리에 면도를 든 미친 놈이 침입하여 백 파운드를 내라고 위협하는 것이었다. 필사적 격투를 한 끝에 놈을 사살했다.

  오호 애재라! 우리에겐 이런 능력은 없읍니다. 우리의 일기는 너무나 산문적이고, 따분하기 짝이 없읍니다. 그래서 대체로 다음과 같이 쓰여집니다.

  화요일 : 제인으로부터 서신. 오전중 일이 꽤 진척. 점심 때 헨리를 만남. 오는 토요일 골프치자는 요청을 받음. 나는 피이터하고 치기로 하있나고 하며, 다음 토요일이 좋겠다고 대답함. 그러나 그날은 그가 윌리엄하고 하기로 되어있다고 하니, 결국 아무 약속도 못한 셈. 귀가 길에 구두 한 컬레를 사다. 좀 끼는 것 같다. 구둣방 주인의 말인 즉 늘어날 거라고 한다.
  수요일 : 점심 때, 도미노 놀이를 하여, 5펜스를 따다.

  만일 이런 종류의 일기가 현재 쇠퇴하고 있다고 하면, 이 세계가 크게 손실할 것은 없읍니다. 그러나 하루의 행동을 매일 기입해둔다는 것은 어떤 사람들에게는 최소한 해가 없는 낙이 될 것이며, 몇 해가 지난 후, 내가 이발을 한 것이 4월 27일 월요일이었구나 하는 사실을 알게 된다는 것은 일기를 쓴 본인에게는 그런대로 흥미도 있을 것입니다. 나는 거리낌없이 나의 세번 째 일기장에서 발췌해볼까 합니다.

월요일 : 아홉시 기상. 내려와보니 메어리로부터 서신 한 통. 우리들은 진실한 벗에 관해 이렇게도 모를까! 겉사랑의 가면 밑에, 우리가 눈치채지 못하는 질투라고 하는 독사의 이빨이 숨어 있을지도 모를 일이다. 메어리의 편지에는 이번 바자아에는 자신의 매점 전시 준비를 해야하기 때문에, 내 매점을 위해선 아무 것도 제작하지 못하겠다는 사연이다. 생각은 먼 곳을 치닫고 있으니, 조반은 건성으로 먹었다. 인생이란 결국 무엇인가? 점심 식사 때까지 내면적 우주에 관해 깊이 사색하였다. 그후 한 시간 쯤 드러누워서 마음을 가라앉혔다.

그러나 물론, 일기를 적는 모든 사람의 가슴 속에는 그들의 일기가 언젠가는 세상에 공표되리라는 희망을 품고 있습니다. 일기를 미래의 어느 세대가 발견하고, 20세기에는 어지간히 단조로운 일상생활을 보냈구나 하고 놀라기도 할 것이고, 혹은 최근 작고한 위인의 내면적 생활을 알고 싶어하는 나머지, 그 일기의 발간을 요구할 수도 있을 것입니다. 최선의 경우에는 일기의 필자 자신이 자서전 속에 자신의 일기를 공표할 수도 있을 것입니다.

그렇습니다. 일기를 적는 사람은 후일에 자신의 전기를 쓰게 될 것이라는 사실을 항상 염두에 두어야 할 것입니다. 그의 대저술 속에 그건에 관해서 까맣게 잊어버리고 있어도 「나는 기억한다」하고 써놓고는, 「명백히 기억하는 바이지만—」한 다음에는 일기책을 뒤져서 「어느 일요일 점심 때 ××씨를 만나, 이렇게 말 한 일이 있다……」하고 써 내려갈 수가 있을 것입니다. 그가 한 말이 별것은 아니지만, 이 저명한 작가가 노령에 이르러서도 기가 막힌 기억력을 가지고 있었구나 하는 사실을 독자에게 알려줄 것입니다. —밀른

● 모험

내가 본 중에서 가장 아름다운 광경 하나가 어떤 공원에서 펼쳐졌었읍니다. 현대 생활에서 미친 듯이 바쁘게 일을 해야 하는 귀중한 시간에, 한 부부가 틈을 내어서 어린아이를 공원에 데리고 갔읍니다. 그들의 어린아이는 호숫가의 길을 따라서 걸어 내려가고 있었읍니다. 이것을 본 아버지는 즉시 그 아이를 말리려 했읍니다. 그런데 개성적이고 아름다와 보이는 어머니는 그의 손을 잡으면서 「그냥 놔 두세요.」하고

말했읍니다. 아래 쪽에서 아장아장 걷고 있던 그 아이는 겨우 걸음발을 타는 정도였읍니다. 이 이야기는 그 아기가 물에 빠지지 않고서 무사히 걸어가는 것으로 행복하게 끝을 맺게 됩니다. 나는 어머니의 마음 역시 불안하였을 것이라고 확신합니다. 하지만 모든 성장은 위험을 내포하고 있는 법입니다.

여러분은 모험을 배워야 합니다. 이 세상은 정말로 거대하고 경이로운 신비로 가득 차 있다고 여겼던 어린 시절로 돌아가 보십시오. 그때를 잘 생각해 보십시오. 그리고 중얼거려 보십시오. 「난 모든 것을 느끼고, 만지고, 냄새 맡고, 이해하고 싶어요. 그런데 인생에는 그것 모두를 할 수 있는 시간이 없으니, 오늘 그것을 해야 돼요.」하고 말입니다. 어느 순간이건 여러분에게는 진실로 마지막일 수도 있으니, 가치있게 보내십시오.

모든 것은 여러분에게서 시작된다는 사실을 명심하십시오. 여러분이 자기 자신을 축복하기 전에는, 여러분은 이 세상의 다른 어느 누구도 결코 찬양할 수 없읍니다. 모든 것을 잊어버리십시오. 심지어 남을 해칠지도 모를 여러분의 능력까지도 말입니다. ─레오 버스카글리아

● 미래 만들기

현재와 아울러 미래를 생각하는 인간이 현재만을 생각하는 인간보다 의지가 강하다고 할 수 있겠읍니다.

미래의식은 다른 동물에게는 없는 인간 특유의 것입니다. 또한 다른 동물은 환경에 자기를 적응시킬 뿐 자기가 환경에 작용을 가하게 하는 일은 없읍니다. 인간만이 자기 힘으로 환경을 바꿔 나갑니다. 그렇게 보면 가장 인간적인 행위는 미래를 단순히 예측할 뿐만 아니라 「미래를 만드는」 것입니다.

미래란 현재를 충실하게 만드는 것입니다. 미래를 상실하면 현재는 공허한 것이 되어 버립니다. 미래를 상실한 현재는 목표를 잃은 행위와 마찬가지입니다. 트럼프 게임을 1회 1회 끝내기 보다 득점표를 만들어 거기에 1회마다의 점수를 기입하여 나타내는 편이 같은 1회의 게임을 보다 충실하게 만듭니다.

우리는 미래를 상실해서는 안 됩니다. 만일 미래가 부여되지 않는다면 스스로 미래를 만들어 봐야 할 것입니다. 부여된 미래가 아니라

자기 자신의 미래를, 자기자신에게 적합한, 자기자신의 땀과 눈물의
미래를 스스로 생각할 것입니다. —가또 다이조

• 질투게임

　질투심을 느끼지 않는 사람은 거의 없읍니다. 우리가 질투에 쉽게
상처를 입는 것은 두 가지 두려움 때문입니다. 첫번째는 상대방을 잃
게 될지도 모른다는 두려움으로서 무척 위협적인 것으로 다가옵니다.
대부분의 사람들은 사랑에 대한 갈증을 겪기 때문에 상대방이 떠나버
리면 커다란 파멸이 올 것처럼 느껴집니다.

　두번째 두려움은 만약 상대방이 다른 사람에게 빠져있다면, 그것은
자기가 별로 매력이 없다는 것을 의미한다는 해석에서 시작됩니다.
이런 경우, 우리는 상대방이 자기보다는 더 매력적이고 괜찮은 사람이
라고 쉽사리 단정해 버립니다. 우리가 그토록 초라한 존재가 아니라면,
왜 상대방이 다른 사람에게 관심을 쏟고 있겠읍니까?

　질투 때문에 쉽게 상처입은 영혼은 현재의 애정관계를 더욱 밀착시
키려고 애태웁니다. 어떤 면에서는 그를 더욱 높이 평가하게 됩니다.
우리가 질투심을 드러내는 것은 심리상태가 매우 허약해져 있을 때입
니다. 이런 때는 상대방을 더욱 높이 평가하고 아울러 그와의 관계를
더욱 밀착시키려고 애씁니다. 그것은 애정관계에서 윤활유같은 역할을
하기도 하지만 매우 위험스런 방법입니다. 건강한 사랑을 키워가는 것
과는 전혀 반대의 감정을 불러일으키기 때문입니다. 그것은 신뢰대신
불신을 심게 되며, 부드러움보다는 분노를, 사랑보다는 원한을, 평온함
보다는 혼란을 가져다 줍니다.

　가벼운 질투게임은 거의 상처를 입히지 않을 뿐 아니라 어떤 상황에
선 섹스의 감각을 고조시켜주기도 합니다. 성과학자들이 말하는 소위
「상승효과」의 결과 때문입니다. 그러나 그것이 상대방에게 감당할 수
없을 만큼 격한 감정을 불러일으킨다거나 떠나려는 사람에게 매달리
는 수단으로 사용된다면 비참하기 짝이 없는 노릇입니다.

　여태껏 당신은 상대가 다른 사람에게 눈을 돌리는 것은 자신에게 아
주 수치스러운 일이라는 소위 사회적인 고정관념에 매달려왔읍니다. 그
러나 이제 그런 사고의 틀에서 과감하게 탈출할 때가 되었읍니다. 상대
방이 다른 사람에게 눈을 돌린다는 것은 당신이나 두 사람의 관계에 많

은 문제가 있다는 사실을 간접적으로 시사할는지도 모릅니다. 그러나 그것이 당신의 가치나 매력의 정도를 측정하는 수단이 아닙니다.

당신이 곧 버림받을지도 모른다는 두려움에서 벗어나기 위해 질투라는 방법을 쓰고 있다면 그 이유를 확실히 짚어보아야 합니다.

상대방을 지배하기 위한 것인가? 그를 괴롭히려고? 그이와 대등해지기 위해서인가? 그의 사랑을 짜내기 위해서? 아니면 그에게 구속당하기 위함인가?

당신이 질투를 조정하는 입장이건 반대로 조정당하는 입장이건, 당신은 끈에 매달린 허수아비에 불과합니다. 당신이 이런 조종술 뒤에 숨겨진 뒤틀린 소유욕이나 그릇된 사고방식을 스스로 발견했다면 당신은 그 끈에서 벗어날 수 있읍니다. 그래서 스스로 판단할 수 있는 성인의 입장에 서서 자신이 상대방에게서 무엇을 느끼고, 어떻게 하기를 원하는지를 자유롭게 결정할 수 있게 됩니다. — 하워드 엠 할펜

● 희망은 최대의 불행

판도라는 갖가지 불행이 들어 있는 상자를 갖고 와서 열어 보았읍니다. 그것은 신들로부터 인간에게 보내진, 보기에도 훌륭하고 마음을 끄는 선물입니다.

그것은 「행복의 상자」라고 일컬어졌읍니다. 그런데 그 상자에서 온갖 불행이라는 날개를 가진 생물이 날아올랐읍니다. 그때부터 이 생물들은 날아다니며 밤낮없이 이 인간에게 해를 끼치고 있는 것입니다. 단지 한 가지 불행만은 아직도 나오지 않았는데 판도라는 제우스의 뜻에 따라 뚜껑을 닫고 말았읍니다. 그래서 그것은 아직 상자 안에 남아 있게 되었읍니다.

그런데 인간은 이 행복의 상자를 줄곧 집에 놓아두고 과연 이 안에 어떤 보물이 들어있을까 하고 기웃거립니다. 그것은 자기의 것이고, 따라서 마음이 내키면 언제나 손을 댑니다. 판도라가 갖고 온 그 상자는 불행의 상자였던 것을 모르고, 지금까지 그 속에 남아 있는 불행을 최대 행복의 보물로 생각하고 있기 때문입니다.—그것이 곧 희망입니다.

제우스는 인간이 아무리 불행에 시달리더라도 목숨을 버리지 않고 존속하게 해서 계속 불행에 시달리기를 바랐던 것입니다. 그래서 제

우스는 인간에게 희망을 준 것입니다. 희망은 사실상 불행중에서도 가장 큰 불행입니다. 희망은 인간의 고통을 장기화시키기 때문에. ― 니이체

● 죽음에, 이르는 문

두 사람이 있었읍니다. 한 남자와 한 여자였읍니다. 둘은 서로 사랑하고 있었읍니다. 사랑한다는 것은 어디에서든 아무것도 받지 않겠다는 것입니다. 과거에 지니고 있던 것이나 그밖의 다른 여러 가지 것을 모두 잊어 버리고 오히려 그 모두를 오직 한사람으로부터만 받겠다고 바라는 것입니다. 이 두 사람도 서로 그러한 것을 원하고 있었읍니다.

그러나, 시간의 흐름 속에서 하루를 보내고 많은 사람들과 섞여서 지내다 보니 서로 간에 사랑하기 위한 진실한 관계가 생기기 전에는 이러한 사랑은 도저히 이루어질 수가 없었읍니다. 여기저기서 갖가지 사건이 밀려오고 방해물이 언제 문을 열고 기다리고 있는지도 모르는 것이었읍니다.

그래서 이 두 사람은 시간에서 벗어나 고독에로 깊이 빠져들 것을 결심했읍니다. 시계치는 소리와 도시의 소란함과 멀리 떨어져서, 두 사람은 정원에 둘러싸인 집을 하나 지었읍니다. 그 집에는 오른쪽에 하나, 왼쪽에 하나, 이렇게 두 개의 문이 있었읍니다. 오른쪽 문은 남자의 문이었읍니다. 왼쪽의 문은 여자의 문이었읍니다. 여자가 원하는 것은 모두 이 문을 통해서 들어왔읍니다. 실제로 그대로 행해졌읍니다.

아침에 먼저 일어난 사람이 밑으로 내려가 자기의 문을 열었읍니다. 그러면 길가에 있는 집도 아닌데 정말로 수많은 것들이 밤늦게까지 찾아들어 왔읍니다. 손님을 맞을 줄 아는 이 사람들의 집으로 풍경이라든가 어깨에 향기를 얹은 바람이라든가 그밖의 여러 가지 것들이 찾아들어 왔읍니다.

그러나 그것과 함께 여러 가지 과거의 모습과 운명까지도 이 두 개의 문을 통해서 들어왔읍니다. 오는 것은 하나도 거절하지 않고 진실되고 후하게 대접하였기 때문에 모두가 오랜 옛날부터 이 황야의 외딴집에 살아 왔던 것같이 생각될 정도였읍니다.

그렇게 긴 세월이 흘렀읍니다. 두 사람은 아주 행복하였읍니다. 왼쪽 문은 오른쪽 문에 비해서 다소 빈번하게 열렸으나 오른 쪽 문으로는

화려한 손님들이 들어왔읍니다.
 그런데 어느 날 아침의 일입니다. 이 오른쪽 문 앞에서 기다리고 있는 것이 있었읍니다. 그것은 죽음이었읍니다. 남자는 그것이 죽음이라는 것을 알자, 놀라서 문을 닫고 하루종일 문을 단단히 닫았읍니다.
 며칠 후 죽음은 왼쪽 문 앞에 나타났읍니다. 여자는 몸을 부들부들 떨면서 문에다 빗장을 걸었읍니다. 두 사람은 이 일에 대해서 되도록 이면 서로 아무 말도 하지 않았지만, 문을 여는 일이 아주 드물어지고 집 안에 틀어박혀 생활하도록 애썼읍니다. 그리하여 지금 그들은 이전에 비해서 훨씬 가난하게 되었읍니다. 일용품은 날로 줄어들고, 전에는 몰랐던 걱정거리가 계속해서 생겼읍니다. 두 사람 모두 밤에 잠을 푹 잘 수가 없었읍니다.
 잠을 못 이루던 어느 긴 밤이었읍니다. 두 사람의 귀에 동시에 발을 질질 끌며 다가오는 소리와 함께 문을 두드리는 듯한 이상한 소리가 들렸읍니다. 그 소리는 두 개의 문에서 똑 같은 거리에 있는 집 바깥 벽에서 들려왔읍니다. 마치 돌담 한가운데에 새로 문을 만들려고 누군가가 돌을 깎아 내고 있는 소리같이 생각되었읍니다.
 두 사람은 속으로 놀랐으나, 그 이상한 소리를 듣지 못한 척하고 있었읍니다. 그러다가 지쳐 버리자, 벽을 깎는 소리도 딱 멎었읍니다. 그 후로 두 개의 문은 완전히 닫혀 버렸읍니다. 마치 죄수의 생활 같았읍니다. 두 사람 다 병이 나서 여위고 괴상한 환영을 그리게 되었읍니다. 그 소리가 때때로 다시 들릴 때면 입으로는 웃으면서도 마음은 불안 때문에 금방 죽을 것만 같았읍니다. 더구나 담을 허무는 소리가 점점 커지고 점점 분명해지는 것을 알게 되자, 두 사람은 한층 더 큰 소리로 말을 하지 않을 수 없었고 점점 더 허한 소리로 웃는 것이었읍니다.
 그러다가 어느날 여자는 죽음을 한번도 본 적이 없기 때문에 아무 생각 없이 죽음을 집안으로 끌어 들였읍니다. 그러나 죽음은 약간 성급히 양심 따위는 갖고 있지도 않은 것처럼
 「이것을 남편에게 드리시오.」
라고 말했읍니다. 그녀가 이상한 듯이 죽음을 빤히 쳐다보자, 죽음은 황급히 이렇게 덧붙였읍니다.
 「씨앗입니다. 아주 훌륭한 씨앗이오.」

그리고는 뒤도 돌아보지 않고 가버렸읍니다.
여자는 죽음이 손 안에 남기고 간 작은 봉지를 펴 보았읍니다. 분명히 씨앗 같은 것이 들어 있었읍니다. 딱딱하고 보기 흉한 씨앗이었읍니다. 그래서 여자는 생각했읍니다. 씨앗이란 아직 완성되지 않은 것이니 앞으로 어떤 것이 될지 알 수가 없다. 그러므로 더욱 남편에게 줄 순 없다. 게다가 도대체 선물같이 생기지도 않았다. 차라리 내 손으로 우리 화단에 심어서 어떤 것이 자라나는가를 기다려 보자. 그 후에 남편을 그곳에 데리고 가서 이 식물을 기른 경위를 이야기해도 괜찮을 것이다라고.
그래서 여자는 자기 생각대로 실행했읍니다. 그리하여 두 사람 사이에는 이전과 같은 생활이 계속되게 되었읍니다.
남자는 죽음이 자기 문 앞에 서 있다는 것을 한 순간도 잊을 수가 없었기 때문에 처음에는 조금 불안했지만, 여자의 변함없는 친절과 근심없는 모습을 보고 얼마 후에 다시 튼튼한 자기의 문을 활짝 열어 놓았읍니다. 그러자 많은 생명과 빛이 한꺼번에 집안에 들어 왔읍니다.
그 다음 해 봄이 왔읍니다. 화단 한가운데 가느다란 백합 사이에서 작은 관목이 한 그루 자라났읍니다. 검정빛을 띤 길다란 잎은 끝이 약간 뾰족하여 월계수 잎과 비슷하였읍니다. 그 검정빛은 독특한 광택을 띠고 있었읍니다. 남자는 매일같이 그 나무를 어디서 가지고 왔느냐고 물어 보려 하면서도 그때마다 그만두고 말았읍니다. 똑같은 심정으로 여자도 하루하루 그 설명을 미루고 있었던 것입니다.
이리하여 한편에서는 억제된 질문이, 다른 한편에서는 미루어진 대답이 우연히도 그들을 재촉하여 가끔 이 나무 앞으로 가게 했읍니다. 이 나무는 검정빛 감도는 녹색잎 때문에 그 무렵에는 이상하게 한층 더 눈에 띄었읍니다.
다음 해 봄이 찾아 왔을 때도 두 사람은 다른 나무들과 함께 이 나무의 손질도 게을리하지 않았읍니다. 그러나 쭉쭉 자라나는 꽃들에 싸여 이 나무만은 첫해와 마찬가지로 여전히 묵묵하게 아무리 햇볕을 쬐어도 무감각한 얼굴로 있었읍니다. 두 사람은 그것을 보고 아주 슬퍼졌읍니다. 그때마다 서로가 비록 말을 하지 않았지만 내년 봄에는 꼭 이 나무에 모든 정성을 기울일 것을 두 사람은 결심하는 것이었읍니다.
마침내 기다리던 3년째의 봄이 왔읍니다. 두 사람은 조용히 손을 맞잡고 서로가 마음 속에 다졌던 일을 실행하였읍니다. 정원은 모두 황폐되어 백합마저도 작년보다 창백하게 보였읍니다. 그런데 답답하고 흐린 하룻밤이 지나 조용하고 반짝이는 아침 정원에 두 사람이 내려섰을 때, 그 이상한 나무의 검고 길다란 잎 속에서 어두운 색의 푸른꽃 한 송이가 불쑥 얼굴을 내밀고 있었읍니다. 봉오리를 싸고 있는 외피는 벌써 터진 듯했읍니다.

두 사람은 말없이 손을 잡고 서 있었읍니다. 두 사람에게는 이제 새삼스럽게 할 말이 없었읍니다. 이제야말로 죽음의 꽃이 핀다고 생각했기 때문입니다. 두 사람은 이 갓 핀 꽃의 향기를 맡으려고 함께 몸을 숙였읍니다. 이 날 아침부터 세상 모든 것이 변하고 말았읍니다. — 릴케

● 수수께끼의 답

몇 세기가 또 흘러갑니다. 그러나 인생의 행복에 대한 수수께끼는, 대다수의 사람들에게 있어서 여전히 풀리지 않는 수수께끼인 채로 남아 있읍니다. 그렇다고는 하지만 이 수수께끼는 이미 아득한 옛날에 해결지어진 것입니다. 따라서 그 수수께끼의 답을 알고 있는 모든 사람들에게는 자기 스스로 이 수수께끼를 풀지 못했던 것이 언제나 이상하게 여겨집니다. 아득한 옛날에 알고 있었던 것이므로 깜박 잊고 있었을 뿐이다—라고 여겨지는 것입니다. 현세계의 모든 그릇된 가르침이나 학설 사이에서는 극히 곤란한 것같이 여겨지는 이 수수께끼의 해결이 이처럼 간단하고 쉽사리 자연스럽게 처리되어 가는 것입니다. — 톨스토이

● 거울 속에서 미주치는 모습

오늘밤 우리들이 서로 아름다운 것들을 나누어 가질 수 있기를 바랍니다. 여러분은 내가 가진 것 중에서 여러분 자신에게 유익한 것만을 가지시고, 그렇지 않은 것은 그냥 흘려 버리십시오. 나에게는 아무런 사심도 없고 팔려고 하는 것도 없읍니다. 그러나 나에게는 나누어 드릴 것이 많이 있읍니다. 또 나는 많은 사람과 나누어 갖고자 하는 마음으로 들떠 있읍니다. 그러므로 우리는 이 모임이 끝나기 전에 어떤 방식으로든지 그럴 기회를 갖게 될 것입니다. 나는 우리들 모두가, 사랑

할 수 있는 잠재능력을 믿을 수 없을 만큼 많이 가지고 있다는 것을 진심으로 믿습니다. 그러나 그것은 다른 모든 잠재적인 것과 마찬가지로 여러분이 어떤 노력을 하지 않으면 결코 나타나지 않을 것입니다.

사랑은 배우는 것이므로 여러분 각자는 그것을 여러 가지 형태로 배워 왔읍니다. 내가 여러분에게 가르쳐 주는 만큼 여러분도 나에게 가르쳐 줄 것을 많이 가지고 있읍니다. 그것이 바로 진정한 의미에서 사랑을 나누어 갖는 것입니다.

만일 여러분이 사랑을 실천하는 사람으로서 아직 이러한 면을 모르고 있다면 좀더 그러한 것을 생각해 보십시오. 만일 여러분이 진실로 사랑을 실천하는 사람이라면, 가장 좋은 모습의 자신을 남에게 보여주고 싶어할 것입니다. 그리고 그것은 독특한 개성을 지니고 있는 인간으로서의 여러분 자신 속에 있는 경이를 키워 가는 것을 의미합니다. 모든 사람은 각자가 진실로 단 하나뿐인 고유한 인격체입니다. 이것은 경탄할 만한 일입니다. 우리 가운데 어느 두 사람도 서로 같지 않읍니다. 모두가 서로 다릅니다.

여러분을 제한하는 것은 아무것도 없기 때문에, 여러분은 늘 활기에 찬 생활을 할 수 있읍니다.

그러나 기쁜 일은, 여러분은 결코 진실로 자기 자신을 잃지는 않는다는 것입니다. 다만 일시적으로 자아를 상실할 때가 있을 뿐입니다. 만일 여러분이 자신을 찾고자 한다면, 그것은 항상 찾으려는 바로 그곳에 있읍니다. 여러분은 한번 가진 적이 있는 것은 결코 잃지 않읍니다. 만일 때때로 여러분이 한없이 공허하다고 느끼거나, 혹은 가슴을 쥐어짜고 싶거나, 혹은 무엇인가 울컥 치밀어오르는 것을 느낀다면, 그것은 이 놀라운 고유성이 「나는 아직도 거기에 있다! 내부 깊숙한 곳에 있다! 나를 찾아라! 나를 키워라! 나의 고유성을 남들과 나누어 가져라!」라고 말하는 것입니다. 그런 후에 여러분은 본질적인 것을 조금씩 찾기 시작합니다. 그러나 우리는 본질적인 것은 반드시「저 밖에」 있다고 믿고 있읍니다. 「이 안에」 있을 리가 없다고 믿습니다.

우리는 찾으려고 하는 모든 것이, 환하게 밝아서 찾기가 쉬운 바깥에 있다고 믿습니다. 여러분을 위한 유일한 대답은 바로 여러분 자신 속에 있는 데도 말입니다. 나가서 찾고, 찾고 또 찾아보십시오. 그러나 바깥에서는 결코 찾지 못할 것입니다. 아무도 여러분을 위한 해답을 주지 못합니다. 여러분 자신만이 대답을 가지고 있읍니다. 만일 여러분이 짐을 꾸려서 자신(自身)으로부터 탈출할 수 있다고 생각한다면 그건 참 놀라운 일입니다. 네팔의 산꼭대기로 달려가 보십시오. 자신이 네팔에 와 있다는 놀라운 생각이 사라져 갈 때 여러분은 거울 속에서 과연 누구와 마주치게 되겠읍니까? 바로 여러분 자신입니다. 마음 속의 장애와 두려움, 고독감, 이런 모든 것들을 지니고 있는 자신의 모습을 보게 되는 것입니다.

그러므로 이제는 정말로 중요한 점이 무엇인가를 찾아 보아야 할 때입니다. 본질적인 것을 자신의 외부에서는 찾을 수가 없읍니다. 본질적인 것은 바로 여러분 내부에 있는 것입니다. 본질적인 것은 두렵고 어두운 내부에 있고, 어두운 곳에서는 찾기가 쉽지 않습니다. 또 아무도 여러분에게 찾는 방법을 가르쳐 주지 않습니다.

「고통 위에 도랑을 팝시다.」 이러한 내 말을 잘못 인용하지 마십시오. 나도 상당히 기쁨 속에서 가르치고, 배우고 싶습니다. 기쁨은 훌륭한 스승입니다. 그러나 절망도 똑같이 훌륭한 스승입니다. 경이로움이 훌륭한 스승이면 혼란도 또한 스승입니다. 희망이 훌륭한 스승이면 환멸도 훌륭한 스승입니다. 그리고 삶이 훌륭한 스승인 것처럼 죽음도 훌륭한 스승입니다. 여러분이 이 중 어떤 한 가지 것이라도 받아들이지 않는다면—어느 한 면이라도 부정한다면—인생을 전체적으로 경험하지 못하게 됩니다. 우리 가운데 많은 사람이 인생이 무엇인지조차 모릅니다. 우리는 삶으로부터 차단되어 있읍니다. 우리는 돈의 가치를 모르며—결코 그렇지 않기를 바라지만—죽음의 가치를 모릅니다.

부처님은 우리가 욕심이 없으면 모든 것을 이미 가지고 있는 것이라고 말했읍니다. 사랑하고자 하기 때문에 사랑하는 것이고, 주고 싶기 때문에 주는 것입니다. 꽃은 사람들이 알랑거리며 예뻐하기 때문에가 아니고 스스로 피어야 하기 때문에 피는 것입니다. 여러분도 스스로 원하기 때문에 살고 사랑하는 것입니다. 여러분 자신이 그렇게 해야 하기 때문입니다. —레오 버스카글리아

밤이 덮치면, 가장 친근한 자에 대한 우리의 느낌은 달라집니다. 밤에는 바람이 입니다. 그것은 무엇을 찾는 듯이 속삭이면서, 그리고 그

것을 발견하지 못하여 시무룩해지면서, 금지된 이 길을 가듯이 불어 지나갑니다. 밤에는 음울하고 불그스레하게 지친 듯이 깜박이면서 지긋지긋한 듯 밤을 기억하는, 등잔 빛이라는 잠들지 못한 인간의 심란한 노예가 있읍니다. 밤에는 자는 자의 숨결이 있고, 그 숨결의 무서운 박자가 있으며, 그 박자에 맞추어서 끊임없이 되돌아오는 우수가 멜로디를 연주하고 있는 것처럼 보입니다.

우리는 그것을 듣지 않습니다. 그러나 그 잠든 사람의 가슴이 부풀면, 우리는 서로 마음이 결합되어 있는 듯이 느낍니다. 그리하여 숨결이 가라앉아 거의 사자(死者)의 정적으로 찾아들어가면, 우리는 서로 말하는 것입니다.

「잠시 쉬어라, 그대, 가엾은 괴로움의 정신이여!」―니이체

* 總目次索引 *

제1장 : 사랑의 四季

사랑의 생애… 봄 〈칼릴 지브란〉 11
사랑의 싹 〈톨스토이〉 11
첫 만남 〈칼릴 지브란〉 12
첫 입맞춤 〈칼릴 지브란〉 13
일치 〈칼릴 지브란〉 13
꽃, 햇빛, 그리고 샘 〈막스 밀러〉 14
봄의 행복감 〈깃싱〉 17
사랑의 생애… 여름 〈칼릴 지브란〉 17
소리와 시간 〈소로우〉 18
넓은 바다에 〈린드버그〉 19
조그마한 방에서, 조그마한 방으로
　　　　　　　　　　　 〈린드버그〉 20
사랑의 생애… 가을 〈칼릴 지브란〉 21
비약 〈니이체〉 22
사랑의 생애… 겨울 〈칼릴 지브란〉 22
길을 잃고 나서야 비로소 〈소로우〉 23
혼자만의 세계 〈소로우〉 24

제2장 : 우리들 아름다운 시간에

낙원같은 추억 〈헤르만 헷세〉 27
황금의 잠언 〈월터 페이트〉 28
눈물 그리고 미소 〈칼릴 지브란〉 31
푸른 들판의 추억 〈막스 밀러〉 32
초월적인 희망 〈카알 힐티〉 36
우리들의 그림 〈니다니엘 브랜든〉 38

쾌락과 욕망 〈지이드〉 39
나의 행복은 〈지이드〉 40
고독에 대해서 〈헤르만 헷세〉 41
한 송이 장미를 이해한다는 것
　　　　　　　　　　　 〈라즈 니쉬〉 43
텅 빈 누에고치를 보면서 〈톨스토이〉 46
오늘 같은 날 그림을 그리리라
　　　　　　　　　　　 〈헤르만 헷세〉 46
한 나무가 죽어서 〈레오 버스카글리아〉 49
소라 껍질 〈린드버그〉 49
분노의 눈물 〈깃싱〉 50
마르세이유, 그리고 그 해 가을
　　　　　　　　　　　 〈보바아르〉 52
마지막 추억 〈막스 밀러〉 56

제3장 : 내가 그대에게로

욕망의 울타리 〈에리히 프롬〉 69
기쁨과 슬픔 사이 〈하워드 엠 할펀〉 73
너와 나의 고독 〈루이제린저〉 74
사랑에 대하여 〈앙드레 모르와〉 77
올바른 희열 〈카알 힐티〉 84
육체적인 쾌락 〈릴케〉 84
남녀의 접촉과 진정한 평등에의 길
　　　　　　　　　　　 〈 펄벅 〉 85
인간으로서의 여성 〈릴케〉 89
여성의 운명 〈릴케〉 90

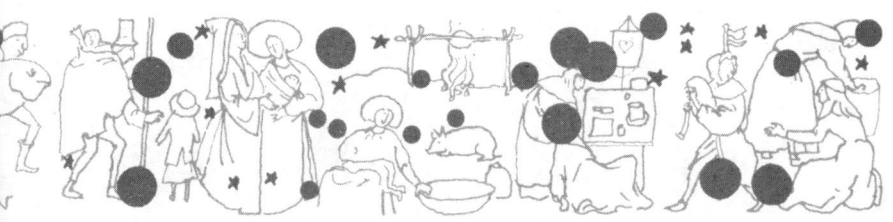

순결〈루이제린저〉 92
여성의 가치〈쇼펜하우어〉 94
사랑과 질투〈루이제린저〉 95
허영심〈니이체〉 100
또 다른 허영심〈삼목청〉 100
참된 아름다움이란〈앙드레모르와〉 101
남녀간의 우정에 대하여
　　　　　　　〈앙드레모르와〉 103
바다와 조개〈린드버그〉 107
해돋이 조개〈린드버그〉 108
모성〈릴케〉 116
달고동〈린드버그〉 116
삶을 바라보는 관점〈쇼펜하우어〉 127
자기 포기는 미덕〈지이드〉 128

제 4 장 : 사랑은 꿈을 꾸듯

자아의 존중〈나다니엘 브랜든〉 131
사랑과 삶〈릴케〉 132
첫 사랑〈앙드레모르와〉 133
사랑의 정의를 찾아서
　　　　　　　〈나다니엘 브랜든〉 134
우리는 사랑을 소유할 수 있는가
　　　　　　　〈에리히 프롬〉 136
사랑은 어디에 있는가
　　　　　　　〈크리슈나무르티〉 137
사랑은 영원한가?〈하워드 엠 할펀〉 141

사랑의 공정함〈니이체〉 143
사랑의 대상〈에리히 프롬〉 144
사랑의 성찰〈릴케〉 145
사랑은 논할 성질의 것이 아니다
　　　　　　　〈톨스토이〉 147
삶을 생각하며 사랑을 이야기하며
　　　　　　　〈레오 버스카글리아〉 152
사랑의 힘〈카알 힐티〉 154
삶과 사랑〈톨스토이〉 156
잠 못 이루는 밤을 위하여〈카알 힐티〉 156
사랑의 챤스〈앙드레 모르와〉 159
사랑합니다 라고 어떻게 말할까?
　　　　　　　〈마조리 셰어리〉 159
사랑에 빠지면〈하워드 엠 할펀〉 160
아름다운 사랑을 위하여
　　　　　　　〈크리슈나무르티〉 161
받아들이는 애정과 부여하는 애정
　　　　　　　〈러셀〉 164
사랑, 그 후〈나다니엘 브랜든〉 170
탕아 이야기〈릴케〉 171

제 5 장 : 마음 가득한 곳에

감사하는 마음〈지이드〉 183
아름다움의 완만한 화살〈니이체〉 184
환상〈하워드 엠 할펀〉 184
혼자 있는 시간이〈소로우〉 185

두려움으로부터 자유로와지기 위하여
　　　　　〈크리슈나무르티〉 188
크지 않은 고독 〈릴케〉 190
고독하다는 것은 〈릴케〉 190
가장 큰 선물 〈나다니엘 브랜든〉 191
환상과 진실 〈칼릴 지브란〉 192
청년의 나라 〈니이체〉 194
빈곤이 주는 슬픔 〈깃싱〉 194
불행과 자기연민 〈깃싱〉 196
고뇌보다 더 괴로운 동정 〈니이체〉 197
친구와 우정 〈베이컨〉 197
순수하고 진실한 우정은 〈몽테에뉴〉 199
친밀함의 한계 〈몰튼 헌트〉 203
질적인 친밀감 〈레오 버스카글리아〉 204
웃음의 미학 〈레오 버스카글리아〉 208
발렌타인 축일 〈찰스 램〉 210
튼튼한 사람들 〈삼목청〉 213
또 다른 반경의 원 〈소로우〉 213
행복은 나의 천직 〈지이드〉 214
푸른 사과 〈소로우〉 214
굽은 지팡이 〈베이컨〉 216
자기 자신을 위한 지혜 〈베이컨〉 218
에고이스트 〈루이제린저〉 219
독서에 대하여 〈쇼펜하우어〉 222
교양이란 무엇인가 〈카알 힐티〉 223
점장이와 미래 〈밀른〉 224
사람에게서 〈톨스토이〉 226

꽃향기에 취해서 〈니이체〉 226
의심의 숲에 〈베이컨〉 228
우울증 〈니이체〉 228
친절과 절약 〈니이체〉 229
좋은 결혼이란 〈카알 힐티〉 229
건강은 가장 큰 선물 〈카알 힐티〉 229
말의 자유 〈톨스토이〉 230
틈, 연결 〈레오 버스카글리아〉 230
선한 생활 〈러셀〉 234
행복에의 길 〈펄벅〉 240
먼 훗날, 묵은 일기책을 뒤지면…
　　　　　〈밀른〉 241
모험 〈레오 버스카글리아〉 243
미래 만들기 〈가또 다이조〉 244
질투 게임 〈하워드 엠 할펀〉 245
희망은 최대의 불행 〈니이체〉 246
죽음에 이르는 문 〈릴케〉 247
수수께끼의 답 〈톨스토이〉 250
거울 속에서 마주치는 모습
　　　　　〈레오 버스카글리아〉 250
밤에… 〈니이체〉 252

*　　*

오늘 다 못다한 말은

초판발행 : 1986년 12월 12일
35쇄발행 : 2001년 7월 10일

엮은이:李外秀
펴낸이:辛成大
펴낸곳:東文選
제10-64호, 78. 12. 16 등록
(140-100)서울 용산구 문배동 40-21
전화:719-4015

편집설계:韓仁淑

ISBN 89-8038-702-4 03800

Romance Sketch

李外秀 詩畫散文集

말더듬이의 겨울 수첩

……
　예비 사이렌이 울린다. 통금 삼십 분 전. 막막하다. 멀리 장미촌 불빛들이 발그랗게 눈짓을 준다. 참으로 편안한 불빛이라고 생각한다.
　그렇다.
　녀석의 안식처가 바로 이곳이 아니더냐. 장미촌 골목을 들어선다. 장미 빛깔의 창문들이 아슴프레하게 신음하고 있다. 미처 손님을 끌지 못한 밤꽃들이 힐끗힐끗 나를 쳐다본다. 아마 웃고 있는 듯하다. 십칠호랬지. 그러나 십칠호 방문은 자물쇠로 굳게 잠겨져 있다. 이 세상에서 가장 깨끗한 방은 잠겨 있다. 십칠호는 항상 빈방이었다. 겨울에도 곰팡이를 피우는 방. 지네가 기어다니고 눅눅한 습기와 언 사과 한 알이 뒹구는 방. 外秀는 가끔씩 이곳에 와서 소리 죽여 운다. 소리 없이 흐르는 강물 같다.
　안개가 어디로 몰려가는 것일까.
　언젠가 外秀가 풀이 죽어 말한 적이 있었다. 어디론가 가긴 가겠지 뭐. 나의 자신없는 대답이었다. 안개를 한번 그려보고 싶어. 안개는 투명하고 무지개빛이었다. 영롱한 알알이 온통 화면에 가득했었다. 일곱 알, 아홉 알, 끼리끼리 모여서 이 세상을 자유롭게 날아다니고 있었다. 세상에, 이렇게 고울 수가 있나. 나의 탄성에, 이건 내 영혼의 입자들이야. 봐. 가만히 귀기울여 보란 말이야. 들리지? 숨소리가, 영혼의 숨소리가 들리지? 그러나 내 귀엔 들리지 않았었다. 왜 내 귀엔 들리지 않았을까. 그건 귀로 들으려고만 했지, 영혼으로 듣지 않았기 때문임을 비로소 안 것은 오랜 시간이 지난 뒤였다.
　어느덧 통금 사이렌이 길게 쫓은 목소리로 이 도시를 잠재우기 시작한다. 아니다. 오히려 잠들 수 없는 사람들로 하여금 더는 현실을 생각지 말도록 기억을 지우는 소리이다. 누구나 이 밤 백치가 되어 꿈꾸기를. ……

최 돈 선